夫禮所以整民也
故會以訓上下之則
制財用之節
正班廬之義 帥長揚之序
蠻狄之詞莫不然

第六辑
金景芳师传学者文库
总顾问 李学勤

# 帛书《黄帝四经》研究

奚亚丽 著

黑龙江人民出版社

图书在版编目(CIP)数据

帛书《黄帝四经》研究/奚亚丽著. — 哈尔滨：
黑龙江人民出版社，2017.4
（金景芳师传学者文库/李学勤总顾问）
ISBN 978-7-207-11011-4

Ⅰ.①帛… Ⅱ.①奚… Ⅲ.①黄老学派—哲学思想—研究 Ⅳ.①B223.05

中国版本图书馆 CIP 数据核字(2017)第 098239 号

**责任编辑：**孙国志
**装帧设计：**鲲　鹏
**责任校对：**秋云平

## 帛书《黄帝四经》研究

奚亚丽　著

| | |
|---|---|
| 出版发行 | 黑龙江人民出版社 |
| 地　　址 | 哈尔滨市南岗区宣庆小区 1 号楼 |
| 邮　　编 | 150008 |
| 网　　址 | www.longpress.com |
| 电子邮箱 | hljrmcbs@yeah.net |
| 印　　刷 | 北京万博诚印刷有限公司 |
| 开　　本 | 787×1092　1/16 |
| 印　　张 | 15.5 |
| 字　　数 | 250 千字 |
| 版　　次 | 2017 年 6 月第 1 版　2021 年 1 月第 2 次印刷 |
| 书　　号 | ISBN 978-7-207-11011-4 |
| 定　　价 | 42.00 元 |

版权所有　侵权必究　　　　　　举报电话：(0451)82308054
法律顾问：北京市大成律师事务所哈尔滨分所律师赵学利、赵景波

# 总　序

《金景芳师传学者文库》即将由黑龙江人民出版社出版。把一位在学术界有重要影响的学者众多弟子的著作汇集起来，成为丛书印行，乃是近年罕见的创举。

金景芳先生字晓邨，辽宁义县人，生于公元 1902 年，卒于公元 2001 年。他终生献身于教学研究工作，早年曾执教小学、中学，1941 年进入东北大学，1954 年调到东北人民大学即后来的吉林大学，前后讲授达 60 年，授业学生难以数计。金先生自 1961 年招研究生，"文革"后 1981 年被评为首批博士生导师，其后共培养硕士 16 位、博士 24 位，都已成为高校或科研机构的骨干力量。

金先生享寿期颐，著述等身，其学术渊博宽广，及于文史诸多方面，而其重心在于先秦历史文化。1999 年出版的《学林春秋》初编有他的《我和先秦史》一文，篇中将他自己的主要学术成果归纳为五个方面，均列于先秦史范围。事实上，吉林大学长期以来就是先秦史学科的重镇，金先生指导的弟子们也都在各自单位对先秦史学科的发展做出贡献。《金景芳师传学者文库》所收录金先生弟子的著述，皆系先秦史方面的专题探讨，可以明显看出其与师学的传承关系。

2003 年，金景芳先生弟子陈恩林、舒大刚、康学伟三位教授曾编纂《金景芳学案》，经线装书局出版。该书开首收入金先生《自传》与若干代表性论文，以及金先生受其知遇的金毓黻等人传略，然后列举助手、弟子 32 人，各录其论作二至三篇。《金景芳师传学者文库》在一定意义上可说是《学案》的继续和扩大，但由于所收都是专著，其性质、规模自然又有不同。

重视学术上的师承关系，是中国文化的一种优良传统，而在历史上，最能够系统地体现学术师承关系的著作体裁便是学案。谈到学案，大家自然首先想到明末清初黄宗羲的《明儒学案》及《宋元学案》。有的学者认为，学案体的出现系受佛教《禅宗灯录》的影响，这恐怕不真实，或者至少是不确切的。司马迁作《史记》，已经在《孔子世家》之外，专设《仲尼弟子列传》，根据孔壁古文"弟子籍"，记述孔门的传承事迹。《史》《汉》的《儒林列传》，也突出了

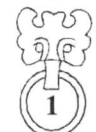

学者的师传关系。作为学案体发轫的朱子《伊洛渊源录》，特点不过是专题单行而已。其后类似作品很多，到黄宗羲的两部"学案"，将这一体裁的优长发挥到极致，于是成为传统学术史著作的典范。

《金景芳学案》和《金景芳师传学者文库》进一步阐扬并且改造了学案体的传统。尤其是"文库"，所收录的都是金门弟子各自的代表性著作，由此可以看出他们怎样在继承师学的同时，做出了自己创造性的发展，为今后研究现代的学术史提供了实例和佳话。

我是后学，比金景芳先生小30岁，但有机会获见金先生已是40多年前的事了。1961年的一个下午，金先生到中国科学院历史研究所来看曾与他同在复性书院的张德钧先生。那天张先生不在，只有我一个留在思想史研究室工作，就接待金先生，多有承教，最后步行把他送到北京火车站。

从70年代末起，我常前往吉林大学，后来还受聘为兼职教授，每到长春，一定去谒见金景芳先生。蒙金先生不弃，我多次主持他的弟子学位答辩，得以仔细阅读他们的论文，对于金先生指点培育所费苦心和辛劳，有十分深刻的印象。特别是90年代，在答辩会上我总是强调金先生以耄耋之年，仍对学生如此尽力教诲，实为学术史上所稀有。《金景芳师传学者文库》所收各书，不少就是他弟子们的学位论文，读者不难通过这些作品，看到金先生教学达到的成效。

金先生在《自传》里讲过这样一段话："我读书有一个怪脾气，就是不怕难，越难我越想读。又由于我得力在自学，喜欢独立思考。我认为对的东西，敢于坚持，敢于同错误的东西做斗争。"金先生的著作，贯穿着这种深入钻研、实事求是的精神，他的各位弟子也能继承老师的这种精神，在学科发展中取得多方面的建树成果。"文库"的陆续出版，将会向读者充分展示这一点。

最后我还想向作为金先生弟子的各位学者提一个建议，便是尽快编辑金先生的全集。金先生的论著，有的早已风行，但印数有限，今天大家想读，苦于搜求不易；还有一些文章，尤其是早年所撰，久归散佚，更需要下功夫辑集。全集的完成，将同这部《金景芳师传学者文库》一起，成为对这位世纪学人的最佳纪念。

李学勤<br>
2005年2月11日<br>
农历正月初三

# 序

奚亚丽是我诸多硕士生和博士生中唯一一位硕博都跟着我读的学生。她在读硕士时，就潜心于研究老子学，当时即有相关论文发表，被人大复印资料转载，其观点被学者引用。而且多年来以老子学为基点逐步涉猎其他道家著作，笔耕不辍。因此，在商定博士论文选题时，便以马王堆帛书中的四篇古佚书，即所谓帛书《黄帝四经》为研究题目。之所以做如此选择，首先，老子学与帛书《黄帝四经》有很深的联系，可以把以往对老子学的研究作为基础。其次，以往学者对四篇古佚书的研究还存在一些分歧。加上20世纪下半叶以来有很多重要的文献陆续出土，研究者应接不暇，故对马王堆帛书的研究还留有可探讨的余地。因此，希望通过研究，能够澄清一些不甚明朗的问题，并对四篇佚书的认识有所深入。

四年努力，终于完成了近20万字的毕业论文。此论文，我想先引用评审专家的评价，这可能比我的看法更客观些：论文成功与否的基本前提是对选题研究状况的了解和把握，以及在此基础上的分析与条缕，评判其得失短长。论文作者一些自己的看法，诸如认为当以帛书《黄帝四经》为书名，认为帛书并非一人一时一地之作；最后成书在战国中期末至战国末期初；作者是生于淮泗地区的楚人，后成为稷下学士；认为"十大经"之"十大"是太阳神也就是黄帝，而黄帝的精神实质即"天道"等等结论，都是值得肯定的。反映了作者相当扎实的文献爬梳之功和比较深入细致的考辨和分析能力，因而使文章具有较为厚重的分量。文章结构严谨，文笔流畅，资料引证详赡且符合学术规范，是一篇较为扎实的博士学位论文。

这里，不想对论文做面面俱到的评价，只举一例来佐证评审专家所说深入细致的考辨分析和论文厚重的分量的评价并非虚言。

关于帛书《五正》篇的"五正"，有史学界权威学者所做的解释是：由《十大经·五正》本文推绎，所谓"中正有度"等语，或许是讲由君主本身之正推至外人之正、万事之正，所以"五正"的本义当为己身之正与四方之正。针对

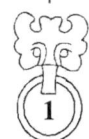

这种观点,奚亚丽指出,帛书之所谓"五正"就是如《管子·四时》所说的"春三月以甲乙之日发五政。一政曰:论幼孤,舍有罪;二政曰:赋爵列,授禄位;三政曰:冻解修沟渎,复亡人;四政曰:端险阻,修封疆,正千伯;五政曰:无杀麑夭,毋蹇华绝芋。五政苟时,春雨乃来"之类,于春夏秋冬四季分别各发布之五政,皆属治民之事。因所发布之政令各随其季节而不同,故亦曰四时治民之政。由《管子·四时》《管子·禁藏》和《礼记·月令》《吕氏春秋·十二纪》《淮南子·时则训》等古文献的说法来看,这类政令之意就是顺应四时的阴阳变化,以教民解决生产生活问题。

《五正》篇中阉冉劝黄帝示敌不争而"布施"这种治民之政,是要为最后战胜蚩尤创造条件。"五正"讲的不是所谓的正人、正己的问题,而是可以增强国力的具体政务。奚亚丽同时又指出,帛书《易传》之《要》篇中的"五正"所指亦并非如某些专家学者所说的易学术语。因为《要》篇讲的是君主为政之要的问题,故其中说到的"五官六府""五正之事",指的都是与君主治道相关的政府部门和政务之类,与易占中的五行生克、六冲之类毫无关系。

奚亚丽的上述考证结论是正确的。而对这些问题的理解认识,不仅要反复阅读体会帛书本身的文字,同时还要阅读许多相关的古文献,对青年学者来说,真正读懂这些文献并非易事。所以,论文评审专家对作者所评细致考辨分析和论文的厚重分量,并非虚言。论文中此类有价值的考论这里不做一一评述,但奚亚丽从古文献研究出发认识问题,而不是人云亦云附和学术权威之说的严谨学风和扎实的古文献学养是值得肯定的。可以说,这篇作为著作出版的学术论文,对前人帛书四篇的研究成果来说,有整合,有补充,有厘正,有深化,是一部有学术价值的作品。

如果说这部著作还有不足之处的话,当初我曾希望奚亚丽博士毕业后能多用一些时间拓展这部书的规模,使得对问题的研究阐释更加全面深入和完善。现在看来,虽内容略有增补修改,但与我的设想还有距离。不过,我能理解之所以如此的原因,奚亚丽是个做事极认真负责的人,从博士在读至今,一直担负着繁重的教学任务,教学效果出色。而且对学生的思想和生活也关心备至,受到历届学生的好评。她努力做一名好教师同样是有价值和有意义的。

梁韦弦<br>2017 年 2 月

# 目 录

绪 论 ……………………………………………………………（1）
**第一章 帛书《黄帝四经》概说** ………………………………（10）
　第一节 帛书《黄帝四经》出土概况 ……………………………（10）
　　一、帛书《黄帝四经》简说 ……………………………………（10）
　　二、帛书《黄帝四经》出土的意义与价值 ……………………（12）
　第二节 帛书《黄帝四经》成书概说 ……………………………（14）
　　一、帛书《黄帝四经》名称由来 ………………………………（14）
　　二、帛书《黄帝四经》成书年代考 ……………………………（17）
　　三、帛书《黄帝四经》产生地域考 ……………………………（24）
　小 结 ……………………………………………………………（26）
**第二章 帛书《黄帝四经》文献研究** …………………………（28）
　第一节 帛书《黄帝四经》文本考辨 ……………………………（28）
　　一、十大经 ………………………………………………………（28）
　　二、黄帝四面 ……………………………………………………（34）
　　三、五正 …………………………………………………………（37）
　　四、八度 …………………………………………………………（39）
　　五、称 ……………………………………………………………（41）
　第二节 黄帝传说与"黄帝书" …………………………………（42）
　　一、关于黄帝的传说 ……………………………………………（42）
　　二、帛书《黄帝四经》中黄帝神话的解读 ……………………（51）
　第三节 帛书《黄帝四经》的文献学价值 ………………………（60）
　　一、与帛书《黄帝四经》相关的文献 …………………………（60）
　　二、帛书《黄帝四经》对文献学研究的贡献 …………………（65）
**第三章 帛书《黄帝四经》与黄老学** …………………………（71）
　第一节 黄老学概述 ………………………………………………（71）
　　一、"黄老"由来以及黄老学形成 ……………………………（71）

二、黄老学的演进脉络 …………………………………………… (82)
　　三、帛书《黄帝四经》与黄老学关系 ……………………………… (83)
　第二节　帛书《黄帝四经》思想概要及学派归属 ………………… (89)
　　一、帛书《黄帝四经》篇旨述要 …………………………………… (89)
　　二、帛书《黄帝四经》思想学派特征 ……………………………… (96)
　　三、帛书《黄帝四经》的学术定位 ………………………………… (102)
第四章　帛书《黄帝四经》思想源流以及与《老子》思想关系 ……… (104)
　第一节　帛书《黄帝四经》思想来龙去脉 …………………………… (104)
　　一、帛书《黄帝四经》思想的源头 ………………………………… (104)
　　二、帛书《黄帝四经》思想之流变 ………………………………… (114)
　第二节　帛书《黄帝四经》思想与《老子》思想比照研究 ………… (119)
　　一、帛书《黄帝四经》思想对《老子》思想的继承和发挥 ……… (119)
　　二、帛书《黄帝四经》思想与《老子》思想的区别 ……………… (121)
　小　结 …………………………………………………………………… (128)

第五章　帛书《黄帝四经》纵深思想研究 ……………………………… (130)
　第一节　帛书《黄帝四经》思想形成背景 …………………………… (130)
　　一、社会政治状况 …………………………………………………… (130)
　　二、思想文化影响 …………………………………………………… (132)
　　三、天文、历法知识成熟 …………………………………………… (135)
　　四、稷下学宫整合 …………………………………………………… (137)
　第二节　帛书《黄帝四经》的思想体系 ……………………………… (141)
　　一、帛书《黄帝四经》与天道的关系 ……………………………… (141)
　　二、帛书《黄帝四经》的思想 ……………………………………… (156)
　小　结 …………………………………………………………………… (188)
第六章　结论 ……………………………………………………………… (190)
参考文献 …………………………………………………………………… (193)
附录一 ……………………………………………………………………… (205)
附录二 ……………………………………………………………………… (209)
附录三 ……………………………………………………………………… (219)
后　记 ……………………………………………………………………… (241)

# 绪　论

　　1973年底到1974年初,湖南长沙马王堆三号汉墓出土了一批古代文字资料,包括简牍和帛书两类,其中帛书《老子》有甲、乙本,其卷前卷后都有文字,本书所探讨的是帛书《老子》乙本卷前的四篇古佚书,它们分别是《经法》《十大经》《称》《道原》,由于帛书整体未见任何名称,关于此四篇帛书的整体书名,学术界尚未达成一致,本书按其中的一种观点,暂称之为帛书《黄帝四经》。

　　马王堆汉墓帛书的出土曾引起学术界的极大兴趣,其中尤以关注帛书《老子》乙本卷前四篇古佚书的探讨最为激烈。关于帛书《黄帝四经》的书名、著作时间、作者、地域、思想内容及学派归属等问题,各家仁者见仁智者见智,在学术界掀起一次次讨论热潮,精彩论说层出不穷。笔者也试图在某些方面做一点尝试,以拓展研究的范围,补充相关的内容。

**一、研究理由、方法、特色及框架**

(一)研究理由

1.道家文化是中国传统文化的重要组成部分,具有极其丰富的思想内涵。其思想无论在理论上的深邃性,还是在实践上的可操作性,在中国思想史上都发挥着不可替代的重要作用。曾有学者提出:道家学派自老子以来,发展为老庄学的重精神自由和黄老学的重政治权谋两个主要派别。而黄老学的研究自1973年长沙马王堆汉墓帛书的出土后,才逐渐热络起来,并形成了一定的规模。在很多问题还没有定论的情况下,帛书《黄帝四经》作为黄老学的一个代表作品是不容置疑的。而黄老学真的就是依托黄帝之名的老子学深化么?还是有区别于其他承继老子学的学派,而自成特色呢?对这一问题试做出回答,是我选择此论题的初始理由。

2.历史文献的主要作用是真实再现当时的历史面貌和发掘文献所承载的思想内涵,并为现代所用。而作为中国思想所研究的主要内容,是中国历史上人们关于哲学、伦理、政治问题的理论思考。尤其是先秦时期,各派思想

家最关心的问题就是如何使国家更和谐,社会更有序。而汉初政治是以黄老学为指导思想的成功范式,且追求和谐的太平盛世是人类一直以来的目标。那么,帛书《黄帝四经》的思想内涵是否能成为人类实现这一宏伟目标的前瞻性资源?这对于建构中国思想研究的主导性,建立当代世界合理的社会秩序,形成有序的社会治理结构,促进人类文明的持续发展具有十分重要的意义和作用。因此,挖掘帛书《黄帝四经》的社会、政治思想是选择此论题的第二个理由。

3. 关于黄帝,或是神话或是传说或是信史,一直以来都是一个谜一样的话题,而帛书《黄帝四经》中的第二种佚书《十大经》都是围绕着黄帝而展开的。因此,关于黄帝的考辨便成为不可绕开的问题,而关于黄帝在帛书中的形象解读,黄老之学与黄帝的关系等也是至关重要的。因此,对黄帝的解读也是此论题的一个选择理由。

4. 帛书《黄帝四经》的思想体系,紧紧围绕着"天道"这一话题,如道、阴阳、刑德、黄帝四面、逆顺、五正、八度都是天文学的术语。加上战国时期,人们积累了丰富的天道知识,这些就成为帛书《黄帝四经》思想内容的重要组成。帛书《黄帝四经》的天道思想,就是以对天之逆顺、观阴阳之化变、以刑德为内容、以尊崇自然规律为主线,所展开的一套治国理论。因此,对这些词汇的辩证、深度解读以及与天道的关系,是选择此论题的又一理由。

(二)研究方法的设定

帛书是一种较早的文献形式,由于其年代较久远,加之其文字是由篆书向隶书过渡,因此对文字的考释,还有很多分歧。可是,因为第一手资料的难求,只能是间接的考读,这样与其他文献的对比研究,以求获得充足的佐证,就显得尤为重要。而帛书文字所承载的思想内容,也有很多的东西有待挖掘。

1. 历史背景分析法。由于帛书《黄帝四经》的年代较久远,因此对其年代的确定很难,但也至关重要。以往对帛书《黄帝四经》的定位,一上来就是黄老之学,或至少是道家作品,也就是说,先把作品限定在一个相对固定狭窄的框架下,单一地以此为背景进行研究。而在本书中,笔者根据帛书的思想内容,将其放在春秋战国这样一个大背景下进行研究,以期能够准确反映帛书全貌。自西周以来,宗法制度一直维系着当时的社会一切,可以说秩序井然。可是自平王东迁,周室衰微,诸侯称霸局面形成,礼崩乐坏,社会秩序一片混乱,而国家如何确立"成法"以定天下,以改变统治失序的社会现状,成为统治者共同关注的首要问题。儒家"仁政",法家"重法",墨家"兼爱",道家"自

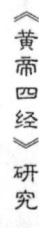

然",然而,各有偏颇,于是吸纳各家之长,又与社会现实、人心思安的心理需要相结合,加之当时先进的科技和战国时期天道思想的发展,帛书《黄帝四经》一套依天道、循天理的治国方略出炉了。

2. 文献对比法。通过传世文献和出土文献的对比研究,找到其中内在的本质联系,以便更准确地把握帛书的思想内涵。尤其是对文献本身的研究,其他文献的旁证、佐证的作用是很关键的。

3. 综合分析法。帛书《黄帝四经》从整体来看,就是一部君主治国的手册,之所以称为手册,是因为它的整体性特点不是特别明显。但其内容所涵盖的东西是十分宽泛的,天文数术、神话哲学、兵学等都有涉猎。

4. 宏观考察与微观分析结合法。在研究中既注意对帛书的整体把握,同时又要注意到微观的细节分析。如帛书思想概论中政治思想与前后代的政治联系,帛书《黄帝四经》中黄帝神话的作用等。

(三)研究特色

1. 对帛书《黄帝四经》整篇的篇旨述要写作是以往研究帛书《黄帝四经》所没有做过的,还有对黄帝的原型解读也是本书的一个特色。

2. 帛书《黄帝四经》的主旨是要统治者依天道、循天理来确立统治术,但其又不是夏商周时期的"天命"思想,其思想是与科学的天道数术、天文历法相结合而产生的治国理论。也就是说帛书《黄帝四经》处处都充满着"天道"的气息。

3. 帛书《黄帝四经》的思想体系,首先将其放到战国时期天道思想兴盛的大背景下,然后通过帛书中关键词组的分析,来梳理其思想的来龙去脉,这与以往将帛书的思想分为政治思想、哲学思想、军事思想等条块状写作形式是一个新的尝试。

(四)研究框架

绪论　交代研究的理由、研究的状况、研究的思路等相关内容

第一章　对帛书《黄帝四经》的出土及书名、时间、成书年代、地域、作者等进行梳理,目的明晰其时代性和地域背景。

第二章　关于帛书《黄帝四经》的一些文献学问题。文献解读主要是通过对帛书《黄帝四经》中的一些文本进行考释,然后考察古书传说中关于黄帝的传说,最后是文献的相互佐证问题。

第三章　帛书《黄帝四经》与黄老学的关系以及其篇旨述要和思想的学派特征。主要对黄老学中的黄帝与老子怎样结合进行分析,而帛书《黄帝四

经》与黄老学又有着怎样的联系,以明确帛书《黄帝四经》的学术定位。

第四章　帛书《黄帝四经》的思想源流及其与《老子》思想的关系。帛书《黄帝四经》的思想是上有承继下有延展的,其思想与《老子》的关系也是显而易见的,但帛书思想又有其自己的独特之处。

第五章　对帛书的思想进行深层的解析。主要从帛书思想的形成背景以及思想体系入手,深层分析帛书的思想。

第六章　对本书的研究结果做一总结性的概括。

二、学术史之回顾

帛书《黄帝四经》自1973年出土以来,研究的工作一直方兴未艾,下面拟从以下几个层面对四十多年的研究状况作以粗略的整理。

一是资料性层面。主要是关于帛书《黄帝四经》的整理考释以及今注今译、外文翻译等对古文献的基础性研究。

二是本源性层面。主要是关于帛书《黄帝四经》的书名、著作时间、作者、产生地域、学派归属等方面的推测和考证,此是关于古书研究的定位和定性的方法论研究。

三是思想性层面。主要是关于帛书《黄帝四经》的具体内容的归纳整理和深层思想研究,以揭示其特定历史时期的思想特征和面貌。

(一)帛书《黄帝四经》的整理研究

1.帛书《黄帝四经》的文本整理

帛书出土以后,初期的文献整理等基础性工作,以马王堆汉墓帛书整理小组为中心,于第一层面取得了相当的成就。今可见六种注释版本和释文,它们分别是:

(1)马王堆汉墓帛书整理小组:《马王堆汉墓帛书[壹]》(线装大字本二册,帛书《黄帝四经》在第二册),文物出版社于1974年9月出版。

(2)马王堆汉墓帛书整理小组:《长沙马王堆汉墓出土＜老子＞乙本卷前古佚书释文》,《文物》1974年第10期。

(3)国家文物局古文献研究室:《马王堆汉墓帛书[壹]》,文物出版社1980年版。

(4)马王堆汉墓帛书整理小组:《马王堆汉墓帛书[壹]》(线装大字本八册,帛书《黄帝四经》的释文和注释分别载于第四、五册),文物出版社1975年版。

(5)马王堆汉墓帛书整理小组:《经法》文物出版社1976年5月出版,是为《老子》乙本卷前古佚书四篇之单行本。

(6)唐兰:《马王堆出土＜老子＞乙本卷前古佚书的研究》附录二《＜老子＞乙本卷前古佚书释文》,《考古学报》1975 年第 1 期。

2.帛书《黄帝四经》的译注

帛书的今译方面有:

(1)余明光:《黄帝四经今注今译》,岳麓书院 1993 年版。

(2)陈鼓应:《黄帝四经今注今译》,台北商务印书馆 1995 年版。

(3)谷斌:《黄帝四经今译·道德经今译》,中国社会科学出版社 1996 年版。

马王堆汉墓帛书经整理小组整理后被公布,在国外学术界同样产生了极大的反响,研究成果不断:

美国加利福尼亚大学伯克莱分校于 1979 年 6 月 18—28 日举行了"马王堆帛书工作会议",邀请中外学术界 20 余人出席。美国出版了《古代中国经典》丛书,其中有达慕思大学韩禄伯译注的马王堆帛书材料,包括帛书《老子》、帛书《黄帝四经》和帛书《周易》等。

夏威夷大学的皮伦布将《黄帝四经》译成英文,并对其做了研究,他把帛书《黄帝四经》和美国现代法学哲学家德沃勒的思想联在一起,显得过于牵强附会,他又把主观的人和客观的大自然分开来,这与中国自古就有天人合一的思想相违。而美籍华裔学者杜维明先生发表了《"黄老"思想:马王堆帛书＜老子＞与＜黄帝书＞的反思》一文,其中对马王堆帛书涉及的黄老思想内容作了细致探讨,并肯定其学术价值。

英国的简帛研究曾雄居世界前列,著名的汉学家葛瑞汉为《黄帝四经》译本做过注释。

马王堆帛书资料在日本也引起强烈的反响,东京大学成立了"马王堆帛书研究会",先后出版了《马王堆汉墓出土老子乙本卷前古佚书经法》的《四度》《论》《亡论》《论约》《名理》等篇的译注,为进一步研究打下了良好的基础。

荷兰学者马恩史参考文物出版社版本,加上自己的看法,将《黄帝四经》译成荷兰文出版。他在《前言》中清楚地介绍了四经的基本问题,支持四经为汉代所编,其中《道原》没有《文子·道原》那么古老。

帛书《黄帝四经》是在马王堆帛书《老子》乙本卷前附抄的一组经典,通常被认为具有黄老思想倾向。叶山的《古佚书五种:汉代的道、黄老与阴阳》则认为它们是阴阳家的作品,可与杜维明、皮瑞姆、卡润·特讷(美国)的学说相对比。浅野裕一的黄老道研究与今枝二郎、内山俊彦等家之说,都是日本学者的相关成果。帛书《老子》甲本卷后附抄佚书的研究,以池田知久的《马王堆汉墓帛书五行篇研究》最为重要。

以上整理研究工作都构成了我们进一步深入研究的基础,而就其优劣而言,大多数研究者认为文物出版社1980年出版的精装本被认为是最好的,因为是在1976年版本的基础上加以补充和修订的,错误最少且不严重。

(二)帛书四篇名称、成书年代及学派归属等问题的研究

1. 关于帛书四篇整体名称的研究

关于帛书的书名,较有代表性的有:(1)《黄帝四经》;(2)《黄老帛书》;(3)《马王堆<老子>乙本卷前古佚书》或《经法》等四篇;(4)《黄帝书》;(5)帛书《黄帝四经》。

2. 关于帛书的成书年代

关于帛书写作的时间,相关的意见有四种:(1)战国早期至中期说;(2)战国末期说;(3)秦汉之际说;(4)汉初说。

3. 关于帛书的作者和产生地域

关于帛书的作者和产生地域问题,主要有(1)"郑国说";(2)"楚地说";(3)"越国说";(4)"齐国说"。

4. 关于帛书的学派归属

帛书出土初期(二十世纪七八十年代),对于其学派归属的问题是当时研究的热点,当时主要有法家、道法家之说。随着研究的不断深入,学者们注意到了帛书所承载的道家黄老学的特质,目前在学界基本上已达成一致。

另外,除了以上一些系统的观点,还有些零散的不同的意见和其他问题的研究。如加拿大麦基尔大学东亚研究中心主任叶山,曾在中国社会科学院历史研究所研究文献,发表了《对汉代马王堆黄老帛书性质的几点看法》的文章,并在其所著的《古佚书五种——汉代的道、黄老与阴阳》一书中,对帛书《黄帝四经》的学术定位给予了不同的认识,他认为马王堆帛书《老子》乙本卷前古佚书,不具有黄老倾向,而是阴阳家的作品。为了论证自己的观点,他将马王堆帛书的相关部分全文译出,可见其对帛书价值的重视。

前三部分在本书的第一章第二节有详细阐述,此处暂略。最后一部分在论文的第二章第一节(三)"关于帛书《黄帝四经》的学术定位"一节有论说,此不赘述。

(三)帛书《黄帝四经》思想的研究

关于帛书深层思想的研究,根据时间或研究的形式大致可以分为三个阶

段,虽然各个阶段都具有偏重于某一方面而忽视其他的特点,但所取得的成果和对后来研究的影响都是不容抹杀的。

第一阶段是在帛书出土后的几年时间里,由于受当时政治气候的影响,关于帛书思想内容的讨论便偏重于儒法的对立和斗争。如唐兰先生在《马王堆出土〈老子〉乙本卷前古佚书的研究——兼论其与汉初儒法斗争的关系》一文中,认为《黄帝四经》属于道家的第三类,即"是由老子学派发展出来的一个支派,是讲道法、主刑名的新型法家"。另外,他还认为帛书是彻底反儒的,因为帛书不引《诗》《书》,不谈仁义礼乐;而它在汉以后失传,正是因为董仲舒提出"罢黜百家,独尊儒术"使儒学定于一尊,而它由于反儒而被儒家挤出了政治舞台。马王堆汉墓帛书整理小组1976年公布的《经法》中,除去原文及注释还有几篇文章分别是:康立、卫今《法家路线和黄老思想——读帛书〈经法〉(代前言)》,康立《〈十大经〉的思想和时代》,高亨、董志安《〈十大经〉初论》,程武《汉初黄老思想和法家路线——读长沙马王堆三号汉墓出土帛书札记》,汤新《法家对黄老之学的吸收和改造——读马王堆帛书〈经法〉等篇》,都从不同角度认定其思想与法家的紧密联系。后来随着人们认识的不断深入和受外界影响的变小,开始了对帛书思想内容有较宽泛的把握。钟肇鹏先生即从多个角度考察了帛书在哲学上是如何吸收道家和法家思想而加以融合的。

第二阶段最大的特点是把帛书的思想切割成几大块,比起以往无论从深度还是广度都有所突破,但缺点是缺乏整体性把握。

金春峰先生在其《论〈黄老帛书〉的主要思想》(《求索》1986年第2期)一文中,从四个方面对帛书思想进行了论述:一是道、天和理的思想;一是辩证法思想;一是刑德思想;一是刑名法术思想。余明光先生在其著作《黄帝四经与黄老思想》(黑龙江人民出版社1989年版)第二章中细致地阐述了"道"、辩证法思想、社会政治思想、伦理道德思想、军事思想五个方面。赵吉惠先生在《论〈黄帝四经〉的思想史文献价值》中把帛书《黄帝四经》放在黄老之学的理论体系内考察,归纳出五个方面的内容:一是君人南面之术(无为而治);一是自然天道观(宇宙本源论);一是刑名法术之学(认识论和政治学);一是兼爱、尚德的法治思想(儒、墨、道、法合流之伦理思想);一是衣食足、节民力以使的经济思想(民本思想)。荆雨先生在其博士论文基础上修改写成的著作《自然与政治之间——帛书〈黄帝四经〉政治哲学研究》,系统深入地研究了马王堆汉墓帛书《黄帝四经》的政治哲学思想。

这一阶段,台湾学者开始了对帛书的研究,但由于资料的间接性,致使研究的人不是很多,观点也没有什么大的突破,基本与大陆学者相同。

第三阶段对于帛书思想的研究向更纵深方向发展,且注意了对帛书与其他相关的传世文献和出土文献的对照研究,但依然没有摆脱条块状分割的毛病。

帛书被确定为黄老学著作,这一点是没有任何异议的。而黄老学是道家学派的一个分支,那么,帛书与《老子》的关系就是无法回避而必须正视的问题。丁原明先生的《黄老学论纲》(山东大学出版社1997年版)就是研究帛书与《老子》思想的相通性,以及帛书对《老子》思想在哪些方面有所扬弃,从宇宙论、政治哲学和辩证法三个方面进行比照研究。白奚先生的《稷下学研究》(生活、读书、新知三联书店1998年版)是从哲学角度对帛书和《老子》进行比较,重点提出帛书是对老子学的扬弃,其中特别注重二者对"道"概念的理解不同。陈丽桂从道法的视角审视帛书,认为帛书是把老子的"道"从玄奥的高深层次拉到世俗的浅滩,以迎合"刑名",为"刑名"取得合理的理论根据。

另外,陈鼓应先生在其著作《黄帝四经今注今译》(商务印书馆2007年版)中强调对帛书的考察应注意其与传世文献和出土文献的关系。如帛书《黄帝四经》与《老子》《管子》《慎子》《文子》《鹖冠子》《易传》等,还有帛书《老子》甲本卷后古佚书《伊尹·九主》《易》,说古佚书《缪和》《二三子问》《易之义》《要》的关系。其中王博先生的《<黄帝四经>与<管子>四篇》、陈鼓应先生的《帛书<系辞>和帛书<黄帝四经>》、方铭先生的《<黄帝四经><老子><庄子>差别论》等文章是从帛书与其他道家著作思想上的联系入手的。

在日本对帛书思想的研究,有浅野裕一在其著作《黄老道的成立与发展》(创文社1992年版)中逐篇分析了《经法》等四篇的思想特色。他特别重视《经法》的道法思想,将其列于《管子》、《韩非子》、申不害、慎到的道法思想之前进行讨论。还有芳贺良信的《<经法>中的刑名思想所表现的思维形式》一文,对《经法》所见"刑""名""道""天""理""法"诸概念加以全面整理,并着重对"道""法"关系作了阐明。

在国内研究帛书《黄帝四经》思想的著作有张增田先生的《黄老治道及其实践》(中山大学出版社2005年版),他把握了一个贯穿帛书始终的主旨即"为治"的理念,进行深入的挖掘,体现了对帛书的整体把握。

### 三、可深入的话题

帛书《黄帝四经》由于其文献的重要性和文献的第一手材料的难以求见,因此,那些功底深厚和有机会见到原始文献的一些有影响的学者,他们的研究成果既丰富又影响颇大。那么,是不是说对帛书《黄帝四经》的可深入研究的话题就没有了?事实并不是如此的悲观。

首先,就关于帛书的文本问题研究,如帛书的名称、地域、成书年代、作者等问题,一直都在争论不休,一直都没有定论,对这些问题的研究,对准确地把握帛书的思想背景、时代特色、学说理论有着至关重要的作用。

其次,帛书的思想内容,一直以来被研究者进行了条块状分割,如将其分为政治思想、伦理思想、哲学思想、军事思想等,这样先进行一个定位,如此,则将帛书分割得七零八落。另外,如若帛书作者真的想反映某方面的思想,大可以四篇佚书一以贯之以一个主题即可,根本不用大费周章地分为四种。因此,精准把握帛书整体的主旨,就很重要了。

再次,帛书反应黄老学说特点,但关于黄帝的话题、黄老之辩等,都是可深入挖掘的课题。对这些问题的探讨不仅可以给予帛书《四经》一个准确定位,也为中国古代思想文化史的理论架构添加确证的说辞。

附加说明:帛书中不可辨识或无法补出的残缺文字,释文中用□代替。根据上下文义或参照其他古籍补入的以[ ]标出。异体字、假借字,在释文中随文注明,用( )标出。

# 第一章 帛书《黄帝四经》概说

马王堆汉墓在湖南长沙东郊五里牌,1972—1974年相继发掘出三座西汉墓葬。一号墓主是轪侯利苍之妻(辛追夫人),二号墓主是轪侯利苍本人,三号墓主是利苍之子即轪侯利豨。据考证,三座墓葬属于西汉初期诸侯的家族墓。墓内所葬物品丰富奢华,其中有大量以前未见图书。

## 第一节 帛书《黄帝四经》出土概况

### 一、帛书《黄帝四经》简说

马王堆汉墓三号墓内存有大量的珍贵文字资料,其中包括简牍和帛书,简牍主要是遣策和医药简,而帛书大部分是久佚古籍。① 据考古工作者研究,该墓墓主是西汉初期的长沙国丞相轪侯利苍的儿子少将军轪侯利豨。②

在该墓的东边箱有一个长约60厘米、宽30多厘米、高20余厘米的长方形漆奁,著名的马王堆帛书就存放在这个漆奁里。帛书的形制约有两种:一种是抄写在高约48厘米的整幅帛上;另一种是抄写在高约24厘米的半幅帛上。出土时前一类帛书的折叠处已有断裂,后一类帛书也有严重的粘连破损。经文物保护专家清理、装裱和帛书整理小组拼复、考释,马王堆帛书的内容和种类已大致清楚。据帛书整理小组和湖南省博物馆的专家介绍,帛书总计约12万余字,内容涉及非常广泛,既有哲学、历史、文学、军事、宗教、绘画、艺术,又有天文、地理、医药、历法、气象、建筑、畜牧等。这些图书,用墨抄录

---

① 湖南省博物馆、中国科学院考古研究所:《长沙马王堆二、三号汉墓发掘简报》,《文物》1974年第7期。
② 陈松长:《马王堆三号墓主的再认识》,《文物》2003年第8期。

在帛上,字体大致可分为古隶和今隶两种。大部分是早已失传的古籍,有的虽然有传本,但对照其内容,就会发现有不同程度的出入。关于帛书的种类,最初说法很多,有说二十多种,有说三十多种的。帛书整理小组于 1974 年 9 月,定为十五大类四十余种,后来经过二十多年的研究和整理,又有新发现。2000 年 1 月,中国大百科全书出版社出版的陈松长先生的《帛书史话》中,按汉代图书分类法,分为六大类四十四种。具体见下表:

| 六艺类 | ①《周易·六十四卦》;②《二三子问》;③《系辞》;④《易之义》;⑤《要》;⑥《缪和》;⑦《昭力》;⑧《春秋事语》;⑨《战国纵横家书》;⑩《丧服图》 |
| --- | --- |
| 诸子类 | ①《老子》甲本;②《五行》;③《九主》;④《明君》;⑤《德盛》;⑥《经法》;⑦《十大经》;⑧《称》;⑨《道原》;⑩《老子》乙本 |
| 兵书类 | ①《刑德》甲本;②《刑德》乙本;③《刑德》丙本 |
| 术数类 | ①《阴阳五行》甲本;②《阴阳五行》乙本;③《五星占》;④《天文气象杂占》;⑤《相马经》;⑥《杂占图》(或称《卦象图》);⑦《社神图》(或称《太一将行图》《辟兵图》) |
| 方技类 | ①《足臂十一脉灸经》;②《阴阳十一脉灸经》甲本;③《阴阳十一脉灸经》乙本;④《脉法》;⑤《阴阳脉死候》;⑥《五十二病方》;⑦《胎产书》;⑧《养生方》;⑨《杂疗方》;⑩《却谷食气》;⑪《导引图》 |
| 其他类 | ①《长沙国南部地形图》;②《驻军图》;③《城市建筑设计图》 |

上表参照傅举有:《不朽之侯——马王堆考古大发现》,浙江文艺出版社 2002 年版,第 93~94 页。从上表可以看出,《经法》《十大经》《称》《道原》属于诸子类图书。

三号墓出土的帛书中有《老子》两种写本,折叠成长方形,放在漆盒内。一种是用半幅帛书写,称为甲本。字体是接近篆文的早期隶书,文字不避刘邦、高后吕雉讳,推测大约抄于秦末至汉初。另一种用整幅帛书书写,称为乙本,乙本避刘邦讳,抄写时间稍晚于甲本。乙本卷前附抄另外四篇古佚书,折叠边缘有残断,四篇佚书字间没有句读符号,但都有篇题写于末行空白处,分别是《经法》《十大经》《称》《道原》,约 11160 多字。今天人们所见是整理小组经过多年研究而成现代文字且有句读的整理版本。

马王堆汉墓是人类文明的巨大财富,在世界上掀起了"马王堆热",可见其出土的意义非凡。

## 二、帛书《黄帝四经》出土的意义与价值

帛书《黄帝四经》的出土,使人们对于传统文化的研究又增加了一个新的契合点,对以往思想文化史中存在的疑窦和不能确证的问题有了史料的支撑。总之,帛书《黄帝四经》的出土,其意义和价值深远,具体分说如下:

(1) 对思想文化的研究有着重要的学术价值

帛书《黄帝四经》的出土引发了前所未有的"黄老"之学的研究热潮,使一些在中国思想文化领域的模棱两可的问题得到了辨析和明确的认识。所以,若想实事求是地反映历史史实,就需要重新考量一些历史观点和历史事件的真实。如汉代思想史,过去对汉初一些思想家的学术观点和借以支撑的政治观点的理论基础,都是似是而非或模棱两可的。帛书《黄帝四经》的出土,使人们看到了一个真实存在的"黄老"之学的有形和无形的影响,也使人们找到了思想家们的学术思想渊源。另外,帛书《黄帝四经》的出现,对于楚文化、齐文化以至对于长江、黄河流域的思想文化的研究写入了新的内容。所以说帛书《黄帝四经》的出土为研究中国古代历史、哲学政治思想和文化学术研究提供了重要的学术理论依据。

(2) 为道家文化的研究开辟了新领域

中国文化的组成,道家是至关重要的,因此对道家文化的研究,是中国文化研究不可避免的。然而,对道家文化的研究,由于文献的缺失,使人们的研究视野一直局限在以老子和庄子为代表的老庄学派上,思维也一直无法打开,甚至出现了对"黄老"的错误认识,以为"黄老"即老庄。帛书《黄帝四经》出土后,人们对两千多年以前存在的"黄老"之学有了一个清楚的认识,这就为道家文化的研究开辟了一个崭新的领域,也使道家文化的研究更趋于完善、完整化。李学勤先生也曾说过:"《黄帝书》四篇,我认为最适当看法仍是《黄帝四经》,这部书的重新问世,不仅解开了古书常见的'黄老'之谜,更重要的是表明先秦的黄老之学,其主流与庄列一系的隐逸思想大相径庭。"①

(3) 对黄老学的研究有了新突破

一直以来,由于史料的缺失,对于黄老学的认识,人们所能论说的就是汉初的"无为而治",至于其他的则再无高论。"黄老学"的脉络演化向来是难以梳理清楚的,而对于汉初的黄老的来龙去脉也无法确知,这似乎成了叙写

---

① 李学勤:《新发现简帛佚籍对学术史的影响》,《道家文化研究》(第十八辑),北京:三联书店2000年版,第5页。

道家思想史和秦汉历史一个无法回避而又别无他论的两难选择。帛书《黄帝四经》的出土,在某种程度上解决了著者的尴尬状态。因为自帛书《黄帝四经》出土以来,国内外学界对黄老学的研究可谓是蔚为壮观,论文、专著大量涌现,研究触角四通八达,就通论性的著作有吴光先生的《黄老之学通论》、余明光先生的《黄帝四经与黄老思想》、丁原明先生的《黄老学论纲》、胡家聪先生的《稷下争鸣与黄老新学》、陈丽桂的《战国时期的黄老思想》、黄钊先生主编的《道家思想史纲》、白奚先生的《稷下学研究》等。专论性的著作有赵吉惠先生的《论〈黄帝四经〉的思想史文献价值》、荆雨先生的《自然与政治之间——帛书〈黄帝四经〉政治哲学研究》、张增田先生的《黄老治道及其实践》等,论文更是如雨后春笋,这样就使人们对一个曾经陌生的学派有了清晰的认识。黄老之学不再仅仅只是"无为而治"的代名词,它所承载的历史、文化、思想使命,正被人们所熟知。

(4)对以往学界认为的"虚说""伪说"给予了史料的确证

"黄老"一派的提法,司马迁曾经提到过,如环渊、田骈、慎到等"皆学黄老道德之术",还说"申子学本于黄老"。然而,学界一直以来都认为只是一个"虚名"而已,而没有实际的思想内容,直到帛书《黄帝四经》出土,人们亲眼所见四种佚书与《老子》合抄在一起,黄老合卷,这种情况又是出现在软侯家的墓葬中,有力地证明了史书中一些关于黄老学的记载,如说窦太后继承文帝的政策,要求景帝和太子以及诸窦都说黄帝老子之言(《史记·外戚世家》),还有《隋书·经籍志》:"自黄帝以下,圣哲之士,所言道者,传之其人,世无师说。汉时曹参始荐盖公能言黄老,文帝宗之。自是相传,道学众矣。"都说明黄老道家之学在汉初确实是风行一时的,并且有着自己系统的学说体系,从而也掀起了研究"黄老"学说的热潮。

尤其是关于黄老学中的"黄"学,古人关于黄帝的传说起源于社会大变动的春秋战国之际而流行于战国中期以后,所谓"百家言黄帝"也是在战国中期以后流行起来的。所以说在战国时期,"黄帝"学说本就是学术流派中的一个重要的派别,在百家争鸣中有着很重要的地位。然而由于对黄老之学研究的片面性,导致了只重老子而忽略黄帝,只看重老子学而轻视黄帝学,也许是因为黄帝是远古神话传说中的帝王,其真实性一直受到怀疑所致,但不管怎样,以往人们对于"黄帝"之学的认识只局限在依托和神话的寓意上,或一直以来都认为是依托或认为黄帝言是空的,而没有对黄帝学内涵和实质有更深入的探讨。帛书《黄帝四经》的出土,展示了"黄帝学"丰富的社会政治思想和哲学见解,使人们对于黄帝学所宣扬的"人道法天"(即给帝王提供以天道为依循的治国理念),有了清楚的认识。而对汉初政治统治贡献巨大的黄老之学,更确切地说当是黄帝学,在中国政治、历史舞台上地位也有了正确的定位。且以对黄帝学的重新认识为契机,对战国时期百家争鸣的其他学派(与黄帝学有关的学派)的研究也掀起了高潮,如阴阳学的研究。

(5)其政治模式对现实社会的运作有一定的借鉴意义

道家不似儒家追求显性的"内圣外王"之道,对于政治的实用性也不如儒家来得直接,但不可否认的是,道家从黄老参政,显现了其政治性的一面,此后,道家的这种政治模式,一直成为中国社会发展必不可少的一种形式。

道家黄老著作《老子》、帛书《黄帝四经》、《管子》四篇《内业》《白心》《心术上》《心术下》谈治国兼治身,虽侧重有所不同,但同样也可称得上"内圣外王"。尤其在西汉初期,统治者接受了黄老道家的外王治国之道,采取"清静无为""去奢尚俭""轻徭薄赋""与民休息"等一整套"休养生息""无为而治"的统治模式,因而成就了史书称道的"文景之治"。黄老道家采各家之长,援法入道,援儒入道,吸收文化传统中的优势进行整合,使之有利于现实社会的运作。黄老道家的统治术,为后世统治者提供了一种行之有效的模式和思维方式。当国家社会面临危机或君王过于作为时,运用此种模式就会引领国家社会完成由乱而治的过渡。帛书《黄帝四经》的出土,便可见其存在的价值及影响意义。

以上所列是从宏观的角度考量帛书《黄帝四经》出土的意义和价值,事实上,帛书的价值远不止如此,还有很宽广的研究空间,帛书《黄帝四经》的出土,是打开中国文化史许多疑迷的重要钥匙。

## 第二节 帛书《黄帝四经》成书概说

### 一、帛书《黄帝四经》名称由来

关于帛书的书名,较有代表性的有:1.《黄帝四经》;2.《黄老帛书》;3.《马王堆〈老子〉乙本卷前古佚书》或《经法》等四篇;4.《黄帝书》;5.帛书《黄帝四经》。

1.《黄帝四经》

唐兰先生在其论文《马王堆出土〈老子〉乙本卷前古佚书研究》一文中,提出帛书《黄帝四经》即为《汉书·艺文志》所著录的《黄帝四经》,此名曾一度被学界所热议。他的理由有三:第一,在内容上,四篇恰构成一个整体,可视为一本书。《经法》主要论法,《十大经》主要论兵,《称》讲辩证法,《道原》则论道。四篇体裁虽有别,但内容却互为联系,且与《黄帝四经》之"四"正好相符。第二,抄写年代看,帛书抄写于黄老之学盛行的汉初,很难想象在国家大力提倡黄老之时,《老子》的前面会冠以别的不相干的书,而这四篇恰好又承载着黄老之言,显然只有《黄帝四经》才能当之。第三,从传授源流和流传的情况看,法家的申子、韩非之学皆出于黄老之学,而战国中期到晚期的很多法家著作都对此书有所征引;又《汉书·艺文志》道家三十七中有关黄帝之书有五种,仅《黄帝四经》称"经",古佚书中的《经法》《十大经》又都称经,《称》和《道原》也属经的体裁,与《黄帝四经》正相合。①

后来,如陈鼓应先生、余明光先生、郑开先生、张慧姝先生、谷斌先生等都直接用《黄帝四经》的称名。

然而,《马王堆帛书〈老子〉乙本卷前古佚书》是否可称为《黄帝四经》,日本学术界尚有争论,一般认为并非《黄帝四经》。金谷治《关于古佚书〈经法〉等四篇》一文,认为把《经法》等四篇看作一部完整的书是牵强的,四篇相互间虽有密切关系,但又各具特色,存在时代上的差异,因而他把《黄帝四经》与《韩非子》联在一起,说明其成书较晚(战国中后期)。

2.《黄老帛书》

一些学者认为帛书表达着道家黄老学派的思想,所以主张统称"黄老帛书"。钟肇鹏先生在《黄老帛书的哲学思想》中"为了避免揣测,从质命名",首先使用了此称名(《文物》1978年第2期)。金春峰先生说,"学术界研究认为,它们(指《经法》等四篇)是史称黄老学派的可靠研究资料,故称《黄老帛书》。"(《论〈黄老帛书〉的主要思想》,《求索》1986年第2期)葛荣晋先生、张增田先生也持此观点。萧萐父先生为了稳妥起见,建议姑且名为《黄老帛书》,待以后确考(《黄老帛书哲学浅议》,《道家文化研究》第三辑)。

3.《马王堆〈老子〉乙本卷前古佚书》或《经法》等四篇

裘锡圭先生在论文《马王堆帛书〈老子〉乙本卷前古佚书并非〈黄帝四经〉》一文中,明确表达了其观点:①从四篇的体裁、篇幅看都不像是一部书,内容也与《隋书》所认定的特点不符,认为是"帛书的主人为学习黄老言而抄集在一起的。"②《汉书·艺文志·诸子略》道家部分既以《黄帝四经》为首,则魏晋以前的古书所引用的黄帝之言当有出于该书者,"可是这些引文在四

---

① 唐兰:《马王堆出土〈老子〉乙本卷前古佚书研究》,载《考古学报》1975年第1期。

篇佚书中却一条也没出现。根据这一点,也可以断定四篇佚书并非《黄帝四经》。"裘先生虽然认为"黄帝书"之称较之"黄帝四经"要合理,但他最终还是主张"最好仍称这四篇古佚书为'《马王堆＜老子＞乙本卷前古佚书》或《经法》等四篇'"。①

在日本东京大学成立了"马王堆帛书研究会",先后以《马王堆汉墓出土＜老子＞乙本卷前古佚书＜经法＞》为名出版了单行本,可见是主张此名的。

4.《黄帝书》

此称名是李学勤先生论及帛书时所采用的。主要原因是该书为依托"黄帝"之言。但后来他认为关于帛书四篇"最适当的看法仍是《黄帝四经》。(《新发现简帛佚籍对学术史的影响》,《道家文化研究》第十八辑)刘翔先生于1985年作《马王堆帛书"黄帝书"研究综述》时,主张先用此名。魏启鹏先生2004年由中华书局出版的著作《马王堆汉墓帛书＜黄帝书＞笺证》用的也是"黄帝书"的书名。美籍华裔学者杜维明先生对马王堆帛书涉及黄老思想内容的《老子》和《黄帝书》作了细致探讨,用的也是此名。

5.帛书《黄帝四经》

这样主要的争论焦点就在前两种的叫法上,然而今天用"帛书《黄帝四经》"作为书名的却相对多一些,因为反对四篇帛书是《黄帝四经》的,理由和论据也不容忽视。所以用帛书《黄帝四经》作为书名,可以二者兼顾:一方面避免了主观认定帛书《黄帝四经》即为《汉书·艺文志》所著录的《黄帝四经》;一方面也避免了帛书《黄帝四经》客观上为《汉书·艺文志》所著录的《黄帝四经》的可能。而且用帛书《黄帝四经》作为书名可以让人们一目了然地看出此四篇帛书的重要性;同时也解决了书名为《黄老帛书》所产生指称含包过大的缺点,因为称《黄老帛书》有把前面帛书《老子》也含在内的错觉,而事实上所称的《黄老帛书》是不包含汉墓帛书《老子》的;还有称《马王堆＜老子＞乙本卷前古佚书》或"《经法》等四篇"显然具有内容的承载量不够的不足,另外作为书名有不够简洁直接和一目了然的缺点,且名《经法》给人们一个模糊概念,使一些读者误认为"经法"是佛家的经典,而没有引起国内史学界高度关注,致使帛书《黄帝四经》出土多年,却很少有人知晓;还有称《黄帝书》具有类书的性质,而这四篇古佚书中阐述黄帝的篇章,主要集中在《十大经》的个别章节中。

---

① 裘锡圭:《马王堆帛书〈老子〉乙本卷前古佚书并非〈黄帝四经〉》,《中国出土古文献十讲》,上海:复旦大学出版社2004年版,第352~360页。

## 二、帛书《黄帝四经》成书年代考

关于帛书《黄帝四经》的成书年代，目前学术界主要有三种看法：一是战国早期至中期（偏于战国中期左右）；一是战国末期至秦汉之际；一是汉初及其他。而其中多数同意战国中期说。这里战国早期、中期、晚期的划分是依照钱穆先生的《先秦诸子系年·诸子系年通表》，早期为公元前478—前371年，中期为公元前370—前301年，晚期为公元前300—前221年。

### 1. 战国早期至中期（偏于战国中期左右）

这一观点的持论者最多。主要从三个方面进行论证：一是从与黄老学的关系入手；一是帛书与其他古籍对照；一是放在齐稷下学的背景下。

从黄老学的关系来看，首先由唐兰先生在《考古学报》1975年第1期中有一篇文章名为《马王堆出土<老子>乙本卷前古佚书的研究》提出的，他认为帛书"应该是战国前期之末到中期之初，即公元前400年前后"写成的，"至晚是在公元前四世纪的初期就出现了"。他的根据：一是"学本于黄老"的申子之说年代；二是根据汉初黄老的盖公的师承，推算黄帝之言的流行应在公元前四世纪的前期。

后来，赵吉惠先生在其论著《中国先秦思想史》（陕西人民出版社1988年版）中结合黄老学的产生从六个方面论证《黄帝四经》应为战国中期以前的作品。其他一些论者在涉及此问题时也暗含其主张。如台湾学者陈丽桂的《战国时期的黄老思想》（台北联经出版事业公司1991年版）就是以帛书《黄帝四经》《管子》中的黄老思想，以及申、韩的黄老思想为依次考察顺序进行论说。还有丁原明先生的《黄老学论纲》（山东大学出版社1997年版）在"战国南方黄老学的思想"一章中也有对帛书《黄帝四经》的论述。

帛书与其他古籍对照，余明光先生在其著作《黄帝四经今注今译·前言》（岳麓书院1993年版）中通过比较帛书《黄帝四经》与《鹖冠子》《管子》《韩非子》的相似语句，认为帛书应早于此三部书。在《〈黄帝四经〉与黄老思想》（黑龙江人民出版社1989年版）中强调指出申不害、慎到之书中征引帛书《黄帝四经》的地方很多，这与司马迁曾有慎到学黄老并发明其义、慎子之学本于黄老的说法，二者可相互印证。

王博先生《黄帝四经与管子四篇》（《道家文化研究》第一辑，上海古籍出版社1992年版）中通过比较认为，《黄帝四经》早于《管子四篇》，应形成于吴起在楚国变法之时（公元前381年）或稍晚。

陈鼓应先生在《黄帝四经今注今译·序》（岳麓书院1993年版）中通过

研究《黄帝四经》中"道德""精神""性命"等复合词没有出现的特征,认为《四经》应该写成于战国中期或以前,至少与《孟子》《庄子》两篇同时。

丁原植先生将帛书《道原》列于《老子》和《文子·道原》之间进行考察,认为帛书成书于战国早中期之际。

从齐稷下学的背景下考察,魏启鹏先生在《黄帝四经探源》(《中国哲学》第四辑)一文中,认为帛书乃是由齐国稷下学者整理汇编而成,而非一人一时之作。因此,关于帛书成书时间的主张是归入战国早中期说。另外,白奚先生在其著作《稷下学研究》(生活、读书、新知三联书店1998年版)中把《黄帝四经》放在战国时期学术思想发展的大背景下,从人性论、认识论、阴阳五行思想等学说的发展、演进和先秦诸子的古史传说等四个方面论证帛书应早出。

2. 战国末期至秦汉说

支持此说的主要有钟肇鹏、葛荣晋、黄钊、吴光先生等。其中吴光先生从六个方面加以论证:①从黄帝传说和黄帝书产生的时间看,黄帝传说流行于战国中期以后,而"百家言黄帝"的"黄帝书"也只能在此背景下产生;②从《黄老帛书》与《老子》的关系看,《老子》成书于战国中期(实承钱穆说),那么《黄老帛书》只能更晚。钟肇鹏先生也基于此说,并认为帛书的黄帝形象反映的是战国末期的新兴地主阶级,并根据《史记·乐毅传》关于河上丈人→安期生→毛翕公→乐暇公→乐丞公→盖公的师承体系,推定河上丈人为黄老学派的祖师爷,是战国末期人(《黄老帛书哲学思想》,《文物》1978年第2期);③从《黄老帛书》与其他先秦古籍的内容对照看,是帛书抄各家,而非各家抄帛书;④从《黄老帛书》的结构形式看,不似一人一时所作,有篇名的形式又为战国末期后的通例;⑤从《黄老帛书》的理论特点看,是以道家思想为主体而糅合了其他各家思想的主张,故只能在战国末期或更晚;⑥从"黔首"一词出现的时代看,是战国晚期及秦代对国人的一种称谓,证明帛书成于秦统一前后(《黄老之学通论》,浙江人民出版社1986年版)。这里吴光先生的论证可谓全面、合理,但推论毕竟不是事实,有些是需要进一步论证的:第一,"黔首"一词出现,据余明光先生考察,先秦典籍《礼记·祭义》《内经》《战国策》有出现,所以,不能以此证明帛书晚出。第二,黄帝的传说和黄帝书的流行二者是否有同时的可能。第三,《老子》的成书年代说法不一,以其中一种说法作为证据,是否有失偏颇。第四,是帛书抄各家,还是各家抄帛书,需要客观考察,而不应主观认定。

另,高亨、董治安两位先生将帛书《十大经》归为战国时期的作品(《〈十大经>初论》,《历史研究》1975年第1期)。后裘锡圭先生以为古佚书的"著作年代跟抄写时代无疑会有一段距离,所以它们大概都是战国时代的作品"(《马王堆<老子>甲乙本卷前后佚书与"道法家"》,《中国哲学》第二辑,北京三联出版社1980年版)。金谷治《关于古佚书<经法>等四篇》一文,认为《经法》等四篇相互间虽有密切关系,但又各具特色,存在时代上的差异,因而他把《黄帝四经》与《韩非子》联在一起,说明其成书较晚(战国中后期)。

熊铁基先生把黄老学归为秦汉之际的新道家(不同于先秦时期的道家),并以《吕氏春秋》和《淮南子》为一首一尾的标志,而《四经》处于其中(《秦汉新道家略论稿》,上海人民出版社1984年版)。黄钊先生从帛书与先秦典籍的内在关系和思维发展的逻辑趋向两个方面论证帛书不可能早于战国末年,又从帛书作为殉葬品且与《老子》抄在一起所具有较高地位和汉初结束"天下大争"的局面两个方面否定帛书成于汉初的可能性。所以,黄先生主秦汉之际说(黄钊主编:《道家思想史纲》,湖南师范大学出版社1991年版)。同时,吴光先生也根据帛书不批评秦王暴政的现象,指出它不可能成于汉初,因为汉初思想家的共同特点是从秦亡的教训中总结经验,而汉初的休养生息政策恰是与秦政相反的。所以,帛书四篇当成书于秦统一之前或秦汉之际。

3. 汉初及其他

有一些学者认为汉初黄老之学大行,所以将出土于马王堆汉墓的这部分黄老学派著作产生的时间定在汉初。另外,还有从其他角度论证的,姜广辉先生,他以书中"惟余一人,兼有天下"、惧亡忧存、"抱道执度"、矫抑"奇""暴"、养民安治等思想,都可以和汉初政治的历史背景相印证;而从思想发展脉络来看,四篇古佚书兼采儒、墨、阴阳、名、法各家思想,体现了万流归道的趋势。这种情况不可能出现在百家争鸣的战国初、中期,而只能出现在黄老思想占统治地位的汉初。① 康立先生认为"《十大经》很可能是汉初的作品",理由如下:在《十大经》中,不仅提到了战国末年才开始在秦国普遍使用的"黔首"一词,并提到了蹴球这种战国时期兴起的体育活动,因此,《十大经》是后人依托黄帝而写的。西汉统一全国,出现了与书中所描述的"黄帝"相对应的帝王形象。

另外,"十大经"的所有十五篇中,黄帝与其大臣的对话都是围绕着关于如何平息战乱纷争之事,还有黄帝擒杀蚩尤之事,所以有学者以此为据,认为

---

① 姜广辉:《试论汉初黄老思想——兼论马王堆四篇古佚书为汉初作品》,《中国哲学史研究集刊》第二辑,上海:上海人民出版社1982年版。

"十大经"写于汉初。理由是:影射汉时"七国之乱"的历史史实。荷兰学者马恩史支持《四经》为汉代所编,其中《道原》没有《文子·道原》那么古老。刘毓璜先生以为"纵观'黄老'帛书,在主流思想上远绍稷下,近接河上丈人而来,以官学的支配形态居于封建国家的决策地位。""黄帝、老子这两个名号在齐国阴阳家的撮合下,结下了不解之缘,发展为有体系的黄老之学,又在汉代特定的历史条件下取得了一些实践的经验,以罕见的风采载入'帛书'"。

第一,汉初黄老之学大行,是历史事实,然而一种学说或思想都有其产生、发展到成熟的过程,一种学说大行其道与学说刚刚产生都会存在一定的时间差距。四篇佚书兼采各家,这本就是战国末期的史实,并不能以此为汉初黄老学才可担当。第二,作为"汉初官学",当不至于淹没著者之名。第三,关于影射的问题,笔者有不同的认识,历史有惊人的相似性,战国七雄争霸,汉时七国之乱,这本身就不是历史的巧合,而是历史的必然,因为天下纷争、战乱不断,本就是自国家产生之后所普遍存在的一种现象,它并不独汉时仅有。所以帛书《黄帝四经》中的有关思想与汉初的政治历史背景相印证或影射是没有说服力的,且汉初能作为显学被君主推崇的学者,如高祖时的陆贾、文帝时的贾谊都有著作传世,按其著作的思想特色,已然具有了以儒家忠、孝、仁、义、礼为治平手段的"儒道法"特点,而不是帛书所反映的"道法"为主的治平理念。

此外,还有其他一些关于帛书《黄帝四经》成书年代的看法也很值得参考。如加拿大学者叶山先生认为《称》篇"不是一部系统完整的著作中的一个有机的部分,而是一部引自早期文献或口头名言的格言集锦汇编。从这部汇编中,帛书其他文章的著者吸取了灵感。也就是说,这意味着其他文章著于这一格言汇编之后。而且若《慎到》一书确实是以上提到的引言的原出处,那么帛书的其他部分一定晚于《慎到》。"[①]

虽然大多数人持战国中期左右,但我依然坚持自己的看法,帛书《黄帝四经》成书于战国中期至晚期之交,或者说是战国中期末至战国晚期之初这段时间。具体理由如下:

一是,根据这个时期的时代特点所反映出的内容与帛书《黄帝四经》的思想主流有相合相通之处。首先是这个时期天文学较发达。天文学家不仅能通过仪器测得行星运行顺逆的度数,而且还计算出年、月、日合朔闰终始循环

---

[①] 叶山:《对汉代马王堆黄老帛书的几点看法》,载于《马王堆汉墓研究文集》,长沙:湖南人民出版社1994年版,第21页。

的历法,解决了旧历失闰的困扰。战国初期,中国历法改革进入了一个新的时代,采用岁星纪年法,行四分历,以三百六十五又四分之一为一年,称夏正或颛顼历。而战国中期兴起的黄老学,其天道思想便是奠基在古羲和之官的"敬授民时"的基础上,主张执政者应根据当时的天文新知,制历法,定度量,正形名,立法则,以天道律历的度数来联系规范人事,构筑一套天地人相参的有机网络,以为万全的治国大计。

在帛书《黄帝四经》中出现的天文学术语如"赢缩""逆顺""天时""度数"等已经政论化了来看,帛书《四经》成书当在此历实行一段时间,并为世人公认精确的阶段。因为毕竟新历是与旧历相差两个月的历法。而夏正历似乎是在公元前360年实行,而事实全面性地改行夏正历,可能是在六国称王时,即公元前330年前后。

其次,六国称王至齐秦称帝。战国是各路诸侯争战割据的时代,为了在争战中取得胜利,各国均在各领域实行富国强兵之策。六国称王开始于公元前334年,齐、魏会于徐州相互称王。公元前325年,秦、韩称王;公元前322年,燕、赵跟进(楚于公元前706年称王)。六国称王时代表明大国争霸之心愈趋强烈,兼并争夺之战也成为大势。强权如齐秦有争帝的事实,公元前288年齐秦称帝,由于某种原因取消称帝,同年复称王。前面说过全面实行夏正与六国称王时间是一致的,因为在中国帝王的思想里,新旧朝代的更替要奉行新的正朔,此时夏正的改行正好符合了称王诸侯自立为正,不必奉行周正朔。因为他们相信"率天之正"可以借此摆脱周正的不合时宜,建立新的统治秩序。《史记·历书》中:"三代之正,若循环,穷则反本。天下有道,则不失纪序;无道,则正朔不行于诸侯。"而帛书《黄帝四经》中有"今天下大争,时至矣""兼有天下""帝王之道",以及《称》中有关帝、王、霸的内容,都与上述的时代气息相合。

第三,从学术思想发展看。首先是关于黄帝传说。古人关于黄帝的传说起源于社会大变动的春秋战国之际而流行于战国中期以后。所谓"百家言黄帝"也是在战国中期以后才流行起来的。帛书《黄帝四经》中的黄帝之事,不是粗糙的远古神话,而是有针对性地将关于黄帝的传说收集在各篇章中,所以帛书中关于黄帝的传说应在战国中期后或更晚。

第四,从帛书《黄帝四经》与《老子》的关系看。帛书《黄帝四经》对《老子》的道论进行改造发挥,已是大家共识,但是它根据的《老子》是与之合卷的帛书《老子》还是更早?而较早的《老子》据专家考证当是郭店楚简《老子》,它只有两千多字,依墓葬时间是公元前300年,所以大多数学者认同帛书《老子》有发挥改造郭店《老子》的情况。据此可推论帛书《黄帝四经》当成书于公元前300年左右。

第五，从词汇特点看。陈鼓应先生认为，古汉语的发展规律单词要早于复合词，帛书《黄帝四经》中，"道"字出现86次，"德"字出现42次，"精"字出现9次，"神"字14次，"性"字1次，"命"字13次。然而，由这些字组成的复合词如"道德""精神""性命"在帛书《四经》中却一例都没有。所以帛书《黄帝四经》至少与《孟子》《庄子·内篇》同时做成。而《孟子》《庄子·内篇》是成于战国早期至战国中期前，因此帛书《黄帝四经》早出。

按，《孟子》与《庄子·内篇》，成书时间应该后移。陈鼓应在《先秦道家研究先方向》一文中指出，孟轲晚年才与万章之徒著书立说。① 时间是在孟轲去齐之后，即齐宣王八年，公元前312年以后，②其时代是战国中期后。若说与《孟子》《庄子·内篇》同时，也当在战国中期偏后。

另外，帛书《黄帝四经》中"气"的用法，王博先生指出"气"出现5次，如"云气""血气""地气""夜气"等都只是简单的、普通的名词，尚未形成似《孟子》之"浩然正气"和《庄子》《管子》《鹖冠子》与"道"近义的独立范畴。

帛书《黄帝四经》的思想理论体系是将观察天体自然运行所得，构筑成天道思想，并与人事结合，以此为执政者的"敬授民时""四时教令"的依据。这也是阴阳学说的基本理论，只是此时的阴阳学说没有与五行学说结合。因此，有学者推论："《四经》是将前人零星的有关思想材料系统化，完整地表达出来，……连同敬授民时的理论一起，正是后来被称为四时教令思想的全部内容。四时教令的思想在《四经》中尚未完全成熟，但已基本确立，后来的《管子》将其进一步发挥发展，成为邹衍学说的重要理论来源。秦汉时期的重要著作《吕氏春秋》和《春秋繁露》都深受其影响。"③金春峰先生以为"帛书思想的核心是阴阳刑德思想"④，而帛书中"气"的词语，大多都是关于阴阳刑德思想的，具有很深的内涵。如《十大经·观》"重阴长夜气闭地孕"与《管子·五行》"通阴气以事地"；《十大经·观》"先德后刑，顺于天"与《管子·四时》"阴阳刑德合时"的思想相近，所以帛书《黄帝四经》的时代应该更接近《管

---

① 陈鼓应：《关于黄帝四经成书年代等问题的研究》，《黄帝四经今注今译》，台北：商务印书馆1995年版，第11页。
② 钱穆：《孟子去齐考》，《先秦诸子系年考辨》，台北：东大出版社1990年版，第550页。
③ 白奚：《常见的论证方法之局限》，《稷下学研究》，北京：三联书店1998年版，第135页。
④ 金春峰：《帛书黄帝四经的思想和时代》，《汉代思想史》，北京：中国社会科学出版社1997年版，第38页。

子》的《四时》《五行》篇。而《孟子》"夜气"虽然发展为"浩然之气",但其属于休养观,恰如《庄子·内篇》中的"气"属于人生观一样,与帛书《黄帝四经》的阴阳刑德思想属于不同的范畴。反而与《庄子》外杂篇、《管子》的《四时》《五行》这些战国中晚期出现的阴阳刑德思想同属一类。

关于"黔首"一词的争论,有学者依据"黔首"一词在帛书中出现证明其晚出。因为《史记·秦始皇本纪》有:"始皇二十六年,更名民曰黔首。"而余明光先生以"黔首"曾在《礼记·祭义》《黄帝内经》《战国策·魏策二》、李斯《谏逐客书》等文献中出现过为据,认为其在孔子时就应存在而该是早出。

按,《战国策·魏策二》中"黔首"是现存文献中记载最早的,它出现在公元前319年。在帛书《黄帝四经》中"黔首"只在《十大经·姓争》中出现两次,而"民"在四种佚书中均有出现,有75次之多,说明此时依然是以"民"为主而二者混用之时。另外,"黔首"一词的理论来源是"五德相胜"说,该说认为,周为"火德",继周者应是"水德",水德尚黑,所以用"黔首"名民。"五德相胜"说出自战国中期稷下学者邹衍。当时交通不便,信息传递也慢,"黔首"既然产生于秦,而"秦人"消化并吸收从东方而来的"五德相胜"学说,并产生"黔首"一词,最快也要在战国中期与晚期之交,没有这一过程,恐怕是不行的。

文体上有间或用韵的现象,这是战国末期作品的一个普遍的现象。

还有关于《史记》申韩列传与乐毅列传所说的黄老系统不同的问题。晚出论者认为帛书《黄帝四经》是来源于《乐毅列传》记载的战国末的河上丈人。而早出论者认为《乐毅列传》的黄老是北方的,而帛书的黄老是南方的,北方的黄老是南方的黄老传去的,所以南方的黄老早。南方的黄老来源于《史记·申韩列传》的申子之学。根据钟肇鹏界定广义黄老和狭义黄老:"从广义上讲,以黄帝的名义或者不用黄帝的名义,只要它是以道法为主,兼采各家的综合性思潮,都可以看作是黄老之学。从狭义上讲,只有正式以黄帝、老子命名的学说才是名副其实的黄老之学……司马迁在《史记·乐毅传赞》中说……这是记载狭义上的黄老之学传授关系的最具体的资料。"①所以《申韩列传》中的黄老属于广义的黄老学,而河上丈人是狭义的黄老学。所以帛书《黄帝四经》当是上承申、慎,下开河上丈人。加之"黄老"是汉人的称呼,司马迁言先秦黄老时是宽泛意义上的,而言汉时的黄老有时是专指帛书《黄帝

---

① 钟肇鹏,收于任继愈主编《中国哲学发展史·秦汉卷》,北京:人民出版社1985年版,第100页。

四经》的。

所以,综上所述帛书《黄帝四经》当成书于战国中晚期之交。

### 三、帛书《黄帝四经》产生地域考

关于帛书的作者和产生地域问题上,主要有1."郑国说";2."楚地说";3."越国说";4."齐国说"。

#### 1. 郑国说

唐兰先生认为四篇古佚书的作者"很可能是郑国的隐者"。他把这些佚书看成是法家的重要著作,子产铸刑书,邓析作竹刑,郑国自来就有法治的传统;《汉书·艺文志》道家类有《郑长者》一篇,唐先生认为郑长者可能是邓析的门徒,郑国灭亡后归为韩国,而申不害曾为韩昭侯相,韩非又是韩国的诸公子,故申韩之学与郑长者所著的黄帝之言就有了地缘性的关系。

#### 2. 楚地说

龙晦先生反对上述唐兰先生的郑国说,他认为帛书的作者"必是楚人"。龙先生主要是通过语言特征来考察论证此说的。首先,他注意到了帛书中存在楚言楚语现象;其次《管子》《国语·越语下》《淮南子》等书中的一些用语与帛书相似而前者是江淮楚地之人所作,且帛书中有与《淮南子》押韵相似现象存在,故认定其作者为楚人。① 之后,李学勤先生、吴光先生、余明光先生均支持此说。李学勤先生是与《鹖冠子》比较得出的结论,而刘蔚华、苗润二位先生所持帛书是稷下先生环渊所作的观点也可归于此说。因为是楚人所作即可,至于作于何地不是衡量的标准,其实这也为反对者留下了空间。

#### 3. 越国说

持"越国说"的主要有魏启鹏先生和王博先生。魏启鹏先生通过对帛书思想的探源,把楚地扩大为以楚国为中心的南方,其中包括吴、越等地。所以他赞同龙晦先生提出的帛书《黄帝四经》语言具有江淮地区楚言楚韵特点的观点。但他又发现"天道环周的思想是贯穿在整个《黄帝四经》中,是黄帝之言哲学的核心和基本点"。而此思想在南方楚、吴、陈、越等国家均有流行,且越国的计然、文种和范蠡三人的"天道环周"思想尤为突出。范蠡更是总其成而"形成了最早的黄老之言学派"。而伴随他功成身退"浮海出齐",以及越国实力北扩,黄帝之言也由南传至北,并在齐威王时达到极盛。② 因此,魏启

---

① 龙晦:《马王堆<老子>乙本卷前古佚书探源》,《考古学报》1975年第2期。
② 魏启鹏:《<黄帝四经>思想探源》,《中国哲学》第四辑,北京:三联书店1980年版。

鹏先生认为帛书的撰著者出于越国。

王博先生在反驳帛书产于齐国说同时,提出了较为系统的否定意见。他指出:"从春秋后期起,黄帝已被认为是姬周甚至虞、夏、商、周族的祖先"。战国时期,很多诸侯国君已将世系上溯到黄帝处。高祖黄帝已同时被齐、吴、越等国所依托。②帛书中的蚩尤形象(恶神)与齐人编撰的《管子》中的蚩尤形象(黄帝辅臣)是完全相反的,显然是出自两个传说系统。因此,帛书《黄帝四经》非齐人所作。③他根据蒙文通先生"北方的道家不反对仁义,南方的道家反对仁义"的区别,认为帛书《黄帝四经》绝少或根本不涉及仁义和礼。据此推断其很可能是南方作品,而非北方齐地的。④田骈等稷下先生是学了黄老的,而其中如慎到、环渊等又不是齐国本地人,则黄老学说既非原产于齐国,又不是齐国人所发明。⑤通过帛书与长沙子弹库楚帛书比较发现,在词句用法上有相似,证明该书为南方作品,不产于楚地。⑥对比帛书与《范子》佚文,证明帛书《黄帝四经》受范蠡影响极大,所以应视为越人作品。⑦将黄帝的态度和《楚辞》以炎帝、祝融为祖先的做法比较,排除了其产生于楚地的可能性。⑧王博先生又注意到帛书《黄帝四经》与《孙子兵法》中的词句、概念、想法等非常接近,孙武思想在吴国影响很大,后吴被越所灭,孙武思想"被越人所作《黄帝四经》吸纳,是很自然之事"①。

4.齐国说

持"齐国说"的主要以陈鼓应先生为代表。陈先生在其著作《黄帝四经今注今译》(岳麓书院1993年版)中提出以下几点考虑:第一,帛书中的一些观念与齐文化的特征相合;第二,帛书依托黄帝,同时又以老子思想为基础,这主要是与田氏齐国有着特殊的关系;第三,帛书与《管子》在一系列基本观点上都有相同或相近现象,这表明它们可能是同一或十分接近的作者群的作品。先于陈鼓应先生而主此说的还有黄钊先生、王葆玹先生等。理由大致也如陈说。如黄钊主编的《道家思想史纲》(湖南师范大学出版社1991年版)、牟钟鉴等《道教通论》(齐鲁书社1991年版)中都有论述。其后则有胡家聪、白奚二位先生也主是说。胡先生的专著《稷下争鸣与黄老新学》(中国社会科学院出版社1998年版)中,详细论证了帛书著于稷下。白先生在其著作《稷下学研究》(生活、读书、新知三联书店1998年版)中,认为"该书最有可能是稷下学宫中佚名的早期黄老学者所作"。所以,主"齐国说"者,是认定

---

① 王博:《论〈黄帝四经〉产生地域》,《道家文化研究》第三辑,上海:上海古籍出版社1993年版。

帛书著于齐地。然而，主"齐地说"者，仍然无法消弭帛书是作于他处而后流传于齐的这种可能性存在。

事实上，最后只有南方"楚越说"和北方"齐国说"二说持者最多。然而最终是哪一说，在没有确凿证据下是很难得出一个较有说服力的说法。因为持此种看法的人可以轻而易举地找到持彼说者考证中的破绽，反之亦然。即使是做了缜密考察的，到最后也不得不注意那些与自己结论相悖而主他说的有力证据，这同时也就弱化了自己的说法。如魏启鹏先生承认龙晦先生的楚地说，他也注意到了楚言楚语的现象，只是他将楚地地域加以扩大，加之其具有其他特点，如"天道环周"思想等，到最后他将其定格于越国。又如王博先生详考帛书产生于越国，但于结尾也承认帛书与郑国列子有一定关系。但不管怎样，只要我们看到以下现象，自春秋官学下移至战国时百家争鸣，多元政治格局和相对便利的交通使得学术思想传播与交流，一个学术团体或一种学说固守一地的现象不可能绝对化，这使得后人考察某一学术创立者或某一部书的作者属地的工作变得很困难。而且，能够客观地承认，在古代，学术资源（严格的说是学派思想）可以共享的话，那么，绕开此类问题并不妨碍对帛书其他问题的把握。这也恰恰与帛书《黄帝四经》"因阴阳之大顺，采儒墨之善，撮名法之要"特点相吻合，帛书《黄帝四经》也必是在百家碰撞、激荡、汇聚的过程中才能产生出来的。

## 小　结

帛书《黄帝四经》非一人一时一地之作，这一观点在学术界已然占大多数。因为在中国古代，并没有单一作者的概念。如《老子》《庄子》等这类书，并不能完全肯定其作者就是老子或庄子本人，而只能认定这两部书代表了老子、庄子的主要思想方向和流派，书的具体作者可能是他们的学生或后学者。帛书《黄帝四经》一书的情况，应该说与此情况相当。它应该是有一个作者群，这与它同时期的其他著作是一样的。然而这个作者群并不是今天意义上的作者群，即召集在一起，先有个主编，设计好了全书的内容，再分派其他人分别执笔完成各自的任务。而是先有四篇独立的作品，这四篇作品分属于不同的作者，而这几位作者又分属不同的地区，不同的时代，但他们有一个共同点即都探讨人主为治之道。最后由一位有识之士根据当时社会现实的需要编辑成书。帛书《黄帝四经》大概成书于战国中期以后至战国晚期初这一时

间段,理由是道家的哲理之思成为论说的时尚或各家论理不可避的话题,还有早期的古文献或口头流传的传说和格言警句。帛书《黄帝四经》的写作年代虽不在汉时,但编订时间或抄写年代确实是在汉代,这从帛书《老子》甲乙两种抄本及其古佚书的避讳中可以看出。《老子》甲本是不避汉讳的,书中"邦""盈""恒"字出现多次,而乙本的"邦"字全部改作"国"字了,显然是避汉高祖刘邦名讳的最好证明。但乙本还是不避汉惠帝、汉文帝名讳的,"盈""恒"二字还有出现,这说明《老子》乙本及其古佚书即帛书《黄帝四经》的抄写年代在刘邦称帝后,汉文帝称帝前。帛书《黄帝四经》是汉文帝十二年的汉墓随葬物品之一,一种可能它是墓主人生前喜爱的书籍的复制品;另一种可能当时黄老学说盛行,随葬有关黄老学说的书籍仿制品是一种习俗,而编订的目的是为了迎合刘邦崇信黄帝的需要。至于这个作者群当在以"楚"为中心的淮泗地区,而后流传到"齐"稷下学宫这样的学术氛围后产生的。理由是楚的疆域在战国时最广,淮泗地区是齐、楚、宋、鲁的地理交会地,有文化上彼此承袭的便利,且此地是诸侯会盟之地(徐州),也是兵家争占之所,天文星占家也很多。至于为何出于稷下,因为帛书《黄帝四经》有丰富的天道思想,重视数术方技和兵学,又有托名黄帝的现象,这些都是稷下著作的主要特点。

  帛书《黄帝四经》成于战国中后期,这时正是封建兼并战争愈演愈烈、最后走向全国统一的最黑暗前夜之时。在这种情况下,各家各派不管是为取得统治者的支持,还是社会现实需要,都必须对战争问题提出自己的看法和主张,黄老一派此时作为道家的代言人自然也不例外。帛书《黄帝四经》的军事思想是慎战与重战并重的思想,即"夫作争者凶,不争亦无以成功"(《十大经·姓争》),这正是其思想在克服老子"不战"思想与当时"必战"之现实相结合的产物。

# 第二章　帛书《黄帝四经》文献研究

## 第一节　帛书《黄帝四经》文本考辨

### 一、十大经

"十大经"是指 1973 年湖南长沙马王堆三号汉墓出土的古帛书《老子》乙本卷前四种古佚书的第二种佚书，其距今两千一百多年。关于"十大经"的称名学术界一直没有定论，主要有以下几种观点：1. 十大经；2. 十六经；3. 十四经；4. 经；5. "十大经"另解。

1. 十大经

《经法》本释为《十大经》。康立先生辨为"十大经"的理由：一是据《说文》"十"字的意思是："一为东西，｜为南北，则四方中央备矣。"而在《十大经》中有黄帝"方四面，傅一心，四达自中"（《十大经·立命》），二者的内容相符，《十大经》的命名可能即由此而来。二是帛书《黄帝四经》是反映黄老学的著作，而"黄老"学实质是披着"黄老"外衣的法家思想。《韩非子·扬权》有："事在四方，要在中央。圣人执要，四方来效。"其精神实质有一致性，反映的都是中央集权的思想。《十大经》名称的由来，证明它同法家有着密切的渊源关系。①

而高亨先生、董治安先生认为，《十大经》可能是《汉书·艺文志》记载"道家"一类中的《黄帝君臣》十篇。理由是：《汉志》所记题名《黄帝君臣》，是记载黄帝君臣的言行，而帛书《十大经》共十四篇，其中有九篇是黄帝与其大臣的对话或活动，这一点是相合的；还有《黄帝君臣》是十篇，而帛书题名《十大经》当然也是十篇，这一点也是相合的。至于今见《十大经》为什么被

---

① 马王堆汉墓帛书整理小组：《经法》，北京：文物出版社 1976 年版，第 106 页。

分为十四篇,大概是传抄者追题篇名时弄错了。①

《辞源》亦认为当作"十大经",并说"篇目上的出入,可能是传抄的人追题篇名时致误"。②

陈鼓应先生认为,名为《十大经》,却为何出现了十四篇或十五篇呢?怀疑这里的"十"字仅仅是泛指,是个虚数,并非实指。《四经》中的"五邪""战数盈六十"等等,都是虚数,与"十大经"的"十"字用法是相同的。如《春秋繁露》说:"十者,天数之所止也。"《素问》注:"十者,天地之至数也。"《说文》:"十,数之具也。"《易·屯》疏:"十者,数之极。"……都说明古人习惯用"十"表示齐备的意思。因而认为本经经名当依《经法》本定为《十大经》。③

裘锡圭先生也认为本经的标题仍当释为"十大经"原因是细按字形,恐仍当释为"十大经"。(见所著《古代文史研究新探》)。

《十大经》的名称一直被沿用着,直到1980年国家文物局古文献研究室文物出版社《马王堆汉墓帛书(壹)》出版后,《十六经》的名称开始用的人多起来,裘锡圭先生在其著作《中国出土古文献十讲》中也改用为《十六经》。

2.十六经

帛书本释为《十六经》。张政烺先生对帛书"六""大"二字的字形作了仔细对比,认为'经'上一字是"六"而非"大"。

因此,其后多数学者均改"十大经"为"十六经"。如裘锡圭先生在其著作《中国出土古文献十讲》中的注释①中就有:"'十六经'过去释作'十大经',张政烺先生对帛书'六''大'二字的字形作了仔细对比,认为'经'上一字是'六'而非'大'。今据张先生的意见改正。"

3.十四经

高正先生有不同于大多数人的观点,认为四篇古佚书中,列于《经法》之后,《称》和《道原》之前的这部分文字的总篇题,最初被传写为《十大经》,后来又改称《十六经》,似皆误。理由如下:

> 这部分文字共有十四篇,另附一则简短的后记,具有总括性质,后记的最末一句似应是:"十四经凡四千□□六"。"四"字在湖北望山第二号战国墓出土竹简中作"󰀁",在战国布货中作"󰀂"。与"大"(战国盟

---

① 马王堆汉墓帛书整理小组:《经法》,北京:文物出版社1976年版,第112页。
② 转引自陈鼓应《黄帝四经今注今译》,北京:商务印书馆2007年版,第336~338页。
③ 陈鼓应:《黄帝四经今注今译》,北京:商务印书馆2007年版,第336~338页。

书中作"⚋")、"六"(河南信阳长台关战国楚墓出土竹简中作"⚋")形体相近,转写隶定时极易致误,此处似应原作"四",可能在帛书传抄过程中,从战国文字转写为汉隶时,由于形近而致误。故似以作"十四经"为是,亦正与篇目相符。除去后记中最末一句的九个字。其余全部正文连同十四个小篇题在内的字数,共为四千二百零六个字,可推之所缺二字为"二百"。后记中称"四千二百六",而不称"四千二百零六",这是古人的习惯。

此帛书中字数准确可考的《道原》篇末尾所标的字数,显然是减去计数数字"四百六十四"五字本身而计算的,而篇题字数在计数时则包括在内。然后记末句中的"十四经"三字,也被当作计数数字而减去了,所以,虽然"十四经"今被用作篇名,而在后记中,则更像是总计各自具有篇题的十四篇经文的称呼,并不是作为专门的篇名。……古人显然是作为一个整体来看待的。由此观之,关于这部分文字篇章有所散佚或有所增益的猜测,似均根据不足。①

4. 经

魏启鹏先生、李学勤先生都认为恰当的应是,本经的标题应为"经"。只是关于"十大经"的解释和断句不同而已。

> 理由如下:原件"经"下有"凡四千六□□六"之字,当为《经法》十五篇全卷字数,李学勤先生说,"再三观察,此处似以'凡四千五十六'可能性为大",疑"经"字下脱重文符号,原文殆为"十大经[经]凡四千五十六"。李学勤先生认为本篇篇题应该是"十大";本经标题应为"经"(见《道家文化研究》第三辑《马王堆帛书〈经法·大分〉及其他》)。可见,李学勤先生认为《黄帝书》的第二种总标题为《经》,是极有见地的。本书兹从李先生说。②

魏启鹏先生对《十大经》的名称有不同的理解。他认为,"大经"应为一词,其义当为常规、大法,指基本典则或规箴。《左传·昭公十五年》:"礼,王之大

---

① 高正:《帛书"十四经"正名》,《诸子百家研究》,北京:中国社会科学出版社1997年版,第309~310页。
② 魏启鹏:《马王堆汉墓帛书〈黄帝书〉笺证》,北京:中华书局2004年版,第185~186页。

经也。一动而失二礼,无大经矣。"《吕氏春秋·骄恣》:"欲无壅塞必礼士,欲位无危必得众,欲无召祸必完备。三者,人君之大经也。"高诱注:"经,道也。"司马谈在《史记·太史公自序》中"论六家要指":"夫春生夏长,秋收冬藏,此天道之大经也。"《史记·货殖列传》:"是以无财作力,少有斗智,既饶争时,此其大经也。"皆是其证。本篇居全书之末,篇首亦有相应的"■"标识符号,当以此十句大经而自成一篇,篇名当为《十大经》。原件"经"下有"凡四千六□□六"之字,当为《经法》十五篇全卷字数。所以,魏启鹏先生认为本经标题为[经],而篇题是"十大经",确切地说当为"十——大经"。

以上是关于帛书《黄帝四经》的第二种佚书的经名的概说。以下是关于《十大经》中最后一篇的篇题。

关于十大经中的最后一篇的篇题,有以下几种说法:一是认为《名刑》①;一是认为《十大经》②;一是认为《十大》③。

(1)《名刑》。本篇起首便是"欲知得失,请必审名察刑"。以篇中字尤其篇首字命题是帛书《黄帝四经》的一个体例。如:《经法·道法》,起首是"道生法",故名《道法》。《国次》的首句是"国失其次",故名《国次》。《六分》中有"六顺六逆[乃]存亡[兴坏]之分也",故名《六分》。《四度》中有"审知四度可以定天下",故名《四度》。《论》中有"论则知存亡兴坏之所在",故名《论》。《名理》中有"循名究理""审察名理",故名《名理》。《十大经·立命》中有"立有命","[立]无命,"故名《立命》。《观》中有"以观无恒,善之法则",故名《观》。《五政》中有"吾欲布施五政",故名《五政》。《果童》写"果童"答黄帝问,故名。《姓争》有"姓生已定,敌者生争",故名。《雌雄节》有"以辨雌雄之节",故名。《成法》有"请问天下有成法可以正民者",故名。《本伐》下一篇中有"治国固有前道"句,故帛书小组补其篇题为《前道》。《经法》《十大经》合计二十四篇,其中一半以上都以这种方式题写篇名的;而且这些篇题,不但是取篇中字,而且也是该篇的主题。从帛书《黄帝四经》标写篇题的体例上看,本篇很有可能当为《名刑》。

《名理》篇中有"循名究理""审察名理",故名。而本篇中有"审名察刑",故名《名刑》。二者何其相似。《名理》列于《经法》之末,《名刑》列于《十大经》之尾,又何其相似!《名理》言祸灾静正,《名刑》言得失静定,又是

---

① 陈鼓应:《黄帝四经今注今译》,北京:商务印书馆2007年版,第336~338页。
② 魏启鹏:《马王堆汉墓帛书〈黄帝书〉笺证》,北京:中华书局2004年版,第185~186页。
③ 见陈鼓应主编《道家文化研究》第三辑中论文李学勤《马王堆帛书〈经法·大分〉及其他》,北京:三联书店1993年版。

遥相呼应。

《称》开头几句便是"建以其形,名以其名",很像是紧接着本篇《名刑》而说的。则说明帛书《黄帝四经》大体上是一个完整的体系。

帛书《黄帝四经》极重名刑,却无《名刑》篇题,也是不可思议的。

本篇题为《名刑》是可以概括本篇主旨的。《成法》认为"循名"("名"即名形、名实)即可"复一"("一"指"道"),可见"名形"之重要。本篇认为:"审名察形"即可"定"、可"静"、可"无为",脉络清晰。

本篇题为《名刑》,而何以未标尾题?可能是因为下面紧接着就是《称》,而《称》经不分篇,经尾直接标写经名《称》;盖涉彼而此处漏掉了尾题《名刑》,而直接抄写了经名"十大经"。

(2)《十大经》。魏启鹏先生对《十大经》的名称有不同的理解。他认为,"大经"应为一词,其义当为常规、大法,指基本典则或规箴。《左传·昭公十五年》:"礼,王之大经也。一动而失二礼,无大经矣。"《吕氏春秋·骄恣》:"欲无壅塞必礼士,欲位无危必得众,欲无召祸必完备。三者,人君之大经也。"高诱注:"经,道也。"司马谈在《史记·太史公自序》中"论六家要指":"夫春生夏长,秋收冬藏,此天道之大经也。"《史记·货殖列传》:"是以无财作力,少有斗智,既饶争时,此其大经也。"皆是其证。本篇居全书之末,篇首亦有相应的"■"标识符号,当以此十句大经而自成一篇,篇名当为《十大经》。原件"经"下有"凡四千六□□六"之字,当为《经法》十五篇全卷字数。所以,魏启鹏先生认为本经标题为[经],而篇题是"十大经",确切地说当为"十——大经"。

(3)《十大》。原件"经"下有"凡四千六□□六"之字,当为《经法》十五篇全卷字数,李学勤先生说,"再三观察,此处似以'凡四千五十六'可能性为大",疑"经"字下脱重文符号,原文殆为"十大经[经]凡四千五十六"。李学勤先生认为本篇篇题应该是"十大";本经标题应为"经"(见《道家文化研究》第三辑《马王堆帛书<经法·大分>及其他》)。

当然,关于篇题等问题,很复杂,有待进一步研究。

5."十大经"另解

除去以上的几种关于"十大经"的解释,笔者受叶舒宪、何新先生关于对神话的研究成果启发,对"十大"有着不同于以往的看法。

叶舒宪先生在其著作《中国神话哲学》中认为十字架是一种信息的符号代表,它是通过具体的直观表象形式的建构来确立和传达抽象的宇宙蕴涵,以及此种宇宙论蕴含的宗教理解——至上神的观念。

首先,十字架代表宇宙或空间四方。"十字架本身亦有宇宙之中心,宇宙之主宰的神圣意义。拥有或崇拜这神秘的十字,便可确保宇宙秩序的正常运行。""十字架与四面神是神话思维对二维空间(平面空间)进行抽象概括所特有的直观表象,具有神圣宇宙的象征意义。"①

其次,十字形象征时空的创造者太阳。人类自新石器时代进化到农牧定居阶段后,开始由图腾崇拜转向了自然崇拜。而在各种自然现象中,太阳无疑是对人的生产和生活影响最大,因此出现了太阳崇拜。而后的一些挖掘中,出现了一些象征太阳器物,如圆盘、轮形、圆形、十字等,据考证均表示太阳。而人类通过太阳的运动规则确立了最初的空间意识和思维结构,这是人本身与兽类相分离的一个崭新的、划时代意义的开始。

何新先生在其著作《诸神的起源》中有"十"字代表天地四方②和太阳神。"黄帝"即光帝,是中国古代的太阳神首领。③ 十干中的第一字"甲",在甲骨文字中记作"十"。十干,在干支记日法中记作日名,亦是太阳的象征。④ "十"是太阳光辉四射的象征,而在古代神话中创造主太阳神从混沌黑暗中出生(升),创造了光明与黑暗的二分世界,最初的人们对空间的认识也是从简单的平面二维空间开始认识世界的,渐渐地人们根据太阳的运行认识到宇宙的秩序全部。

丁山先生认为"十"是太阳神的象征,其说引《左传昭公五年》云:"日之数十,故有十时,亦会十位。"故此认为"十"即日神之象征,其字形来自钻燧取火的十架。⑤

那么,十字形代表空间四方与代表象征时空的创造者太阳神,二者是表里如一,互为因果的。卡西尔指出,直到中世纪的欧洲,基督教的十字架信仰仍然保留着其原始象征的意义,即把十字形的每一末端分别视为东西南北的标志。⑥ 十字表示太阳,它的形象符号往往是指向东南西北四方(有的指向六个或八个方向),这实际代表全部方位。⑦

"大"字在甲骨文中像正面人形,为表意字。《说文解字》释为:"大,像人

---

① 叶舒宪:《中国神话哲学》,北京:中国社会科学出版社1992年版,第190~192页。
② 何新:《诸神的起源》,北京:时事出版社2002年版,第16页。
③ 何新:《诸神的起源》,北京:时事出版社2002年版,总序第4页。
④ 何新:《诸神的起源》,北京:时事出版社2002年版,第15页。
⑤ 丁山:《中国古代宗教与神话考》,上海:上海书店出版社2011年版,第492页。
⑥ 卡尔:《象征形式哲学》(第二卷),英译本,第147~148页。
⑦ 高福进:《太阳崇拜与太阳神话——一种原始文化的世界性透视》,上海:上海人民出版社2002年版,第155页。

形,按天之文从一大。则先造大字也,……大文则首、手、足皆具,而可以参天地,是为大。"说明"大"字最先用于指称人,且是从人的形体特征进行说明。所以,才有了后来的"古代'大''人'同字"之说。

远古图画中太阳神的形象,与古金文中的"皇"字和"昊"字极为相像。而皇与昊二字,在中国古代正是用于太阳神的两个尊贵称号。而昊字从日从天,天、大二字在古文字中常通用,而"大"与"人"古代又是同字,①"昊"字正是头上顶着太阳的大人(即神)。

那么,"十大"之"十"是日神,即太阳光辉四射的象征,而"大"与"人"古代同字,上文有论述。与"昊"都是指头上顶着太阳的大人,也就是神。而整篇《十大经》都是围绕着黄帝而论说,无论是在古人还是今人的心目中黄帝一直都是以"神"的形象立足的。所以,我认为"十大"与"黄帝"本就是同义的,只是他用了比较隐晦的手法,也许是为了避免当时黄帝依托泛滥成灾担心会引起读者的反感。因此,我认为本经标题为[经],而篇题是"十大经",确切地说当为"十大——经"。

## 二、黄帝四面

《十大经·立命》中有"黄帝四面"的说法,原文如下:"昔者黄宗质始好信,作自为象(像),方四面,傅一心。四达自中,前参后参,左参右参,践立(位)履参,是以能为天下宗。吾受命于天,定立(位)于地,成名于人。唯余一人,□乃肥(配)天,乃立王、三公。立国、置君、三卿。数日、曆(历)月、计岁,以当日月之行。允地广裕,吾类天大明。"

关于"黄帝四面"的解释有几种说法:

一种是 1976 年帛书整理小组整理的《经法》,解释"四面"是古代曾流传黄帝四面的神话,意为黄帝前后左右都有面目。《尸子》:"子贡曰:古者黄帝四面,信乎?"采用此说有谷斌《黄帝四经今注今译》、陈鼓应《黄帝四经今注今译》(2007 年版)、余明光《黄帝四经与黄老思想》,不过余明光先生认为这里用的是引申义,即黄帝统一四面八方,也就是统一天下。魏启鹏《马王堆汉墓帛书＜黄帝书＞笺证》:四面,古代传说,黄帝有四面目,以掌四方。《吕氏春秋·本味》:"故黄帝立四面。"《三国志·魏志》注引《魏略》:"昔轩辕建四面之号。"《尚书·舜典》载舜帝即位,"询于四岳,辟四门,明四目,达四聪。"

---

① 于省吾:《释甲骨文中的天大类字》,香港版《古文字学论集》,香港:香港中文大学出版社 1983 年版。

孔传:"广视听于四方,使天下无壅塞。"犹存黄帝四面之遗意。

吴光先生在《黄老之学通论》中提出《十大经》中的黄帝形象来自《尸子》中子贡的问话。但金春峰先生认为《十大经》中黄帝的形象更原始,"其实,《尸子》一书在《汉书·艺文志》被列为杂家,系后人'依托补撰'(梁启超语),采集先秦各家著作和佚说而成。关于黄帝的这则故事,很可能来自帛书……两相比较,《十大经》的说法显然更为古朴、原始。其中,黄帝的形象还是一种神话。"①而叶舒宪先生认为:"假如我们接受这一看法,必要的补充是,《十大经》中的叙述透露出了黄帝神话的影子,而叙述本身已是神话的历史化了,因为黄帝的身份已由天神变为人王了。"②

一种是"明堂"说。主张者为1980年帛书整理小组和叶舒宪先生《中国神话哲学》。"明堂"即黄帝庙的结构布局是以黄帝自己的形象为范本的,正所谓"作自为像"。由于黄帝神是一个身体上长有四张面孔,所以明堂也造成了"四达自中"的"下方"形式。所谓"方四面",说的是青阳、明堂、总章、玄堂这四方太庙分别指向东南西北四个方位。所谓"傅一心",说的是处在中心的"太室"将四方太庙连结为一个整体,否则的话,又岂能"四达自中"呢?所谓"前参后参,左参右参",说的是明堂的四方太庙又各有三室,合起来正符合一年十二月之数。所谓"践立(位)履参",说的是帝王登基必须效法"天道"即太阳的运行黄道十二宫的规则,在一年十二个月内"随着方位转动",在明堂中易室而处的情形。"是以能为天下宗",说的是明堂建筑效法宇宙时空原型,故能成为小宇宙模型,成为人王效法天道的统治中心。《淮南子·天文》:"天有四时以制十二月,人亦有四肢以使十二节。……故举事而不顺天者,逆其生者也。"③

另外,原文有"昔者黄宗……",文物出版社出版1976年版的马王堆汉墓帛书整理小组《经法》解释:"黄宗即黄帝,下文说'是以能为天下宗',故又称黄宗。"然而,"黄宗"与"黄帝"毕竟有一字之差,且文中的其他地方用黄帝,为什么此处却要让读者很是费解地用"黄宗"呢?1980年版的国家文物局古文献研究室《马王堆汉墓帛书(壹)》解释为:"黄宗,即黄帝之庙。观下文'四达自中'云云,与所谓'明堂'相似。"④

---

① 金春峰:《汉代思想史》,北京:中国社会科学出版社1987年版,第50页。
② 叶舒宪:《中国神话哲学》,北京:中国社会科学出版社1992年版,第180页。
③ 叶舒宪:《中国神话哲学》,北京:中国社会科学出版社1992年版,第183页。
④ 国家文物局古文献研究室编:《马王堆汉墓帛书》(壹),北京:文物出版社1980年版,第61页。

黄帝是太阳之神即光帝。古代有"黄帝四面"的传说,实际是以太阳神为四季即四方之神。① 十字表示太阳,它的形象符号往往是指向东南西北四方(有的指向六个或八个方向),这实际代表全部方位。而"黄帝四面"的"四"是多的意思,具有一定的象征意义。②

一种"式图"说,主张者如李零。李零认为《十大经·立命》中是"把黄帝摆在一个四方十二位的图式当中,这种图式显然与式法常用的图式直接有关。"③而式法常用的图式又是什么,这对于不是专业的天文星象学家来说,是很难想象出来的。所以,李零先生根据自己多年对式盘的研究,并对照长沙楚帛书图式,对式法常用图式作了具体的解释:"式的图式像钟表,中间是起'表针'作用的太一和北斗,四周是其'刻度'作用的十六神(太乙式的配神,也叫'十六龙')、九神(遁甲式的配神)和十二神(六壬式的配神),以及天干地支、二十八星宿等。太一右行,是以太一为枢,天一三星为针,'下行八卦之宫,每四乃还于中央'(《易纬乾凿度》郑玄注),代表'大时';北斗左行,是以十二位为一周,代表'小时'(所谓大时是古印度的时间单位,一时相应于现在的四个小时,所谓'昼夜六时'就是日三时、夜三时。在采用时辰的中国古代也称大时,一个大时有两个时辰。④ 中国古代用'铜壶滴漏'的方法来计时,将一昼夜分成十二个时辰。一个时辰,相当于西方钟表的两个钟点。当钟表由西方传入中国后,人们把中国的一个时辰叫'大时',而把西方的新时间一个钟点叫'小时'。后来,随着钟表的普及,'大时'一词逐渐消失,而'小时'一直沿用至今)。"李零先生以长沙楚帛书为例,认为帛书图像是模仿"式"的图式,代表宇宙模式,"它以春、夏、秋、冬分居四正,青、赤、白、黑四木分居四隅,构成四方八位,边文作左旋排列,代表斗建和小时;四木右旋,代表岁徙和大时。"⑤

以上关于"黄帝四面"总结则是:"黄帝四面"与《论语》中说的"夔一足"用法相同。"夔一足"不是说夔有一只脚,而是如孔子所说,"像夔这样的人有一个就足够了"。古代壁画中将夔画成一条尾巴似的神,正与传说中的黄帝有四张脸一样。"作自为象云四面",是受了神话传说的影响,或者准确地

---

① 何新:《诸神的起源》,北京:时事出版社 2002 年版,第 12 页。
② 高福进:《太阳崇拜与太阳神话——一种原始文化的世界性透视》,上海:上海人民出版社 2002 年版,第 155 页。
③ 李零.《李零自选集》,桂林:广西师范大学出版社 1998 年版,第 283 页。
④ 来源于 http://baike.baidu.com/view/611037.htm 的词条编辑。
⑤ 李零:《李零自选集》,桂林:广西师范大学出版社 1998 年版,第 68 页。

说是战国承袭了前人的神话传说。神话传说,往往是长期的传说中将现实讹为神话。四面的初义应不是指四张脸。关于黄帝四面的传说其实还可透露出古文献如《世本》和《大戴礼》讲到他是远古时的人王不全是编造。战国人已具有了较高知识,不会造出这样无知的神话,一定是先前早就有这样说法。也就是说,虽黄帝之传说盛于战国,但这种荒诞的神话恰说明其来源甚古,这就如同《山海经》的神话一样,说它为战国人写定的也可以,但以其中之神形状之荒诞,不会是已有很高知识水平的战国人所为。也就是说,神话内容之愈为荒诞不合理,可能恰恰证其来源愈古老,是人智未开时代的东西(第二章第二节有详细论述)。

总之,帛书《黄帝四经》中"黄帝四面"的神话来源较古,但在帛书中也只是一带而过,其他地方的黄帝形象已是人王的形象,这说明帛书《黄帝四经》成书当为战国时人们的思维和知识有了很高的发展水平。但无论是"式图"说抑或是"明堂"说,都是天道数术的一种方法,只是"式图"属于数术的较早阶段,而"明堂"则是时代较晚阶段。

### 三、五正

帛书《黄帝四经》的第二种佚书《十大经》中有专门《五正》一节。而帛书整理小组整理后的原文"五正(政)",意思即政与正为同一字。《鹖冠子·夜行第三》中有:"天文也,地理也,月刑也,日德也,四时检也,度数节也,阴阳气也。五行业也,五政道也,五音调也,五声故也,五味事也,赏罚约也。"文后的注释:"五政,解释很多,一曰,管子五政,指春夏秋冬四季各有五政,皆处理不同的政事与农事。二曰,春政、初夏政、季夏政、秋政、冬政,则多指农事。三曰,荀悦五政,也指农事和政事。四曰,天子、公、卿、大夫、士之政。五曰,五常之政。盖言之,皆以因时令,按规律处理政事与农事。"①

还有其他的说法:一种认为是五种政治措施即食、货、祀、宾、师;有的也说成八政,在《尚书·洪范》中八政是指一曰食,二曰货,三曰祀,四曰司空,五曰司徒,六曰司寇,七曰宾,八曰师等八种政务,即管理民食,管理财货,管理祭祀,管理居民,管理教育,治理盗贼,管理朝觐,管理军事。一种认为与五行有关。一种认为五正即五法,即规、矩、绳、权、衡。

1976年帛书整理小组认为五正即"四时治民之政",即古人按照阴阳刑德之说,依春、夏、秋、冬四季之气,以发布治民之政。

---

① 鹖冠子撰,马振献译注:《鹖冠子》,长春:时代文艺出版社2003年版,第19页。

《鹖冠子·度万》:"鹖冠子曰:'天地阴阳,取稽于身,故布五正以施五明,十变九道,稽从身始,五音六律,稽从身出。'……庞子曰:'敢问五正。'鹖冠子曰:'有神化,有官治,有教治,有因治,有事治。'庞子曰:'愿闻其形。'鹖冠子曰:'神化者于未有,官治者道于本,教治者修诸己,因治者不变俗,事治者矫之于末。'庞子曰:'愿闻其事。'鹖冠子曰:'神化者,定天地,豫四时,拔阴阳,移寒暑,正流并生,万物无害,万类成全,名尸气皇。官治者,师阴阳,应将然,地宁天澄,众美归焉,名尸神明。教治者,置四时,事功顺道,名尸贤圣。因治者,招贤圣而道心术,敬事生和,名尸后王。事治者,招仁圣而道知焉,苟精牧神,分官成章,教苦利远,法制生焉,法者使去私就公,同知壹□有同由者也,非行私而使人合同者也,故至治者弗由而名尸公伯。'"这里的五正说的是五种治道的境界或层次不同,最上的完全顺其自然,因势利导,愈下的就愈人为因素,即靠圣人和法律刑罚了。

李学勤先生说:"'五正'的本义当为己身与四方的正。"①

陈鼓应先生的观点:"五"这个数字明确地提出来,并明显带有后世"五行"的味道,在《四经》中始见于本篇。"五政"是指四时政令,却不与"四时"相对,显然已于四时之外别生出一个"季夏"来(春、夏、季夏、秋、冬。造出一个"季夏"是为了与"五"这个数字相对)。《大戴礼记·盛德》:"均五政,齐五法。"王聘珍解诂:"五政者,明堂月令所施于四时者也。"《孝经纬·钩命决》:"春政不失,五谷蘖;初夏政不失,甘雨时;季夏政不失,地无菑;秋政不失,人民昌;冬政不失,少疾病。五政不失,百谷稚熟,日月光明。"到了《鹖冠子·度万》中:"天地阴阳,取稽于身,故布五正以施五明,十变九道,稽从身始,五音六律,稽从身出。""五"这个数字(五政、五明、五音)又与"阴阳"结合起来,"阴阳五行"的观念已经十足了。"阴阳五行"学说看来是与黄老不无联系。②

以上关于"五正(政)"的解释,确切地说,这些说法由于文意不同,其处于恰当的位置,应该都是合理的。在这里只能说,这些说法中到底哪种解释才是真正的帛书所要反映的内容,是要根据帛书的整体思想来定位的。帛书的整体思想主旨,君主要遵循阴阳时令、明堂月令来制定治国方略。这是战国时期,老子提倡的人道要遵循天道的思想反映,而帛书有所不同的是,人道依循天道不是被动的,而是人道要充分掌握天道规律,以使天道服务于人道,

---

① 转引自陈鼓应主编《道家文化研究》第一辑,上海:上海古籍出版社1992年版,第342页。
② 陈鼓应:《黄帝四经今注今译》,北京:商务印书馆2007年版,第235页。

最终使人道与天道更加契合。因此,帛书"五正(政)"的解释当是根据阴阳时令的要求,而施政事。这里与阴阳观念有紧密联系是毋庸置疑的。如此,可见上述的几种关于"五正"的解释中,李学勤先生的解释是不正确的,帛书整理小组的"四时治民之政"是正确的。那么,为什么四时治民之政称为五(正),五(正)和四时什么关系?《礼记·礼运》中曾有:"播五行与四时",即分布五行到四季之中。所谓布五行与四时,就是如《礼记·月令》上说的按四季来发布与生产生活相关的政令。之所以要把这种政令与五行联系起来,是受战国阴阳家学说的影响。马王堆帛书《易传·要》大意说,有关地道之事用刚柔来表示,有关天道之事用阴阳来表示。阴阳具体说就是四时,刚柔具体说就是五行。所以传本《周易·系辞传》说"立天之道曰阴与阳,立地之道曰柔与刚"。五行是地道,金木水火土,古人的知识以其与地相关。播五行于四时,形式上看,四配五,有矛盾,因两者本分别属于天和地,本不是一回事,但其实质内容是说搞好生产生活,或者说治道要效法天道自然,就要同时遵循属于天道和地道的规律,简单地说就是政治要顺应自然规律。这是战国时期的普遍观念,道家讲,儒家也讲。

### 四、八度

《经法·四度》"规之内曰员(圆),柜(矩)之内曰[方],□之下曰正,水之[上]曰平。尺寸之度曰小大短长,权衡之称轻重不爽,斗石之量曰小(少)多有数。八度者,用之稽也。"

无论是在古人还是今人眼中,数首先是一种计量方式。而古书中又常有"数度"连称或并举现象,不过在古人看来,数比度更为根本。《庄子·天下》有"明于本数,系于末度",以数为本,以度为末。《说苑·辨物》有"百度得数而成",数是度的基础。而"数"是一种计量方式,"度",是指天道规定的度数、准度等,是有其字源根据的,也是一种计量方式。

《十大经·五正》:"左执规,右执矩,何患天下?……五政既布,以司五明,左右执规,以寺(待)逆兵。"上述的"左执规,右执矩"在一些过去的壁画或出土的帛画中,左执规者是伏羲,右执矩者是女娲。而在远古五帝神话传说中有所不同:太昊拿的是圆规,炎帝拿的是戬子,黄帝拿着的是绳子,少昊拿着的是矩尺,颛顼拿着的是秤锤。这些看似简单而滑稽的工具,是有着不可替代的象征意义的。不仅是公平、正直、严肃、无私的治理工具,也是最科学而精准的研判工具。在《墨子·法仪》中有:"百工为方以矩,为圆以规,直以绳,衡以水,正以县。无巧工不巧工,皆以此五者为法。"由于墨家学派重视工程造作,所以将五种工具——规、矩、绳、水(准)、悬(以绳子悬石棰,以堪柱子的垂直,见于《周礼》)作为科学、基本的工具。此五种工具无论是在科技不发达的古代,还是在科技发达的今天,都被工匠们所使用。而关于水与准,在更早的上古是针对不同对象而有不同用途的,后来才合并用准。《墨子》之后的《管子》把规、矩、权、衡、准五种工具称为五大正名。"权也、衡也、规也、矩也、准也,此谓正名五。"作为国君治国平天下的五种正大名器。五者中最重要的是"准"。《管子·水地》:"准也者,五量之宗也。素也者,五色之质也。淡也者,五味之中也。是以水者,万物之准也,诸生之淡也,违非得失之质也。是以无不满,无不居也。集于天地而藏于万物,产于金石,集于诸生。故曰水神。"将水称为水神,而准即是水平,是五大名器之宗主,可见之重要。此时五种工具被称为"五量",到《淮南子·时则训》称为六度,且有着详细的说明:

制度阴阳,大制有六度。天为绳,地为准,春为规,夏为衡,秋为矩,冬为权。

绳者,所以绳万物也;准者,所以准万物也;规者,所以圆万物也;衡者,所以平万物也;矩者,所以方万物也;权者,所以权万物也。

绳之为度也,直而不争,修而不穷,久而不弊,远而不忘;与天合德,与神合明;所欲则得,所恶则亡;自古及今,不可移匡;厥德孔密,广大以容。是故上帝以为物宗。

准之为度也,平而不险,均而不阿;广大以容,宽裕以和;柔而不刚,锐而不挫;流而不滞,易而不秽;发通而有纪,周密而不泄;准平而不失,万物皆平;民无险谋,怨恶不生。是故上帝以为物平。

规之为度也,转而不复,圆而不垸;优而不纵,广大以宽;感动有理,发通有纪;优优简简,百怨不起;规度不失,生气乃理。

衡之为度也,缓而不后,平而不怨;施而不德,吊而不责;当平民禄,以继不足;勃勃阳阳,唯德是行;养长化育,万物繁昌;以成五谷,以实封疆;其政不失,天地乃明。

矩之为度也,肃而不悖,刚而不愤;取而不无怨,内在无害;威厉而不慑,令行而不废;杀伐既得,仇敌乃克;矩正不失,百诛乃服。

权之为度也,急而不赢,杀而不割,充满以实,周密而不泄,败物而弗取,罪杀而不赦,诚信以必,坚悫以固,粪除苛慝,不可以曲。故冬正将行,必弱以强,必柔以刚,权正而不失,万物乃藏。

以上的引文可见,规、矩、权、衡、准、绳的解释和认知是极科学的。

《大戴礼记·孔子三朝记》中《四代》篇有鲁哀公问孔子高明精巧的工匠为什么还靠绳墨尺寸进行校准,而不能只依靠娴熟的经验呢?孔子回答:"夫规、矩、准、绳、钧、衡,此昔者先王之所以为天下也。小以及大,近以知远,今日行之,可以知古,可以察今,其此邪!"此对话当不是春秋时直接记载,应是七十子后学之作。

以上所列,不管是"五量"还是"六度",最初是工匠所用的基本工具,后被喻为君主帝王的治国重大法度。在帛书《黄帝四经》中两种意法均有出现,《经法·四度》中的"八度"是将"六度"规、矩、权、衡、绳、准六种工具更细化,加上尺寸、斗石合为"八度",它们依然是基本的简单操作工具。而在《十大经·五正》中"左执规,右执矩,何患天下?"是借用工具的科学性质,以喻君主帝王统治的公平正直、公正无私。

**五、称**

帛书《黄帝四经》的第三种佚书的经名就是《称》,对"称"的解释仁者见仁,智者见智。陈鼓应先生认为:"本经名为《称》,取经中'审其名,以称断之','称'即权衡之义。本经主旨就是通过对阴阳、雌雄(节)、动静、取予、屈伸、隐显、实华、强弱、卑高等等矛盾对立转化关系的论述,为人们权衡选择出最正确、最得体、最有效的治国修身的方案。"①

称,权衡以知轻重也。《说文》:"称,诠也。"朱骏声《通训定声》:"称,犹衡量也。"《孙子兵法·形》:"四曰称。"王晳注:"称,权衡也。"同卷帛书《经法·道法》:"应化之道,平衡而止,轻重不称,是谓失道。"《管子·霸言》:"夫神圣视天下之形,知动静之时,视先后之称,知祸福之门。"《荀子·正论》:"一物失称,乱之端也。"杨倞注:"失称,谓失其所称,类不相从也。"②

称:篇名。李学勤先生认为,"称"训言或述,指语句的汇集。③

称:相称,合当其宜。(帛书整理小组的解释)

我认为之所以对"称"的解释不尽相同,最主要的原因就是没能对帛书《黄帝四经》的内容进行时代背景等方面进行整体把握。帛书《黄帝四经》是

---

① 陈鼓应:《黄帝四经今注今译》,北京:商务印书馆2007年版,第344页。
② 魏启鹏:《马王堆汉墓帛书〈黄帝书〉笺证》,北京:中华书局2004年版,第235页。
③ 荆雨:《自然与政治之间》,长春:东北师范大学出版社2007年版,第318页。

一部治国方略的书籍,其成书于战国时期。而当时诸侯争霸,各个诸侯国似走马灯似地粉墨登场,想使自己的国祚有一个合理而又有说服力的理由存在,在当时就必须获得"天"的支持。本书采陈鼓应先生的说法。

## 第二节 黄帝传说与"黄帝书"

司马迁《史记·五帝本纪》根据《大戴礼》中的《五帝德》《帝系》,以姬姓祖先黄帝为中心,谱成周系统的帝系。历来史家都采用这种说法,时间渐久,于是成了常识。而事实上尽人皆知的"黄帝"在战国时期,仍然处于传说阶段,诸子言黄帝,为了各自的或政治或文化的需要,做了许多的附会加工,因此使得黄帝的面貌呈现出了多样化的局面,就像司马迁所说:"百家言黄帝,其文不雅训。"(《五帝本纪赞》),近年来从大量出土文献也显示了诸子百家托名黄帝的盛况。马王堆出土的帛书《黄帝四经》中的《十大经》,对黄帝形象多所描绘,于是引起了学界对黄老学中的黄帝之言以及其黄帝形象来源的追查兴趣。

### 一、关于黄帝的传说

有关黄帝形象的传说,大略可以分为古史传说、诸子百家言黄帝、《山海经》与纬书中的神话传说、道教仙传系统四部分。而《山海经》和纬书中的神话传说和道教成立后的黄帝成神成仙的传记故事,过于诡异且多所附会,又与本书所论黄帝无干,因此不在本书论述之内。

(一)古史传说系统

在先秦古籍中,最早出现黄帝传说的著作,主要有《左传》《国语》《世本》《逸周书》等。

1.《左传·僖公二十五年》记载黄帝战于阪泉:

> 秦伯师于河上,将纳王。……(晋文公)使卜偃卜之,曰:"吉。遇黄帝战于阪泉之兆。"公曰:"吾不堪之。"对曰:"周礼未改,今之王,古之帝也。"

"黄帝战于阪泉",《大戴礼·五帝德》记:"(黄帝)以与赤帝战于版(阪)泉之野,三战然后得行其志。"(《史记》作"阪泉")《路史后记》卷四《蚩尤传》有:

"阪泉氏蚩尤,姜姓,炎帝之裔也。"据考,阪泉在山西解县盐池上源,临近有蚩尤城、蚩尤村及浊泽,也叫涿泽,即涿鹿。① 炎帝为神农氏之后,炎帝之后有蚩尤,为姜姓(《世本·帝王世系》炎帝神农氏姜姓)。《左传》记载的这个借卜辞塑造出来的古代帝王——黄帝战于阪泉之事实,源自于黄帝与异族征战的传说,实际是春秋时代进行争霸斗争的诸侯君主的象征。

2.《左传·昭公十七年》载郯子论官:

> 昔者黄帝氏以云纪,故为云师而云名;炎帝氏以火纪,故为火师而火名。

黄帝氏以云纪,炎帝氏以火纪,这里的云、火是氏族间不同的图腾崇拜。而所谓"云"与"火",只不过是"黄帝氏"与"炎帝氏"两个氏族的崇拜标志。"黄帝氏"这里不是一个人名,而是一个部族或部落的总称。

另《国语·周语下》:"昔武王伐殷,……我姬氏出自天鼋,及析木者,有建星及牵牛焉,则我皇妣大姜之姪,伯陵后,逢公之所凭神也。"郭沫若先生对"我姬氏出自天鼋"的解释是:"天鼋即黄帝也。《周语》下,'我姬氏出自天鼋'犹言出自黄帝。"这一解释,近几年杨向奎先生努力进一步得到证实。天鼋即轩辕,而轩辕即是黄帝。而黄帝之称作"轩辕"(天鼋)即是对水族动物龟蛇的崇拜,②这里的"以云纪"与"出自天鼋"都说明了黄帝氏族相关"水"的图腾崇拜。韦昭在《国语解》中已经指出天鼋崇拜出自殷商诸侯伯陵之后,伯陵姜姓,乃太姜之姪;姬姜两氏,共建周族及周王朝。韦昭在解释"我姬氏出自天鼋,及析木者,有建星及牵牛焉,则我皇妣大姜之姪,伯陵后,逢公之所凭神也",指出"伯陵,大姜之祖有逢伯陵也。逢公,伯陵之后,大姜之姪,殷之诸侯,封于齐地。齐地属天鼋,故祀天鼋,死而配食,为其神主,故云凭。凭,依也,言天鼋乃皇妣家之所凭依也,非但合于水木相承而已,又我实出于水家。周道起于大王,故本于大姜也。"③

---

① 钱穆:《国史大纲》上册,台北:商务印书馆1984年版,第7页。
② 以上部分材料转引自吴锐《中国思想的起源》(第二卷),济南:山东教育出版社2003年版,第638页。
③ 以上部分材料转引自吴锐《中国思想的起源》(第二卷),济南:山东教育出版社2003年版,第649~650页。

3.《国语·鲁语上》展禽讲国家制定"祀典"的原则：

> 黄帝能成命百物，以明民共财，颛顼能修之。帝喾能序三辰以固民，尧能单均刑法以仪民，舜勤民事而野死……有虞氏禘黄帝而祖颛顼，郊尧而宗舜；夏后氏禘黄帝而祖颛顼，郊鲧而宗禹。

以上叙述的祀典的祭祀对象，同时也说明了当时人对古代帝王世系的重视。"黄帝能成命百物，以明民共财"的形象，似将黄帝当作文化始祖。

4.《国语·晋语上》记司空季子对重耳之言：

> 凡黄帝之子二十五宗，其得姓者十四人为十二姓：姬、酉、祁、己、滕、箴、任、荀、僖、姞、儇、依是也。……昔少典氏取于有蟜氏，生黄帝、炎帝。黄帝以姬水成，炎帝以姜水成。成而异德，故黄帝为姬，炎帝为姜，二帝用师以相济（注：济当为挤，灭也。）也。异德之故也。……是故娶妻避其同姓，畏乱灾也。故异德合姓，同德合义。

此段记载黄、炎两族通婚的大概情况。王献唐先生认为这是黄帝以兵力克服炎帝族后，以"昏（婚）媾相通，要结世好"，平二族之怨。① 杨向奎先生则认为"'少典'可能是姬姜两族联盟，融合成华夏族后，加上去的'共祖'。"② 可见这一时期传说的黄帝，是华夏共祖的雏形。

5.《逸周书·尝麦解》有黄帝执杀蚩尤：

> 王若曰："宗揜大正！昔天之初，□作二后，乃设建典，命赤帝分正二卿，命蚩尤、宇于、少昊，以临四方，司□□，上天未成之庆，蚩尤乃逐帝，争于涿鹿之河，九隅无遗。赤帝大慑，乃说于黄帝，执蚩尤，杀之于中，冀以甲兵释怒，用大正顺天思序。"（按：朱右曾《集训校释》："诞，旧缺，此依丁本。宇于二字旧倒，据路史订。"）

上述记载是周王颁布刑书时的文告，朱右曾解释为什么会提到黄帝杀蚩尤的故事，他说："甲兵，刑之大者，黄帝始以兵定天下，故首溯之。顺天思序致天

---

① 王献唐：《炎黄氏族文化考》，济南：齐鲁书社1985年版，第52页。
② 杨向奎：《宗周社会与礼乐文明》，北京：人民出版社1997年版，第4页。

讨,使民畏法而思伦序。"此处以黄帝、炎帝分正二卿,炎帝因蚩尤争帝而说于黄帝执杀之。结果,黄帝取胜,擒杀了蚩尤。从上段文字可以看出,赤帝、黄帝和蚩尤,是各统一方的氏族领袖,其中以黄帝实力最强。这一记载,大概就是后来许多古文献黄帝故事的蓝本。

以上五则古史资料,大略可以窥见一斑:黄帝本是以云为图腾的氏族领袖,其与神农氏族的炎帝、蚩尤曾争战于黄河流域(阪泉),在获得中原主导地位以后,分封其亲支于各地,与他族如炎族以通婚的方式世好,世代绵衍,与炎族界域日益混合,遂造"少典氏"以为共祖,以黄帝为文化始祖的氏族谱系也有了初步的轮廓。这种初起的黄帝形象,仅仅是一位氏族领袖或争得了盟主地位的诸侯,没有其他更多的材料以证其言行。

(二)诸子百家言黄帝

诸子百家言黄帝,大多是托名造说,且以"阴阳与道两家确实是最着力、最大宗的,这同时也是上述诸人一致的观点。"①也就是说,此种看法在学界是共识。然而到了战国中期后,由于争霸的需要,各国在积极备战、富国强兵的同时,也开始进行思想的争夺战,因此黄帝的传说日益兴盛,内容也因为各自的需要而变得复杂起来,诸子百家中的各派也在树立自己的思想文化偶像。如道家《庄子》《吕氏春秋》《鹖冠子》,法家《商君书》《韩非子》,儒家《尸子》《荀子》,兵家《孙子》《尉缭子》,阴阳家如邹衍等,都或多或少地记载着黄帝治国之言或黄帝征伐之事。

1. 道家

(1)道家著作中《列子》《庄子》《文子》,还有如《鹖冠子》《吕氏春秋》等,都托黄帝以立言,其中以《庄子》谈论最多。《庄子》中的黄帝形象,基本上秉承了道家的轻仁义、薄礼治、无为自然的特性,其兼有政治家和思想家的双重身份。关于《庄子》内篇和外、杂篇,大多认为内篇更能体现庄子思想的原貌,外、杂篇基本是其学生和后学的著作。而在《庄子》中,内篇与外、杂篇的黄帝形象是不一致的。内篇仅《大宗师》讲到黄帝得道"以登云天",主要讲的是"道"的不可捉摸和广大神通,似乎与黄帝其人并无太大关系,更没有涉及关于黄帝的形象问题。而外、杂篇,其情形却大不相同,有关黄帝的传说是丰富多彩的。外篇《胠箧》把容成氏、大庭氏、伯皇氏、中央氏、栗陆氏、骊畜氏、轩辕氏(黄帝)、赫胥氏、尊卢氏、祝融氏、伏羲氏、神农氏十二位古代"圣人"所处的时代称为"至德之世","当是时也,民结绳而用之,甘其食,美其服,乐其

---

① 陈丽桂:《战国时期的黄老思想》,台北:联经出版社1991年版,第24页。

俗,安其居,邻国相望,鸡狗之音相闻,民至老死不相往来。若此之时,则至治已。"庄子的这个理想的社会图景,就是《老子》第八十章小国寡民社会图景的再现。《庄子·在宥》:"昔者黄帝始以仁义撄(扰乱)人之心",而导致"天下脊脊大乱"("天下脊脊大乱,罪在撄人心。"《庄子·在宥》),后经广成子一番教导,于是"黄帝退,捐天下,筑特室,席白茅,闲居三月,复往邀之。"终于在无为无事的状态下领悟了"道"的精髓。《庄子·知北游》中黄帝回答"知"的关于"知道、安道、得道"的问题说:"无思无虑始知道,无处无服始安道,无从无道始得道。……知者不言,言者不知,故圣人行不言之教。"以上可以看出,外篇中描写的黄帝,是典型的道家遵守"道"的规则、恪守"无为"的理想君主。另外,杂篇《庄子·徐无鬼》记载黄帝七圣等人去见具茨山的大隗(神名),中途迷路而遇到一位牧马小童,先是问牧童具茨山和大隗,牧童都说"然",也就是知道的意思。于是黄帝问牧童"为天下",也就是治理天下的道理。牧童说,治理天下就像牧马一样,要"去其害马者而已矣"。黄帝领悟,"再拜稽首,称天师而退"。"去其害马者"就需要有所为,这里的黄帝形象与前面的黄帝略有不同了。那么,什么原因使《庄子》内篇与外、杂篇的黄帝形象有所区别,由简单到复杂,由无为到有为呢?这与作者所处的时代及思想倾向有关。前面说过,内篇的作者是庄周本人,而外、杂篇则是庄子学生及其后学的作品,因此,其思想倾向反映了由早期道家的消极无为向之后的黄老道家积极无为思想的过渡。庄周生活在战国中期偏后,其后学应该更晚。而关于黄帝的传说到战国晚期愈益流行,黄帝作为道家学派的理想君主兼思想家的形象也逐步完善起来。

(2)道家在战国时期是以黄老道家为主流的,汉武帝执政后,黄老道家由盛而衰,古代道家始告终结。那时道家的主题是论政、用兵,其托名黄帝是结合天道思想,以君人南面之术为学说主线,逐次展开对帝王之道的论述,最终目的达到富国强兵,以确立在各诸侯中的霸主地位。

2. 阴阳家

阴阳理论出现较早,春秋至战国中期前,在人们的观念中自然现象的白昼与黑夜、冷与热、四季更替等,还有万物的生成变化如盛与衰、生与死等都能与阴阳联系起来。而从战国至汉初,阴阳学说盛极一时,所以司马谈在"论六家要指"时,是按"阴阳、儒、墨、名、法、道德"的次序排列各家的,但到了汉初,学术出于政治需要,道家与儒家大盛,因此班固在论九流之学时,儒家第一,道家第二,阴阳家第三。可见阴阳家在诸子中的地位尤为重要。如果溯其缘起,阴阳家当与传承久远的黄帝之学有着深厚的渊源。

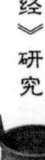

阴阳家起于古代治历明时的天文历数之学。《汉书·艺文志》有:"阴阳家者流,盖出于羲和之官。敬顺昊天,历象日月星辰,敬授民时,此其所长也。"所以提起阴阳家之学说,总与天文历数之学有关。司马谈在论阴阳家宗旨时说:"夫阴阳四时八位、十二度二十四节,各有教令,顺之者昌,逆之者不死则亡。"(《史记·太史公自序》)这是阴阳家的根本观念。而其中的阴阳、四时、八位、十二度、二十四节等概念,是在观测天象、制定历法的长期过程中总结出来的,阴阳家拿来作为自己学说的基本理论,并依此推演出一些顺应自然和指导社会的各种法则。最早运用阴阳概念观察解释自然和人类社会者,当首推黄帝。

那么,阴阳家之源头就是羲和之官么? 事实还可上溯。司马迁认为历法之作始于黄帝,故《史记·历书》有:"盖黄帝考定星历,建立五行,起消息,正闰余。"《索隐》:"按《系本》及《律历志》,黄帝使羲和占日,常仪占月,臾区占星气,伶伦造律历,大桡作甲子,隶首作算术,容成综此六术而著《调历》也。"依据以上信息可以得出:黄帝使其臣下观天象,推历数,最后以此制定历法。司马迁认为历法起于黄帝,而后期的班固倾向于颛顼时开始制历法。此处关涉中国最早历法的问题,张闻玉《古代天文历法论集》中有论述:"中国最早的历法,前人有所谓'古六历'之说——黄帝历、颛顼历、夏历、殷历、周历、鲁历。近人以为都是四分历数据,其实'古六历'是东汉人的附会。汉代盛传所谓'天正甲寅元'和'人正乙卯元',其间也有承继关系。人正乙卯元颛顼历实是天正甲寅元殷历的变种。所以,中国最早的历法就是天正甲寅元的殷历。就是以寅为正的真夏历假殷历,也就是四分历。历法产生之前,包括'岁星纪年'在内,都还是观象授时阶段,进入'法'的时代,就意味着年、月、日的调配有了可能,也有了规律。根据张汝舟先生的苦心研究,《史记·历书·历术甲子篇》就是司马迁为后人保留下来的殷历历法。殷历甲寅元一经创制行用,就成为中华民族的共同财富通行于当时各国,所不同者唯岁首和建正而已。"

"岁首"与"正",从字面理解"岁首"就是一年的开始,而"正"也是一年伊始,所以二者似乎意思相同。而事实上,在中国古天文时期,也就是观象授时以及用四分历(四分历是定岁时三百六十五又四分之一日为基本数据所制定的历法)初期,二者的确是同义的。而随着天文以及历法知识的完善,即在战国至秦汉初,四分历的普遍实施时,二者有了区别。秦始皇统一中国后,仍以建亥之月(即夏历十月)为岁首,因夏正适合农事节令,故不改十月为正月,不改正月(秦称端月)为四月。汉初沿袭秦制。秦及汉初诸多记载清楚说明,利于农事的"寅正"所代表的四分历已经深入人心,而"岁首"和"正"是各有所指的。

"历法"与"历"也是不同的。历法是制历、用历的法则以及由此推演所形成的体系。而所谓的制历、用历是指在观象授时的年代,人们根据对天象、物象、气象的观察确定岁首,规定节气,这就是古人的制历、用历。但由于当时观测手段和观察方法的粗糙,在相当长的时期内,无法形成一套较为严格的法则、体系。从这种意义上说,"历"与"历法"是两个不同的概念。①

所以说,观象授时时期的历不是历法,由于不够精准,失闰失朔的现象很自然也很普遍,这样就会出现少置一闰,丑正就变成了子正。而僖公以后,由丑正转为子正,也就顺理成章了。战国时,用历似乎各国自有一套,事实证明实际都是四分历。据张汝舟教授的考订,四分历的创制与使用当在周考王十四年(公元前427年),可证文献如《史记·历术甲子篇》与《汉书·律历志》中的《次度》,且战国初期的实际天象也是最有力的佐证,汉初"日食在晦"的记载更能说明四分历的产生当在战国初年,这在张汝舟先生所著《历术甲子篇浅释》中有详细论述。四分历的运用,中国进入有历法的时代而结束了观象授时。针对战国时的各国各行一套的说法,张先生说:齐鲁尊周,仅乎以十一月为岁首,建子为正;秦历托名颛顼,也仅取十月为岁首,闰在岁末而已;燕国僻远,以理推之,密近三晋。一句话,《历术甲子篇》通用于七国,战国全用四分历。四分历法则在当时是不可改变的,认为"战国时代各国历法不同",没有充分根据。② 以上说明,司马迁所谓的黄帝历始,班固的颛顼历始都只是附会依托而已。

早期的阴阳五行说是伴随原始阴阳说发展起来的,并紧密结合社会生产实践,到春秋时期逐渐发育成熟,由史官和星象家们掌握,也为某些有识之士所熟悉和利用。由此再前进一步,就开始进入理论的酝酿,并逐渐形成一门独立的学问。阴阳五行的系统理论完备于邹衍,《史记·孟荀列传》有:"(邹衍)深观阴阳消息,……先序今以上至黄帝,学者所共术,大并世盛衰,因载其禨祥度制,推而远之,至天地未生,……称引天地剖判以来,五德转移,治各有宜,而符应若此。"将黄帝推上文明始祖,并作为五德终始论的出发点。《吕览·应同》记载邹衍五行相胜的终始说,言五行配方色分列历代帝王,以言王朝的更替,这个学说是以黄帝木德开始的。《吕览》的十二纪、《礼记·月令》

---

① 张闻玉:《古代天文历法论集》,贵阳:贵州人民出版社1995年版,第133页。
② 转引自张闻玉《古代天文历法论集》,贵阳:贵州人民出版社1995年版,第136页。

《淮南子·天文》《淮南子·时则》以方色配五帝,讲五行相生,也就是以黄帝为制四方的中央帝,而在此之前的《管子·幼官》已经有了"君服黄色"居中策应四时之说。《五行》:"黄帝得六相而天地治、神明治",六相分司天、地、四方,黄帝通天地之道而"立五行以正天时,五官以正人位",都可以说是阴阳五行学说完备前的先声。①

3. 法家

法家也有托言黄帝论法治的,如《商君书》《申子》《韩非子》。《商君书》是商鞅法治思想的集合,其中有几处涉及黄帝。《商君书·更法》有:"伏羲、神农教而不诛,黄帝、尧、舜诛而不怒。及至文、武,各当时而立法,因事而制礼。""治世不一道,便国不必法古","帝王不相复,何礼之循?"《商君书·画策》有:"神农之世,男耕而食,妇织而衣,刑政不用而治,甲兵不起而王。神农既没,以强胜弱,以众暴寡,故黄帝作为君臣上下之义,父子兄弟之礼,夫妇配匹之合,内行刀锯,外用甲兵,故时变也。"《艺文类聚》卷五四辑《申子》:"君必有明法正义,若悬权衡以称轻重,所以一群臣也。尧之治也,善明法察令而已。圣君任法而不任智,……黄帝之治天下,置法而不变,使民安乐其法也。"此外,还有韩非也推崇黄帝,《韩非子·扬权》:"黄帝有言曰:'上下一日百战,下匿其私,用试其上;上操度量,以割其下。'"《韩非子·五蠹》:"故法之所非,君之所取;吏之所诛,上下所养也。法趣上下四相反也,而无所定,虽有十黄帝不能治也。"可见法家笔下的黄帝是一位用法严明、公正,并好治甲兵的专制君主。此处黄帝与刑名之说有了关联。

4. 儒家

早期儒家的主要代表人物孔丘、孟轲是不讲黄帝的,儒家言黄帝主要是后儒。战国中后期黄帝传说盛传,儒家的后裔也开始借黄帝立说,著作《尸子》《荀子》《大戴礼》《周易》有提及。《尸子》:"子贡曰:'古者黄帝四面,信乎?'孔子曰:'黄帝取合己者四人,使治四方,不计而耦,不约而成,此之谓四面。'"作者借孔子不言怪力乱神的形象,以理性解释"黄帝四面"之意(按:《汉志》将《尸子》列于杂家)。帛书《黄帝四经·十大经·立命》有"黄帝四面"内容,详细见于第二章"帛书《黄帝四经》第一节文本考辨之二黄帝四面"。《荀子》通篇不言黄帝,其《非相》提及"五帝",是用来劝世人不要"舍后王而道上古"。《易·系辞下》:"黄帝、尧、舜垂衣裳而天下治。"这里根据

---

① 白奚:"《管子》中《幼官》《四时》《五行》《轻重已》四篇的阴阳五行图式,标志着阴阳五行合流的初步实现。"《稷下学研究》,北京:三联书店1998年版,第247页。

上下文意,推测是将流行的黄帝故事与孔子之言"无为而治者,其舜也与。"(《论语·卫灵公》)结合起来。《大戴礼·五帝德》:"轩辕生而神灵,弱而能言,幼而彗齐,长而敦敏,成而聪明。治五气、设五量、抚万民、度四方、教熊罴豹虎,以与赤帝战于版(阪)泉之野,三战然后得行其志。黄帝黼黻,衣太带、黼裳、乘龙扆云,以顺天地之气、幽明之故、死生之说、存亡之难,时播百谷草木,故教化淳鸟兽昆虫,廓离日月星辰,极畋土石金玉,劳心力耳目,节用水火材物。生而民得其利百年,死而民畏其神百年,亡而民用其教百年。"作者先是遵照流行说法即黄帝有全才、具超能,又将古史传说一并收入,最后,黄帝成了"劳心力耳目,节水火材物"的儒家黄帝,至于方技家黄帝活了三百岁,也被诠释为"生而民得其利百年,死而民畏其神百年,亡而民用其教百年"。这样的黄帝形象,最终成为司马迁《史记·五帝本纪》的版本,登上正史,成为华夏始祖。

5. 兵家

兵家托言黄帝的著作主要有《孙子兵法》《尉缭子》《六韬》《孙膑兵法》、银雀山汉简佚书《地典》。根据现存资料,最早言黄帝的是兵家《孙子兵法》。今本《孙子·行军》记载:"凡此四军之利,黄帝之所以胜四帝也。"四利是黄帝据地利之便,分别是处山、处水、处赤泽、处平陆之便而得其利,所以才战胜了四帝,至于如何得利的方法,并没有说明。在银雀山汉简有一篇题为《黄帝伐赤帝》,解释了黄帝的用兵之法:"黄帝南伐赤帝,[至于□□],战于反山之原,右阴,顺术,倍(背)冲,大威(滅)有之,……东伐□帝,……北伐黑帝,……西伐白帝,……已胜四帝,大有天下,……天下四面归之。"李零认为:"《黄帝伐赤帝》是属于兵阴阳类的古书,内容是解释《孙子·行军》中'黄帝之所以胜四帝也。'由此可知,黄帝是靠'右阴,顺术倍(背)冲'而战胜青、赤、白、黑四帝。"①有关黄帝用术的说法,还有《尉缭子·天官》:"昔梁惠王问尉缭曰:'吾闻黄帝有刑德,可以百战百胜,其有之乎?'尉缭曰:'不然。黄帝所谓刑德者,以刑伐之,以德守之,非世之所谓刑德也。世之所谓刑德者,天官、时日、阴阳、向背者也。黄帝者,人事而已矣。'"从尉缭子回答的内容中,可知《尉缭子》当时流行的刑德之书主要是托名黄帝言"天官、时日、阴阳、向背"等数术。

《孙子兵法》之后的著作《孙膑兵法》,其中也存在托名黄帝的内容。这部原本亡佚的《孙膑兵法》在银雀山出土的汉简中被发现。《孙膑兵法·[<

---

① 李零:《李零自选集》,桂林:广西师范大学出版社1998年版,第282页。

见威王>]》:"昔者,神戎(农)战斧遂;黄帝战蜀禄;尧伐共工,……故曰,德不若五帝,而能不能及三王,知(智)不若周公,曰我将欲责(积)仁义,式礼乐,(垂)衣常(裳),以禁争捝(夺)。此尧舜非弗欲也。不可得,故举兵绳之。"此段是论说古帝王征伐事。《孙膑兵法·势备》是将古帝王视为兵器的发明者:"黄帝作剑,以陈(阵)象之。笄(羿)作弓弩,以执(势)象之。禹作舟车,以变象之。汤、武作长兵,以权象之。凡此四者,兵之用也。……凡兵之道,曰陈(阵),执(势),变,权。"

今本《六韬》亦言黄帝,《六韬·文韬》:"太公曰:'凡兵之道,莫过乎一。一者,能独来独往。黄帝曰:'一者,阶于道,几于神。'用之在于机,显之在于势,成之在于君……"《六韬·虎韬》:"黄帝所以败蚩尤氏"用的武器是"轴旋短冲矛戟扶须",此种武器可以"败步骑"。至于银雀山出土《六韬》,在编号752残简中也有:"文王问大(太)公望曰:'黄帝……'"从第一则"凡兵之道,莫过乎一。一者,能独来独往。黄帝曰:'一者,阶于道,几于神'"内容来看,可知其时代更晚。①他引用黄帝话的思维与帛书《黄帝四经·道原》相似,或许《六韬》此篇是受帛书《黄帝四经》影响。

此外银雀山汉简还有佚书《地典》,著录于《汉志·兵书略》兵阴阳类,"内容是借黄帝、地典问对,讲作战地形的方向、阴阳、高下、死生、顺逆、向背等概念,以及作战中对各种作战地形的选择和其中的忌讳。"②

然而,关于托名或依托,李零先生认为:"其技术的传授习惯采用'依托'的形式,'依托'是古代实用之书表达其技术传统的一种特殊形式,不同于伪造。……古人为各门技术寻根,追溯上去都相当古老。它不可能像诸子之学有晚近的'宗师',当然只好'依托'。但这并不等于说写书的人可以信口胡编,依托谁,不依托谁,还是很有讲究的。其来源是《世本·作篇》这样的东西。"③

## 二、帛书《黄帝四经》中黄帝神话的解读

帛书《黄帝四经》中关于"黄帝"这个人物的身份一直众说纷纭,有人认为是古史人物,有人认为是神话人物。然而,无论是古史还是神话,都是中国文化不可或缺的一个重要组成部分,下面就关于帛书《黄帝四经》中"黄帝"

---

① 唐书文推断《六韬》成书年代在战国中晚期。唐书文:《六韬·三略译注》,上海:上海古籍出版社1999年版,第3~7页。
② 李零:《李零自选集》,桂林:广西师范大学出版社1998年版,第282页。
③ 李零:《说"黄老"》,《道家文化研究》第五辑,上海:上海古籍出版社1994年版,第148页。

的神话塑造进行解读,以求能更加接近"黄帝"这个人物的核心。

1. 神话思维的兴起

西方著名哲学家尼采曾经说过:"每一种文化只要它失去了神话,则同时他也将失去其自然而健康的创造力。"① 神话是一种文化的童年时期,就像人一样,儿童总是沉迷于童话的王国之中。而儿童的思维是不同于成人的,同样神话也是一种思维方式,它是早期人类思维的自发形式之一,所以说只有理解了神话,才可能理解人类的早期。神话哲学家卡西尔也认为,神话是一种思维方式,是早期人类与周围环境的一种真实的关系。也就是说,神话并不是人们创造出来要体现什么"超现实的"精神,而是人类生活的必需,是早期人类认识世界的必然的方式。神话的世界,不是幻想的世界,而是真实的世界。对后世来说,神话就是历史,对当时来说则是现实。② 也就是说,神话并不是大家所一直认为的是一种假说、依托,甚至是虚构、迷信。意大利神话学家维柯认为,神话故事虽然是出于想象,但对于原始人来说,那就是真实生活的升华,并不是纯粹的虚构。从词源的角度,维柯指出神话原来在意大利语中指"实物""真事或真话的语言",因此,"神话故事在起源时都是真实而且是严肃的,与各民族的首创者的性格相称的,只是到了后来才得到那些淫秽的意义流传时,它们才显得淫秽。"③ 在宗教、哲学都未形成时,神话是当时的意识形式,记录和塑造着初民的生活。神话的行为模式、象征与隐喻、类比和解释,使人们看到的世界易于理解、把握,并符合其思维逻辑。在漫长的文明演进中,神话逐渐地退出人类思维的舞台,但其中的某些基本因子——"母题"和"原型"隐伏于各文化传统机体内,渗透到生活的各方面并持续发生着作用,更内化于民族的文化——心理结构中,成为一种"集体无意识"。④ 虽然,不同的神话哲学家对神话从不同角度做出了不同的解释和论说,但在他们的不同说法中,不约而同地形成了一些共识。如他们把神话看作是早期先民们认识世界的基本方式,是古人真实生活的写照,它代表着先民们对世界、对生命等无法求解事物的原初认识,是人类想象力和创造精神的最初体现。

2. 创世主黄帝的神话解读

子贡曰:"古者黄帝四面,信乎?"(《尸子》)即子贡询问孔子的是当时尚流传于民间的古老神话传说:黄帝有非常奇特的长相——四张面孔长在一个

---

① 尼采著,李长俊译:《悲剧的诞生》,长沙:湖南人民出版社1986年版,第174页。
② [德]卡西尔:《神话思维》,北京:中国社会科学出版社1992年版,第20页。
③ 维柯:《新科学》,北京:商务印书馆1989年版,第73页。
④ 周与沉:《身体・思想与修行》,北京:中国社会科学出版社2005年版,第94页("集体无意识"一词由荣格提出)。

身体上,子贡觉得难以置信,所以求教老师。然而,由于历史的变迁,神话思维时代的逝去,加之这种作为负载某种文化信息的语言符号的过于简略,所以这个神话早自春秋时代就已经丧失了真意,再加上先秦"不语怪力乱神"的理性主义代表孔子对该文本的"消解",将"四面"解释成了四方,即黄帝派四人治理四方。孔子曰:"黄帝取合己者四人,使治四方,不计而耦,不约而成,此之谓四面。"(《尸子》),终于使其成了莫名其妙的远古代码,而渐渐地被人们冷落、遗忘。然而,神话是人类童年的一种对世界的思考形式,是人类思维不可跨越的重要阶段。可以说,从黄帝四面神话的历史命运,可以看出神话这种远古文化遗产在中国理性文化中的命运。

但我们没有理由因为传说和神话的虚构性而停止对"黄帝"丰厚文化内涵的探寻,而进一步的挖掘应该诉诸文化人类学的视角和方法。很显然,这个视角的研究需要多维的知识背景和深厚的理论功底,这不是笔者能完成的。有幸的是,这方面的研究不是空白,如叶舒宪《中国神话哲学》(中国社会科学出版社1992年版)、何新《诸神的起源》(时事出版社2002年版)为我们打开了黄帝传说的历史纵深,使其接近黄帝神话的核心。

(1)黄帝四面神的宇宙象征

在世界神话之林中与黄帝四张面孔的形象最为相似的是古印度神话中的梵天。好在由于印度民族具有丰富而奇特的想象力的天性,使得他们对不同于常人的神话人物形象,能够坦然接受并保存着它特有的原型:

> 梵天是印度教万神殿中传统的主神,但他已逐渐失去自己的意义,而让位于毗湿奴和湿婆。……梵天与毗湿奴和湿婆不同,他没有化身。根据构成印度教要义的古印度吠陀圣诗记载,梵天产生于最高神本身,是智慧之神,创造之神,一切生物的始祖。一般把他描绘成有四个头,每个头各掌管宇宙的四分之一,而圣典——四吠陀也被认为是出自他的四个头。①

"四面大梵天,看到风神子,躺在父怀中,光辉太阳似。"②季羡林先生为首句加注说:"印度神话中,大梵天有四张脸。"③如同四面之黄帝被后人视为人祖,四面之梵天在印度亦称生主、大父、老祖父。"打翻绯红色,四面,为大

---

① 阿·基列巴里耶夫:《印度教的神及其传说》,《世界宗教资料》1982年第4期。
② 季羡林译:《罗摩衍那》中译本第七卷,北京:人民文学出版社1984年版,第286页。
③ 季羡林译:《罗摩衍那》中译本第七卷,北京:人民文学出版社1984年版,第536页。

父。"①人类有文字记载以来的四面之神的原型有幸在《梨俱吠陀》的《造一切歌》中被找到:"彼之基点何在耶?彼之所依为何耶?造一切者,观一切之彼,由自力而造地辟天矣,其何在耶?又何如耶?""四方有眼,四方有面,四方有臂,四方有足之唯一神,以其只腕与翼,造天地,而煽之煅矣。"②"大水支胎子且生光,而遍行宇内矣。诸神之生命,实由此生,谁是吾等当祭之神。"③"金胎于太初出现矣!其生也为万有独一之主宰,彼已安立此天地矣!谁是吾等当祭之神……"④以上对梵天形象进行总结可得出:第一,四面神为创世主,其神话与创世神话有关。第二,四面的象征意义在于宇宙的四方空间。第三,四面创世主的原型为原始大水上的金胎或金卵,它首先给世界带来光明和温暖,实为太阳之神话。

四面的形象后被抽象为各种几何图形,如方形、"曼荼罗"⑤"十"字形。如关于黄帝二字的四个图:

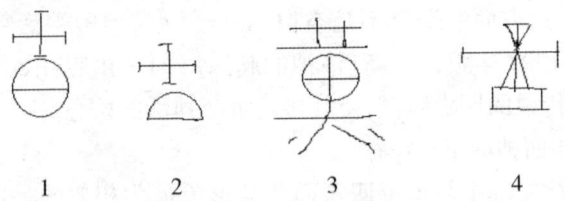

说明:图1.2是黄帝二字的最古写法,图3.4是较新的接近于现代字的写法。

如图1,若去掉宇宙符号中的阴间部分就变为图2,这一图像同见于战国铜器铭文中的"黄帝"一词的最古写法(就是十字形符号配以象征宇宙的图形)⑥十分近似如图3。何新说:"太阳与宇宙之间的关系,常表现为原型图像,即荣格所指出的是十字形符号配以象征宇宙的图形。"⑦

"十字架正像梵天、黄帝的四张脸,具有统治宇宙空间的象征意义。""十字架本身亦有宇宙之中心,宇宙之主宰的神圣意义。拥有或崇拜这神秘的十字,便可确保宇宙秩序的正常运行。十字便是上帝或创造主神的一种非人格的化身。""不论是四面的大房子(明堂),四面的金字塔,还是十字架,都是通过具体的直观表象形式的建构来确立和传达抽象的宇宙的蕴含,以及此种宇

---

① 徐凡澄译:《五十奥义书》中译本,北京:中国社会科学出版社1984年版,第969页。
② 高楠顺次郎:《印度哲学宗教史》,北京:商务印书馆1935年版,第144页。
③ 高楠顺次郎:《印度哲学宗教史》,北京:商务印书馆1935年版,第142~143页。
④ [古印度]摩奴著,马香雪转译:《摩奴法典》中译本,北京:商务印书馆1982年版,第9~10页。
⑤ 曼荼罗(Mandala)为梵文音译,意译为"坛场""轮圆具足"等,亦相当于中国的式盘和明堂。
⑥ 徐中舒:《陈侯四器考释》,《徐中舒历史论文选辑》上册,北京:中华书局1998年版,第437~439页。
⑦ 何新:《诸神的起源》,北京:时事出版社2002年版,导言第25页。

宙论蕴涵的宗教理解——至上神的观念。当然,伴随着神的标记的出现而出现在崇拜者心中的还有安全感、归宿感、幸福感,乃至超离尘世与神合一的神秘体验。""十字架与四面神是神话思维对二维空间(平面空间)进行抽象概括所特有的直观表象,具有神圣宇宙的象征意义。"①卡西尔指出:"直到中世纪的欧洲,基督教的十字架信仰仍然保留着其原始象征意义,即把十字形的每一末端分别视为东西南北的标志。"②

所以用十字形代表空间四方与用十字形象征时空的创造者太阳,二者之间是互为表里、互为因果的。因为正是太阳的出现,才使时空的表象更加清晰,而人类最初的空间是二维的,东与南同,西与北同,也就是只有日出的东和日落的西。时间也只有昼与夜或冷与暖的白天与夜晚,这同样是根据太阳而判定的。

(2)黄帝的太阳神格

太阳神崇拜,乃是远古时代遍及东、西方(包括美洲在内)各大文明区的一种原始宗教形态。③ 在中国,"帝"或"天子"被视为太阳或太阳神的化身(持此观点的中国学者有张舜徽、王孝廉、何新等,外国学者有德国的L·利普斯、英国的艾兰等),被看作是抽象的神或上帝。④ 后来就变为了一种图形或文字符号,就是人头顶十字的图形或十字图纹。而多种多样的十字图纹也广泛发现于中国新石器遗址中的各种十字形图案,这些十字图案,大体都是太阳图案的各种简化和变形形式。⑤

图示:

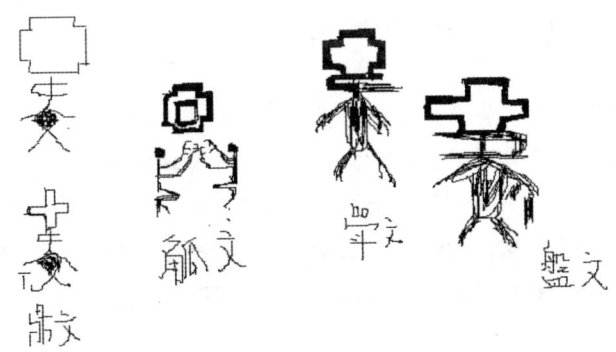

金文中的十字形崇拜符号(《金文编》,中华书局1985年版,第1050、1056页)

---

① 叶舒宪:《神话哲学》,北京:中国社会科学出版社1992年版,第190~192页。
② 转引自叶舒宪《神话哲学》,北京:中国社会科学出版社1992年版,第207~208页。
③ 何新:《诸神的起源》,北京:时事出版社2002年版,序第1页。
④ 高福进:《太阳崇拜与太阳神话——一种原始文化的世界性透视》,上海:上海人民出版社2002年版,第97页。
⑤ 何新:《诸神的起源》,北京:时事出版社2002年版,导言第3页。

人类自新石器时代进化到农牧定居阶段后,开始由图腾崇拜转向了自然崇拜。而在各种自然现象中,太阳无疑是对人的生产和生活影响最大,因此出现了太阳崇拜。伴随着新石器时代向铜器时代的过渡,先民们留下的早期精神遗产中,与太阳崇拜相关的神话、传说、史诗、歌谣、象征文字、历法、建筑等等,几乎随处可见。而后的一些挖掘中,出现了大部分证明有太阳崇拜之风的器物,如圆盘、轮形、圆形、十字等,据考证均表示太阳。人类通过太阳的运动规则确立了最初的空间意识和思维结构。这是人本身与兽类相分离的一个崭新的、划时代意义的开始。中国文化发端于黄河流域,是典型的农业型社会。而农业的发展和植物的生长对生活在土地上的人们,其生活的依靠就是太阳。用太阳确定阴阳昼夜、寒暑四时的变迁,收获与否要依赖于太阳,甚至于国家之大事也间接地依赖太阳。如《国语·周语上》,西周末期的宣王时代,虢文公曾详细条列农业的重要性:"夫民之大事在农,上帝之粢盛于是乎出,民之蕃庶于是乎生,事之供给于是乎在,和协辑睦于是乎兴,财用蕃殖于是乎始,敦庞纯固于是乎成,是故稷为大官。"祭祀、内政、外交、民生、民用以及社会道德意识的形成等均离不开农业。自然条件下持续的农业生产和相应的生活方式,无疑会强化对太阳的崇拜。《尚书·尧典》《山海经》以及殷商卜辞中均有关于拜日古俗的记载。《尚书·尧典》中的帝尧创制历法、重黎明天下,<sup>①</sup>《国语·郑语》中的祝融光照四海的神话,都是按照太阳神创世的原型模式生成转化而来的。越过帝尧的时代再向远古方向延伸,我们又会在中华民族的始祖黄帝的神话中找到太阳创世原型的又一表现。

《世本·作篇》:"黄帝使羲和作占日,常仪作占月,臾区占星气,伶伦造律吕,隶首作算数,容成作调历,沮涌、仓颉作书。"

《淮南子·览冥训》:"昔黄帝治天下,……以治日月之行,律治阴阳之气,节四时之度,正律历之数;别男女,异雌雄,明上下,等贵贱;……于是日月精明,星辰不失其行,风雨时节,五谷登熟。"

以上两种记载互有出入,且又都有着历史变形痕迹,但二者的叙述中心和本源是一致的,都是要确证黄帝作为人类文化的始祖,建立自然秩序和社会秩序的"荒古事实"。从黄帝的上自天体日月星辰,下至黎民百姓和五谷,能力无所不及的能力来判断,他所扮演的正是创世神话中造物主的角色,与犹太

---

① 御手洗胜:《关于帝尧之传说》,载日本《中国学会报》1969年第21集。

人的创世主耶和华、古印度的创造祖大梵天是等量齐观的。

上述考证可以得到训诂学方面的证明。"黄帝"即光帝,是中国古代的太阳神首领。"皇之本义为日,犹帝之本义为日。日为君象,故古代用为帝王之称。"①"黄帝"在《尚书》《吕氏春秋》以及《庄子》中,又记做"皇帝"。如《尚书·吕刑》:"皇帝遏绝苗民。"清人崔适以及近代童书业都认为皇帝即指黄帝。因为在古代"黄、皇"通用,黄帝、皇帝其本义都是太阳神。"古史辨"派学者们早已考定:黄帝与皇帝异名同实,其传说出于上帝神话。杨宽说:"东西民族上帝本有专名,及春秋战国之世,既皆一变而为人世之古帝,上帝无专名以称之,于是泛称皇帝,后乃字变而作'黄帝',亦转演而为人间之古帝矣。"②可见,黄帝是从远古太阳神崇拜演变而为人间古帝王,太阳神的时空尺度作用在后世神话中改造成人王创制历法、钦定世界秩序的说法。黄帝传说或源于周人对商代上帝观念的改造。童书业先生推测:"考各民族之上帝本起于部落神(亦即最早之祖先),至阶级社会形成时,乃变为上帝,如希伯来人之部落神耶和华演变为上帝也。夏祖鲧禹出自颛顼,商祖契出自帝喾,颛顼、帝喾皆由部落神变为上帝。周人后起,且文化较低,其部落神之名今已不传(后假商祖帝喾为祖),成为上帝时恐即黄帝(即皇帝),故古书特著黄帝姬姓,以与姜姓之炎帝(赤帝)对抗。尧或即颛顼,舜或即帝喾,舜之代尧或即商之代夏。据此,则最早之人王皆起于部落宗神转化成之上帝。"③远古太阳神是在周人的神话中演变为黄帝的,后在哲理著作《周易》中被抽象化为"太极",而在晚周的文献中又分别被称为"道"或"太一"。因此可以说,黄帝是太阳创世主的历史化和人化。"道"或"太一"是哲学创世主。④

随后,通过墨西哥创世神话、巴比伦创世神话、古埃及创世神话、古印度梵天创世神话和澳洲土著人的创世神话的比较分析,叶舒宪先生进一步断定:黄帝就是中国的创世主,具有"创造主神身份的太阳神格"。黄帝创世神话实际上可归属到至高创世主型神话,而在黄帝创世神话中,创世主仍保持着太阳神身份,尚未转变为天象征。由于历史化的作用,太阳神在后代变成了人间帝王,创世主的神格也就逐渐淡化了。而哲学化的创世主"太一"或"道"在后人的思维中发挥着至高无上的主宰作用。

中国上古创世神话完全可以追溯到周代以前,即华夏文明的发生时期。

---

① 张舜徽:《郑学丛著》,济南:齐鲁书社1984年版,第429页。
② 《古史辨》第七卷上册,上海:上海古籍出版社1982年版,第43页。
③ 童书业:《春秋左传研究》,上海:上海人民出版社1980年版,第28页。
④ 叶舒宪:《神话哲学》,北京:中国社会科学出版社1992年版,第219页。

北方的中原人不是没有留下创世神话,恰恰相反,他们留下了丰富多彩的创世神话,只是在周代变了形,改造成了帝王谱系。这是中国古神话以历史化的形式见诸记载、流传后世的又一证明。由于历史进化的作用,黄帝的原型本来是太阳神,后来变成了人祖,这在强化上古帝王与太阳神的血缘关系的同时,消解了其创世主的原初身份。而在希伯来人那里,却发展出了崇拜单一神的宗教,在中国被置换为祖神谱系,成为祖先崇拜的先导,或在哲学领域被置换为了太极或道。可见,中西哲学的差异根源,不在于有创世神话与否,而是在于创世神话所蕴涵的价值取向;不在于创世神话的生发有无,而在于后人对其的改造和引申。

象征日神的十字本身不仅具有四个方向即东南西北的象征意义,而且十字之中心,在天界可理解为宇宙的中心,在尘界是万物之中心。① 在中国的文化中,太阳神具有至上性、神圣性以及统治宇宙万物的能力,同时具有公道、正义的伦理意义。

3. 帛书《黄帝四经》中黄帝的解读

黄帝的神话形象在《山海经》和道教仙传中较多,且也较典型。在正史中,黄帝的神话形象基本销声匿迹,而1973年帛书《黄帝四经》的出土,使黄帝的神话身份又重新甚嚣尘上。帛书《黄帝四经》:"昔者黄宗(帝)质始好信,作自为象(像),方四面,傅一心。四达自中,前参后参,左参右参,践立(位)履参,是以能为天下宗。"(《十大经·立命》)有人提出《十大经》中黄帝的形象来自《尸子》中子贡的问话。② 而金春峰先生认为:"其实,《尸子》一书是在《汉书·艺文志》被列为杂家,系后人'依托补撰'(梁启超语),采集先秦各家著作或佚说而成。关于黄帝的这则故事,很可能来自帛书,……两相比较,《十大经》的说法显然更为古朴、原始。其中,黄帝的形象还是一种神话。"③需要说明的是,这一说法已然被接受,《十大经》中的叙述有黄帝神话的影子,可叙述本身和帛书《黄帝四经》其他关于黄帝的文字中,黄帝显然已经不再是原始的神话形态,而是随着历史的变迁,神话被历史化了,因为黄帝的身份已由天神变为人间王了。《十大经》中关于黄帝的叙述神话形态被消解,然而帛书整理小组的学者们结合"黄帝四面"和"四达自中"对"黄宗"做了不同以往的解释,使黄帝形象更接近于神话的原型。"黄宗,即黄帝之庙。

---

① 高福进:《太阳崇拜与太阳神话——一种原始文化的世界性透视》,上海:上海人民出版社2002年版,第97页。
② 吴光:《黄老之学通论》,杭州:浙江人民出版社1985年版,第118页。
③ 金春峰:《汉代思想史》,北京:中国社会科学出版社1987年版,第50页。

观下文'四达自中'云云,与所谓'明堂'相似。"①所谓"明堂"即黄帝庙的结构布局是以黄帝自己的形象为范本的,正所谓"作自为像"。"方四面"说的是青阳、明堂、总章、玄堂这四方太庙分别指向东南西北四个方位,所谓"傅一心",说的是处在中心的"太室"将四方太庙连结为一个整体。所谓"前参后参,左参右参",说的是明堂的四方太庙又各有三室,合起来正符合一年十二月之数。所谓"践立(位)履参",说的是帝王登基必须效法"天道"即太阳的运行黄道十二宫的规则,在一年十二个月内"随着方位转动",在明堂中易室而处的情形。"是以能为天下宗",说的是明堂建筑效法宇宙时空原型,故能成为小宇宙模型,成为人王效法天道的统治中心。② 理性主义者否认或曲解四张脸孔的生物存在,但人类早期的神话思维是允许四面神存在的,现存台湾大学考古人类学系标本室中的排湾祖木刻四面神像③便可为证。

　　帛书中黄帝的神话原生态,是以黄帝四面和黄宗的"明堂"形式展现出来的。然而,这在帛书中毕竟只是神光一现,帛书中黄帝的形象大多都更接近一个帝王的形象,但二者又是有区别的。在帛书中,对执政者的称号有几种,它们各代表不同性质的内容:主、人主、主上、君,这些是对国君的一般称呼;危者、霸者、王者、帝者,是以国君对臣子的态度来衡量国家状态;执道者,指的是能执道的人主,强调人主能体道而行;圣人,是万物中具有智慧,可以通同天地者,也是使万物与天地合一,展现周袭不盈的宇宙秩序的重要媒介。帛书《黄帝四经》的最高宗旨在成就"帝王之道",而这个"帝王"是"圣人(境界最高)"与"执道者(重于实务)"的融合。《经法·论约》:"执道者之观于天下也,……参之于天地之恒道,……是故万举不失理,……故能立天子、置三公,而天下化之,之胃(谓)有道。"《十大经·立命》:"吾(按:指黄帝)受命于天,定立(位)于地,成名于人。唯余一人□乃肥(配)天,乃立王、三公,立国,置君、三卿。"《十大经·观》:"圣人……优未(惠)爱民,与天同道。"《经法·论》:"是以守天地之极,与天俱见,……然后帝王之道成。"无论是"参天地之恒道""与天同道"还是"与天俱见"都不能等同于直接受命于天。以上可见,执道者、圣人与黄帝形象联系甚深,但却又不等同于黄帝的地位,可见作者之用心良苦。正如《经法·道法》的"道生法"而"执道者,生法而弗敢犯

---

① 国家文物局古文献研究室编:《马王堆汉墓帛书》(壹),北京:文物出版社1980年版,第61页注[一]。
② 叶舒宪:《中国神话哲学》,北京:中国社会科学出版社1992年版,第183页。
③ 参看凌纯声《台湾土著族的宗庙与社稷》,载中央研究院《民族学研究集刊》第6期(1958年),第1~57页。

也"。如何要求执道者生法而又弗犯法,关键在于要求执道者遵循客观的天道,如果将帝王等同于黄帝,是生法之帝王又是道之本尊,则帝王如果生法而乱法,也就无法凭借客观标准来定其乱了。

在帛书中,黄帝是宇宙秩序的创建者(《十大经·观》);是氏族文化的统合者(伐蚩尤、共工,《五正》《正乱》);是使"循名复一,民无乱纪"(《成法》),以"一言而止"的成法正民者;是在明堂居中宫者,当斗位,周行十二位,为天下宗者(《立命》);是用刑德(《果童》)、知天时能屯厤(歷)吉凶之常、分祸福之乡(《雌雄节》)者;同时也是好德不争、守柔待时的高度修养者(《顺道》)。这是帛书中提到黄帝的八章,可以说已将黄帝形象和帛书所要表达的宗旨讲得很清楚了,就是以黄帝依天道规范模式行事来为人间王提供参考,使人间王成就为帝者。

以上对黄帝的神话解读,一方面打开了黄帝与天道关系的秘密,为帛书《黄帝四经》的学术定位为"黄老学"作了质的界定;另一方面,也为帛书黄帝的人间王的形象找到了逻辑的起点和缘由。

## 第三节 帛书《黄帝四经》的文献学价值

帛书《黄帝四经》由于其文献的年代久远,因此,在研究的过程中,与其他文献的对比研究,以及其他文献作为帛书佐证材料研究都很重要,对帛书的思想、学术定位等相关问题可以起旁证作用。

**一、与帛书《黄帝四经》相关的文献**

帛书《黄帝四经》虽然有很多存有争议的问题,但就其学派归属基本上已取得了一致的看法:帛书《黄帝四经》属于道家黄老学派的著作。黄老学派最典型的一个特点就是取众家学说之长,兼容并包。然而,古籍浩如烟海,到底各家哪些著作和学说与其有密切关系,这对于帛书《黄帝四经》的定位有着至关重要的作用。

1. 与帛书《黄帝四经》相关的传世文献

(1)《老子》

《老子》是道家学派的重要而典型的代表作,其中一些哲学思想、辩证法思想、政治思想等对道家学派的其他著作都产生了深远的影响,帛书《黄帝四经》的道论、辩证法、无为的政治模式等大都是在承继《老子》思想的基础上

根据时代的现实需要,而又有所创新的产物(在第四章第二节有详细论述)。这是帛书《黄帝四经》思想定格为道家的一个主要因素。

帛书《黄帝四经》的相关信息,为帛书《老子》成书的早期说和"道经"与"德经"的顺序提供了新的证明。成书于战国中期的帛书《黄帝四经》和稍后的《管子》,其思想和词句处处流露出与《老子》的深厚关系,可见《老子》一书成书较早且流布久远。关于《老子》中"道经"与"德经"的顺序问题,通行本《老子》是"道经"在前,"德经"在后,而帛书《老子》本,是"德经"在前,"道经"在后,陈鼓应先生的结论是,"道"前"德"后的通行本,维持了《老子》的原貌,是老子道家的传本;"德"前"道"后的帛书本,应是黄老道家的传本。帛书《黄帝四经》即为"德"前"道"后,这正是老子道家原说向社会性倾斜的表现。① 本书采陈鼓应说。

(2)《周易》

《周易》是由《易经》和《易传》组成,《易经》是伏羲"仰则观象于天,俯则观法于地"所创造出来的,《易传》是抽象了的哲学著作。而帛书《黄帝四经》关于"天道"的论述也是对"天地之象"的描述,"道"则是根据"天道"抽象出来的哲学范畴。

陈鼓应先生曾注意到《易传》的思维方式是天道推演人事及天地人一体观,这也恰恰是帛书《黄帝四经》所体现的思想特点。另外,将《四经》与《系辞传》对照,发现很多相似、相同的地方,如关于"神明""阴阳""天地"之间的关系,这些都反映二者在思想观念上的内在联系。帛书《黄帝四经》中有关"阴阳"之说,有二三十处,仔细探究其精神实质也与《系辞》相通。如:《十大经·果童》"阴阳备物,化变乃生",《十大经·姓争》"刚柔阴阳,固不两行。两相参,时相成";与《系辞》"阴阳合德,而刚柔有体","刚柔相推,而生变化",都有由于阴阳的变化,而使万物生生相续的含义。从以上帛书《黄帝四经》与《易传》的相似文句和思维来看,《易传》受黄老道家的重大影响,有学者将《周易》归为是道家的代表作品也是有理由的。

(3)《称》篇与《慎子》的关系

关于《称》篇与《慎子》的关系,从唐兰先生《经法》附录可以看出,二者有许多相似的语句。因此,有人认为是《称》篇抄袭《慎子》,也有认为是《慎子》抄袭《称》篇的,裘锡圭先生认为是《称》篇抄袭了《慎子》,理由是《称》篇是

---

① 陈鼓应:《先秦道家研究的新方向——从马王堆汉墓帛书〈黄帝四经〉说起》,《管子学刊》1995 年第 1 期。

类似格言汇集,内容较杂。

《慎子》一书中有"因道全法"思想。司马谈"论六家要指"说慎子:"其术以因循为用"。且《慎子》有《因循篇》阐发了因循之义:"天道因则大,化则细,因也者,因人之情也。"此段有"因天道而顺人情"之义,即以天道为准则而推及人事,这本就是黄老学的一大特点,在帛书《黄帝四经》中处处体现了这种思想。慎子在主张"因道全法"的同时还提出"以道变法",这与帛书《黄帝四经》"道生法"在其本质之义上是一致的。

(4)《尚书》

《尚书》是现存史书中最古老的历史文献记录,主要记录古代帝王的言论。全书分典、谟、训、诰、誓、命六种体例,分别记述历代典故、治国谋略、君王诏令、臣僚奏议以及誓词和宣言。《尚书》还是中国封建社会的政治哲学经典。而帛书《黄帝四经》中的《十大经》既有誓词、宣言,也有臣僚的奏议。总之,《十大经》整体都充满着治国的谋略,也就是说《十大经》无论是内容还是格式,应该是参照《尚书》的大体形式所作。《尚书》由于文献远古,对于现代人理解起来有一定的难度,帛书《黄帝四经》的出土,为进一步研究《尚书》中关于治国思想方面,起到了一定的佐证之用。

(5)《管子》

帛书《黄帝四经》与《管子》的关系,一直都是学界研究的焦点,因为二者有太多相似之处。首先是两书相同或相近的段落文句有二十三处之多,此根据唐兰先生所列的"《老子》乙本卷前古佚书引文对照表",经过我们仔细考查,认为当是《管子》沿袭《黄帝四经》。《管子》书袭取《四经》的,计有《内业》《心术》《白心》《枢言》《九守》《四时》《五行》《势》《正》以及《重令》《幼官》等篇。①

上述是文句相似或相同,另外更重要的一部分是思想上的相通,如帛书《黄帝四经》的《经法》中的"道生法"的"道、法"结合理论、"天、地、人"一体的法则和规律、寻求逆顺之理的"名理"论、"守固战胜之道"和兼并战争观、执道者的"王术",与《十大经》中"黄帝四面"的深意、"阴阳刑德"论、"布施五政"说、"今天下大争"与帝王之道、"一者道其本"论、正名的形名逻辑论在《管子》中均有类似的说法。

(6)《鹖冠子》《文子》

从文献学的角度,帛书《黄帝四经》与《鹖冠子》在语法和文体上有很多

---

① 陈鼓应:《黄帝四经今注今译》,北京:商务印书馆2007年版,第9页。

相似和相同的特点。进而可借此判断帛书《黄帝四经》的成书年代和学术思想内涵等,做出更为科学合理的分析与判断。

从文体角度言,《鹖冠子》和帛书《黄帝四经》都存在篇幅长短悬殊的情况,也正是因为如此,有学者认为帛书《黄帝四经》并不是《汉书·艺文志》所载的《黄帝四经》,是《鹖冠子》即为伪书的一个重要依据。而事实是,此种行文无论是在古书还是今文中,都有存在。孙福喜先生也认为:"一部作品中各篇文章的篇幅不一定要完全相近或相同,如《史记》中的《秦始皇本纪》与《季布栾列传》的字数就相差很多,但没有人认为它们的字数如此悬殊有何不妥。因为文以载道,无论字数多少,只要能说明一件事情和一个道理,就可以成为一个独立的个体。从这个意义上来讲,《鹖冠子》和帛书《黄帝四经》遵循的是同样的行文规则。"①

现存的《鹖冠子》不仅不是伪书,而且是典型的黄老学的著作。

另外,帛书《黄帝四经》与《鹖冠子》《文子》互见的地方很多,依唐兰先生列举的引文对照表,多达二十三处,《鹖冠子》征引帛书《黄帝四经》多达十七处。

综上所述,帛书《黄帝四经》与战国中期以后的学术流派有着不可分割的关系,在胡家聪先生的著作《稷下争鸣与黄老新学》一书中,详细列举了帛书《黄帝四经》与《慎子》残篇多相合,与《管子》篇章多相通,承袭《越语》范蠡言,与《荀子》有相通处。② 而帛书《黄帝四经》与更早文献的关系,多是在思想上的吸收。

2. 与帛书《黄帝四经》研究相关的出土文献

(1) 上博楚简《三德》《恒先》

《三德》是《上海博物馆战国楚竹书(五)》(上海古籍出版社 2005 年版)之《三德》篇。其思想内容并不精纯,儒家思想为其主流是不争的事实。然而,其中思想有折中于刑德、道法、黄老之间的成分,所以对于帛书《黄帝四经》的思想研究有着不可忽视的价值。

另外,《三德》篇与帛书《黄帝四经》的用词以及文章结构上也极为相似,可见二者有着很深的关系。举例如下:

用词:天地民(人),共举现象很普遍。

《三德》:"天共(供)时,地共(供)材,民共(供)力,明王无思,是谓三

---

① 孙福喜:《鹖冠子研究》,西安:陕西人民出版社 2002 年版,第 56 页。
② 胡家聪:《稷下争鸣与黄老新学》,北京:中国社会科学出版社 1998 年版,第 103~131 页。

德。"《大戴礼·四代》:"有天德、有地德、有人德,此谓三德。"在帛书《黄帝四经》中虽没有"三德"这种表述,但三者共举很多,如《经法·道法》"天地有恒常,万民有恒事";《经法·六分》"王天下者之道,有天焉、有人焉、有地焉"等,区别是帛书《黄帝四经》中三者更突出"人"的重要,而《三德》中看不出有此种意思。

这种用词的相似度很高,还有如"天""时""高阳""皇后""后帝""上帝""故常""干常""小邦""大邦""宫室""圣人之谋""土攻""衣服""不祥""大荒""兴而起之,思(使)足真而勿救""毋……""幽、阳"①,二者在运用这些词时,词之意虽存在着一点点差异,但并不影响二者其思想脉络上相连关系。结构上都善用"……是谓……"的判断或命名句式,"人为→自然灾异"的因果逻辑推理,"毋……""不……""勿……""禁……"的表达方式。

以上通过二者对比,虽不能主观的断定二者的关系,因为古文献相似现象很普遍,但无论是从思想上还是从用词、结构上,二者的相似程度高绝不是偶然现象,相信通过二者对照研究,一定可以获得很大的收获。

《恒先》是《上海博物馆战国楚竹书(三)》(上海古籍出版社2005年版)的《恒先》篇。李零先生认定,是一篇首尾完具的道家著作。但由于该文献的出土地点、时间都无法确定,所以还存有很多疑问。但其文字所承载的思想却是可以把握的。第1简开头是"恒先","恒"表示宇宙原始本身,"先"表示天地或宇宙形成之先的时间性思考。而帛书《黄帝四经》的《道原》篇也出现了"恒先"一词,即"恒无之初"有写作"恒先之初"的,而《恒先》篇本就有"恒先无有"的命题。所以用"恒无"比用"恒先"更接近宇宙之初的虚静无有而又恒存的状态。单从对此词的理解和用法上考虑,《道原》比《恒先》更精准、更辩证、更深刻。但问题远没如此简单,因此无法断定二者孰先孰后,但这并不影响二者之间存在某种内在联系的判断和研究。

(2)郭店楚简《太乙生水》(《太一生水》)

帛书《黄帝四经》与《太乙生水》的关系,从文献学的角度,是关于词语含义解释印证方面的。如在帛书《黄帝四经》中,有关于"神明"与"阴阳"关系的间接论述:"道者,神明之原也。神明者,处于度之内而见于度之外者也。处于度之[内]者,不言而信。见于度之外者,言而不可易也。处于度之内者,静而不可移也。见于度之外者,动而不可化也。静而不移,动而不化,故曰神。神明者,见知之稽也。"(《经法·名理》)在帛书《黄帝四经》中,"阴阳"

---

① 以上整理来源于曹峰《〈三德〉与〈黄帝四经〉对比研究》,《江汉论坛》2006年第11期。

是一个至关重要的词汇,而"神明"也是一个较主要的词汇,而对于"神明"一词的理解一直有着不同的看法,我较倾向于张增田先生的解释,"神明"一词不能做笼统的理解,在不同的语境中其含义是有所不同的,如在通常情况下有做精神智慧和道的神妙作用的解释,而在《经法·名理》一段中,"神明"作"阴阳"解。这从郭店楚简《太乙生水》篇可以获得佐证。其文有:"太乙生水,水反辅太乙,是以成天。天反辅太乙,是以成地。天地[复相辅]也,是以成神明。神明复相辅也,是以成阴阳……"有论者注意到它所讨论的重要范畴大都在帛书《黄帝四经》中找到解释,因此与帛书关系甚密。①

3. 马王堆汉墓出土帛书《老子》甲本卷前古佚书、《易》说古佚书

《老子》甲本卷前古佚书《伊尹·九主》是一篇政治性较强的论文,其与帛书《黄帝四经》有不少相同或相似之处。如《九主》的"天企"与《四经》的"天开"观念相同;天、道"无朕""无端"说法一致;两书都强调"明分""无为"。

马王堆汉墓帛书部分说《易》的古佚书尚未正式公布,但在陈鼓应先生主编的《道家文化研究》第三辑马王堆帛书专号中,有对《缪和》《二三子问》《易之义》《要》的释文以及其所包含的黄老思想的解说。下列分而略说:《缪和》中有"天、地、人"并举的论述,前已多处论说《黄帝四经》此种说辞也很多;《缪和》中有相反对照的表述,如一阴一阳、一短一长、一晦一明,帛书《黄帝四经》中也有"有晦有明,有阴有阳"(《经法·果童》)"一晦一明"(《经法·论》);还包括动静配合的观点,财与身以及守愚、名实、群臣比周、擅权外志方面。以及《二三子问》中的"精白"概念与《经法·道法》《经法·论》《道原》的相通,"黄帝四辅""立三卿"之事,对"时"的强调,天地人与鬼神并举;《易之义》中对"文武"概念的阐释,"神明"一词的运用;《要》的"刚柔相济""天道、地道、人道"并举。② 这些不仅仅是词语上的简单相似,而是在思想上存在着很深的内在联系,对于确证帛书《黄帝四经》的学术定位可谓珍贵。

## 二、帛书《黄帝四经》对文献学研究的贡献

1. 通过对帛书《黄帝四经》书名、年代和产生地域等问题的考证,探讨文献考释的方法

---

① 见强昱《太乙生水与古代的太一观》,陈鼓应主编:《道家文化研究》第十七辑,北京:三联书店1999年版。

② 以上整理来源于陈鼓应《黄帝四经今注今译》,北京:商务印书馆2007年版,第18~22页。

关于帛书《黄帝四经》的书名、年代和产生地域,是帛书《黄帝四经》出土以来争议最多的问题,而且至今仍无定论。大多数学者都有自己的一套考证方法,如与其他文献的对照研究,帛书《黄帝四经》文体特点,文献流传的逻辑推理等,不管运用哪种方式,似乎都忽略了一个最重要的"刘向校书"这一客观的事实。因为中国古籍浩如烟海,每个朝代都进行校书和古籍整理,以使汗牛充栋的古书善本得以流传。今天所见的绝大多数先秦乃至汉初典籍,其流传都是经过刘向校勘这一出口的。而刘向校书前后,古书的流传形式是不同的。余嘉锡先生《古书通例·古书单篇别行之例》论述道:"秦、汉诸子惟《吕氏春秋》《淮南子》之类为有统系条理,乃一时所成,且并自定篇目,其他则多是散篇杂著,其初原无一定之本也。"①再加上,古代用于抄书的载体竹简或缣帛的不方便性,决定了有文章篇幅过长而抄成数卷的,也有因篇幅短小而以数篇抄于一卷的。张舜徽先生《广校雠略》有:"惟古书篇幅长短不齐,故编书之人于篇幅甚短者,恒合数篇以成一卷。《诗》三百篇,每篇文字最简,《汉书·艺文志》著录鲁、齐、韩三家经文为二十八卷,《尔雅》十九篇,《汉志》著录为三卷,是其例也。若夫篇幅过长者,又每分为上下卷,或上中下卷。《汉书》本为百篇,而应劭注本作一百十五卷,是其例也。盖自简策既废,易篇为卷,太长则卷舒不便,过短则不能自成一轴,故编次者辄依文辞繁简,有所进退离合于其间。"②意思就是说,由于抄书的载体竹简或缣帛的不方便性,有可能不同类别的书,因为篇幅小而被抄在一起,又由于篇幅过长而分抄不同的简或帛上。也就是说帛书《老子》与四篇古佚书抄在一起,并不能作为判断其就是《黄帝四经》的有力证据。

另外,唐兰先生论证帛书《黄帝四经》就是《汉书·艺文志》所著录的《黄帝四经》时,依据的是《汉书·艺文志》和《隋书·经籍志》所提到的篇数。"《经法》等四篇就是《汉书·艺文志》的《黄帝四经》四篇。《隋书·经籍志》说汉代道书三十七种中只有'黄帝四篇,老子两篇,最得深旨',是最有力的证据。"③《汉志》称为"黄帝四经",而《隋志》则称"黄帝",可见"黄帝四经"命名和篇数都是向歆父子所定。而《汉书·艺文志》所著录的《黄帝四经》也是刘向校书之后的定名,马王堆汉墓出土的帛书《黄帝四经》在刘向校书前,其流传的形式也大体是单篇别行的。因此,将新出土的汉代中期以前的简帛文献

---

① 余嘉锡:《古书通例》,上海:上海古籍出版社 1985 年版,第 93~94 页。
② 张舜徽:《广校雠略》,北京:中华书局 1963 年版,第 233 页。
③ 唐兰:《马王堆出土〈老子〉乙本卷前古佚书研究》,《考古学报》1975 年第 1 期。

比附《汉书·艺文志》相关篇目、以线性逻辑思维模式处理刘向之前或其同时代的互见文献，是一个误区，应以"类"的观念对待刘向校书前的诸子文献。

综上，对文献的考释，无论是刘向校书前或是之后，都应将其文字所承载的思想放置在一个大的社会历史背景和思想文化背景之下考察，这样才能更好地避免偏颇和失误。

2. 帛书《黄帝四经》作为出土文献，对传世文献影响深远

出土简帛具有传世文献不可比拟的巨大的史料价值，其原因就在于其长期掩埋于地下，未经流传，客观地保持着原貌，具有传世文献不可比拟的文献真实性。王国维先生也曾在其著作《古史新证》中提出古史的考证应该遵循"二重证据法"，即"纸上之材料"与"地下之新材料"相互印证的研究方法，也就是传世文献与出土文献相互对照研究。帛书《黄帝四经》作为出土的"地下资料"对以往流传的"纸上资料"起到了辨明真伪的作用，有利于中国几千年来一直传承的古籍整理和辨伪证真工作的完善。明清以来，古史辨学派的出现，疑古工作大量展开，为古史的辨伪证真工作提供了很多可供参考的珍贵资料。然而，其中也有把真书疑为伪书的，如对《鹖冠子》和《文子》的认定，从明清到近代均认为是伪书。而帛书《黄帝四经》出土后，发现《鹖冠子》和《文子》两部书中的很多章句与帛书《黄帝四经》的相似或相同，而且，都喜欢用对立统一的概念，又都有间或用韵的现象，以此证明了二者不是秦汉后的伪书，而是先秦古籍。因此说帛书《黄帝四经》作为出土文献，对传世文献有纠偏和确证的作用。

帛书《黄帝四经》的出土还使一些传世文献重新受到重视，并从新的角度给予关注。如由于《管子》一书与帛书《黄帝四经》相似的地方太多，对帛书《黄帝四经》重要性的认识，引起学界对《管子》的重新认识，尤其是《管子》一书与帛书《黄帝四经》的内在联系，进而使《管子》书中所保存的黄老学说的文献备受关注。

业师梁韦弦先生提出，古史研究在出土文献与传世文献并重的同时，还是应该以传世文献为主，因为出土文献不成系统，它只起时间坐标的作用。而传世文献记载的史料是当时人的亲眼所见和远古口头流传即所听，是有真实性的。至于在流转时的复杂性当然也需要考虑，如同时存在的两本书字句不一样，或出土记载与传世文献的记载不符等，这是因为先秦时期古书的传抄、整理都有误差，这时出土文献的确证作用就突出出来了。如从帛书《黄帝四经》的篇目排列顺序，可以确证《老子》帛书本与通行本的顺序。高亨等

学者认为"从先秦古籍的有关记载来看,《老子》传本在战国期间,可能就已有两种:一种是《道经》在前,《德经》在后,这当是道家的传本。……另一种是《德经》在前,《道经》在后,这当是法家的传本",并认为"《韩非子·解老》首先解《德经》第一章,解《道经》第一章的文字放在全篇的后部,便是明证"。① 这种看法,在众多的观点中是较为可取的,陈鼓应先生经过对帛书《黄帝四经》进行深入研究后,得出了不同的结论,即:"道经"在"德经"前的《老子》通行本维持了《老子》的原貌,是老子道家的传本;而"德经"在"道经"前的帛书《老子》本,应该是黄老道家的传本。"道"向社会性倾斜,是黄老学派对老子思想的一种发展,也是黄老道家的一大特点。帛书《黄帝四经》之《经法》在前、《道原》在后,恰与帛书《老子》之《德经》在前、《道经》在后相一致,这乃是黄老学派落向现实社会的表现。而以老子道家为宗的《淮南子》,则是将《原道》列于书首,这恰与《老子》通行本"道"在"德"前的次序相吻合,《淮南子》之重视《原道》,似乎可以为祖本《老子》顺序的一个佐证。②

3. 帛书《黄帝四经》为人们研究上古文献的标题、标点符号提供了契机

我国是一个文明古国,古籍极其丰富,而标题、标点符号是古书体制研究的重要课题。后世书籍的标题、标点符号是从上古书籍的标题、标点符号发展来的,而上古书籍的标题、标点符号由于过去人们所见上古文献绝大部分是传世文献,无法确知其本来面貌。因此汉墓帛书《黄帝四经》的出土,为人们探究上古书籍标题、标点符号的面貌提供了可贵的资料。

标题方面:所谓"标题"就是正文文字的题目。简帛书籍的标题分为"总标题"和"子标题"两大类。"总标题"是指某一种文献总的标题,"子标题"是指某一种文献内各相对独立的段落的标题。简帛中有标题的书籍,不一定总标题、子标题都齐全,或只有总标题,或只有子标题。而帛书《黄帝四经》中是总标题和子标题均有的一个范例。如"经法"准确的叫篇题(名),也叫总标题;"国次"叫章题(名),也叫子标题。根据帛书标题的类型之一,总标题、子标题均在后。帛书《黄帝四经》每一篇既有总标题也有子标题,总标题写于全书末,书末先写末章章名子标题,然后写总标题和尾数。如"……名理。经法,凡五千。"(行77下)"名理"前有一字空位。据此可推断第二篇的篇名是"经"总标题;而"十大"是章名子标题。即"……十大。经,凡四千[五十]

---

① 高亨、池曦朝:《试谈马王堆汉墓中的帛书老子》,《文物》1974年第11期。
② 陈鼓应:《黄帝四经今注今译》,北京:商务印书馆2007年版,第6页。

六。"(行142上)"十大"前有三字空位。

标点符号：简帛中的标点符号，就是简帛中非文字的部分，与今天的标点符号相同。包括重文号、合文号、章句号、着重号、分隔号，以及其他具有区别意义和指示意义作用的符号。简帛中的符号比较复杂，大约有二十四种之多，而帛书《黄帝四经》中仅有■、▬、·三种而已。"■"是大方墨块号，为分书或分篇（章）号。占一字的位置。"▬"是长方墨块号，为分书或分篇（章）号。书写方向从上往下，一般占两个字的位置，有时上端画作椭圆。"■"大方墨块号和"▬"长方墨块号用法大致相同而略有区别。"■"一般在上一字后空一字左右的位置书写，也有的不空，而"▬"所写位置则在行首并高于正文文字。不同的书籍之间提行行文并用"▬"，同一书籍内各篇间不提行而用"■"。下面以帛书《黄帝四经》中的实例为证加以说明。

第一种佚书《经法》。开篇无墨块符号，第一篇《道法》结束后空近两个字写"■"，抄第二篇《国次》；第二篇结束后空近一个字写"■"，抄第三篇《君正》；以下各篇《大分》《四度》《论》《亡论》《论约》《名理》都是如此。

《经法》结束后提行并高于正文文字处写"▬"，抄第二种佚书《十大经》。第一篇《立命》结束后空约一个字写"■"，抄第二篇《观》；第二篇结束后未空就写"■"，抄第三篇《五正》；其余各篇《果童》《正乱》《姓争》《雌雄节》《兵容》《成法》《三禁》《本伐》《前道》《行守》《顺道》都如此。

《十大经》结束后提行并高于正文文字处写"▬"，抄第三种佚书《称》。《称》内各章节间用小圆点"·"（章句号）隔开，"·"前后均不留空。①

《称》结束后提行并高于正文文字处写"▬"，抄第四种《道原》。道原无分章号。

《道原》结束后提行并高于正文文字处写"▬"，抄《老子乙本》。

小圆点号"·"，明显比正文文字小，或只有正文文字的一半大，或只是一个小黑点。写于该行正中。有表示强调、总结和章句的作用，在帛书《黄帝四经》中它只有表示章句作用。而表示章句有表示下文为一章的，也有表示独立的一个文意段落，有时还兼有与上文相隔断的作用。帛书《黄帝四经》的一种佚书《称》中的小圆点"·"号，表示的是独立的一个文意段落。

---

① 关于小圆点"·"的章句号作用，下文叙述。

4. 帛书《黄帝四经》的文字训诂、校勘还为其他学科的研究提供珍贵的材料

如果把帛书《黄帝四经》与其他帛书竹简文字放在一起来研究,就会发现它们对于我国古代的音韵、训诂以及中国文字的演变可以提供新的认识资料。因为帛书《黄帝四经》与《老子》均属于齐楚文化,它们为研究齐国、楚国的文字、方言、音韵、风俗和习惯提供了丰富的新的研究资料。同时,为训诂学、校勘学等方面也开辟出一条新路子。

# 第三章 帛书《黄帝四经》与黄老学

## 第一节 黄老学概述

### 一、"黄老"由来以及黄老学形成

#### (一)"黄""老"之义及其"黄老"来由

何谓"黄老"？王充开门见山地指出："黄者，黄帝也；老者，老子也。"而事实远没有那么简单。其中"老"指老子，似乎已没有任何异议，但仍有人提出不同的看法。如葛志毅先生认为："依据战国好依托黄帝君臣之名著书的习惯推断，所谓黄老当指黄帝、天老为是，而不应是黄帝、老子。"不过有人会质疑：在传下来的记载中，无论是四辅臣，还是六相、七圣，都不见天老之名，天老以什么可以与黄帝并称。葛志毅先生考证，天老曾经在黄帝之臣中地位很高，在黄帝三公、七辅中皆位列第二，且之后在道教的一些著作中天老的地位又重新被重视起来。然而，天老最初虽得列名于黄帝诸臣，也成为其时托名黄帝君臣著书的对象之一，但终究不敌老子的偌大名声而被取代，于是黄老之"老"成为老子而非天老，黄老之称亦由此蜚声学界。从此以后天老亦被老子一度掩没。① 但不管怎样"黄老"之"老"辗转还是指称老子，应该是无异议的。

然而，对于"黄"却有着不同的说法。一说夏曾佑先生以为《史记·太史公自序》中提到的"黄子"，即是黄生，理由是"(太史公)习道论于黄子"；② 一说近人李长之则认为"黄"是指张良所见之黄石公。③ 如果此黄子即黄生，而

---

① 葛志毅：《天老与黄老考释》，《史学集刊》2008年第1期。
② 夏曾佑：《中国古代史》，说见《傅孟真先生集》中编丙《战国史家叙论》，台北：台湾大学1952年版，第45页。
③ 转引自白奚《先秦黄老之学源流述要》，《中州学刊》2003年第1期。

在《集解》引徐广曰:"《儒林传》曰黄生,好黄老之术。"那么,黄生既然"好黄老之术",可见"黄老"之"黄"便不是黄生。那么,夏曾佑先生的说法也便不成立了。接下来考察其是否为张良所见之黄石公。黄石公是秦末汉初五大隐士之一,是道教史上的传奇人物,其事迹与著作均有史料可证。在《太史公自序》中:"陈丞相平少时,本好黄帝、老子之术。"陈平和张良同时,张良是汉初谋士,黄石公与张良是同时代人。而在《史记·乐毅列传》中有:"乐臣公善修黄帝、老子之言,显闻于齐,称贤师。"史料记载乐臣公是战国末期的乐毅,此时已有"黄帝、老子"并称,可见这是早于张良时代的。所以,学界大部分人的看法仍认为,"黄"指黄帝,黄老即黄帝、老子。例如《史记·外戚世家》曰:"窦太后好黄帝、老子言,帝及太子、诸窦不得不读黄帝、老子,尊其术。"《论衡·自然》:"贤之纯者,黄、老是也。黄者,黄帝也;老者,老子也。"

另外,还有一种说法与上述的说法稍有不同的是,认为史称"黄老之学",是指"黄帝之学"与"老子之学"相结合的一种理论学说,属于道家思想发展中的一个重要流派。"黄学"与"老学"是黄老之学形成的思想来源。①

"黄学"是指黄帝之学或黄帝之言,是后人尊崇黄帝、托古于黄帝所形成的思想言论。关于黄帝的传说在西周后期流行开来,黄帝是以一个人神杂糅形象出现在历史典籍中的,他把分散、流徙的部落统一起来形成一个统一的部族;又带领人们向文明进军,发明了很多实用而科技含量很高的技艺,如历法、医药、算数等。因此,黄帝成了炎黄子孙的共同文化始祖。后期关于黄帝的传说越来越多,尽管在春秋时期还没有"黄帝之学"的说法,但从一些史料典籍的记载看其有着"顺道""尚法"的特点,可以视为是黄学的萌芽。

而"老学"自然是指以老子学说为主的道家学说,然而,老学追求循道、自然:一方面发展为专心于治国之术,兼采儒、墨、名、法、阴阳诸家之长;一方面"绝去礼学,兼弃仁义",发展为庄子及其后学的虚无玄远的精神自由追求。

查阅先秦典籍,黄帝和老子都是单独提到的,"黄""老"并称或"黄帝"这个词,是在秦及两汉间十分流行,并几乎成为老子这个道家学派的代称。然而,从先秦黄帝、老子单独记述到汉初"黄老"合称,并非仅仅是名称的改变,而是暗含着一个时代的学术思想的变迁,意味着一个不同于其他学派的新学派的成熟。

(二)黄老之学形成的条件

黄老学产生于战国中后期,既有其时代条件、社会心理条件、思想文化条

---

① 刘蔚华、苗润田:《黄老思想源流》,《文史哲》1986年第1期。

件,也与当时兴起的"黄帝热"关系密切。它是在特定社会条件驱动下,原始道家向着新道家并与时代整合的产物。

1. 时代条件

在大动荡的战国时代,各诸侯国忙于改革、变法,这大大加速了中国封建化的进程。首先是魏文侯发动的一系列改革,使魏国上升为战国初年头等富强的国家。韩、齐、楚、秦、燕等国也都相继完成社会改革,这些改革大大改变了这些国家的政治经济状况,促进了封建制度的确立。战国时期封建化改革的普遍成功,一方面为整个历史的转型创造了一个适宜的环境,使封建制取代奴隶制成为可能;另一方面,也使各国间由于发展的不平衡而造成了兼并,这也为全国的统一埋下了伏笔。

在阶级社会中,一种思想是否能够占有一席之地或存在时间的长短,要看其是否与当时的社会政治、经济状况相适应。归根结底,要看其是否符合当时统治阶级的需要。一种思想文化不能适应以上情况,命运只有两种,一种是从此销声匿迹,一种是顺时应势,使自己的思想既保持着一种形而上的理论的架构,又要与世俗的需求相合,这样才能继续生存。

老子开创的道家学派,因其理论的深邃性和哲理的思辨性极强,加之辩证法的灵活,虽然其因为具有以上的优点,而成为思想界的"公共资源"。然而,由于老子思想中的对社会和政治的批判与疏离,使其后学者将其引向了寻求内在的心灵超越,使老子的这种"公共资源"逐渐远离时代,面临着无法适应世俗社会的变革。所以道家需要创新,黄老之学就是这一理论创新的成果。黄老学承继和发展了老子学说中关于"道"和"术"的理念,就是以"道"为万物本原和遵循法则,来谋求富国强兵,理顺政治和国计民生,进而向政治权力中心靠拢。它避免了道家学派被边缘化,使其一跃而成为西汉前期政治权力的指导思想。

2. 社会心理条件

首先,黄老道家所以在战国时期托名黄帝而立派,是与当时兴起的"尊古贱今"的托古之风有关。《淮南子·修务训》:"世俗之人,多尊古而贱今,故为道者,必托于神农、黄帝,而后能入说。乱世暗主,高远其所从来,因而贵之。为学者蔽于论,而尊其所闻,相与危坐而称之,正领而诵之。"黄老道家一派人物为推崇其道学具有深远的发祥,目的是与百家中的其他各家相抗衡,使其在"百家争鸣"中立于不败之地。因为在百家争鸣高潮的战国中期,各家都纷纷打出一个与远古帝王有着密切关系的人物,用以确定自己的学说具有深远文化传承。如儒家"祖述尧舜",墨家绍承"禹之道",于是道家声称自己的学派由黄帝所创。因为黄帝在中国文化中不仅是人文之祖,可以此综罗百家、采众家之长,且比尧舜禹更久远。据记载,黄帝本姓公孙,名轩辕,少典之子,因长于姬水,后改为姬姓,是中国氏族社会的一个部落联盟首领。《史记·五帝本纪》将他列为五帝之首,写在尧舜之先。

其次,托名黄帝是齐国出于政治的需要。田氏的祖先原是陈国的贵族,在国内政治斗争中失利,逃亡到齐国,为齐国的大夫。田氏一族经过数世经营,拥有雄厚的实力,到春秋晚期,田氏已经成为齐国很有势力的卿族,而后又在齐国内乱之时,趁机取代姜氏立为齐侯,开始统治齐国。一个臣子谋主而获得政权,对于此时的田氏来说,最急于做的就是怎样证明其篡得的统治地位具有合法性,《陈侯因敦》的铭文内容就反映了战国中期齐国统治者尊崇黄帝的政治用心所在。铭文所述如下:"唯正六月癸未,陈侯因曰:皇考孝武恭哉,大谟克成。其唯因,扬皇考昭统,高祖黄帝,迩嗣桓、文,朝问诸侯,合扬厥德。诸侯贡献吉金,用作孝武桓公祭器敦,以蒸以尝,保有齐邦,世万子孙,永为典常。"①以上铭文的言外之意是说我的祖系远则祖述黄帝,近则承继齐桓、晋文之霸业。将其高祖续至黄帝,而被取代的姜齐是炎帝之胄。远古传说中就是黄帝打败炎帝部落而王天下,那么黄帝取代炎帝而获得政权就是天经地义的了。齐国统治者之所以要尊奉黄帝,意欲表明:我田氏一族,也是黄帝后裔,显贵之至,当然可以永保国家,称霸诸侯。与"老"的结合是在齐国稷下学宫。齐国拥有着当时各诸侯国、各学派的出色人物,此时又正值百家争鸣后期融合的状态,于是综合百家之言、采众家之说的黄老之学诞生了。田齐以"黄"作为政治旗号,以"老"作为思想文化依托,在保有老子的道论基础上,摒弃老学的虚无和无为不争进而转至黄老的务实和积极干政。

3. 思想文化条件

春秋时期随着学术思想文化下移而兴起百家争鸣,到战国时期已进入了高潮。各家之间既有水火不容的激烈争论,也有着互渗互补的学术相融,这为道家理论学说的调整和重构贮备了丰富的思想资料。

当时,诸子蜂起,学派林立,各家理论观点、学说空前繁荣。在参与争论的学派中,势力最大和影响最深的要数儒、墨、道、法四家,而四家的理论学说,针对当时新兴王权政治系统与传统的宗法社会系统之间关系问题,其理论价值都具有相对性,都有所侧重又所有偏失,因此,各家只能是当时社会意

---

① 以上铭文内容转引自郭沫若《十批判书·稷下黄老学派的批判》,北京:东方出版社2008年版,第95页。

识形态的一偏,单靠一家之说是无法担当起设计整个封建制度命运的重任。因此融合各家学说、吸收对立学派的观点以丰富自己、完善自己,并能为封建制度所认可和选择便成为重中之重。在这里道家以此为契机,吸收儒、法、墨诸家对社会人文的关注,弥补自身追求超迈脱俗、无拘无束的自然虚无玄远诉求,同时又发挥了自己以"道"为根基和法则的"无为"静态运作模式,弥补儒、法、墨诸家的只求动而善为的动态政治模式。其选择改进了以往以超越的人文精神抛弃传统的宗法秩序和新兴王权政治系统的思维,又适应了当时社会君王百姓人心思安思静的心理需要,同时又与当时充满变革气息的时代精神相合,因此为当时新兴王权政治所接纳,其后的实效也说明了道家的选择是正确的、成功的。

4. "黄老"背后的丰厚文化内涵

"黄""老"结合,以上几点固然不可忽视,应该还有其他更深层次的原因,如思想文化条件以及"黄""老"背后所隐藏的丰厚文化内涵。道与天道是黄老之学的基础概念,遵循道与天道的法则安排治国活动,恰是"黄老"称名的文化内涵。因此,探讨黄老所承载的文化因素,也是至关重要的。

(1)黄老之"黄"的意蕴是人道法天。"黄"标志崇奉天道,代表着法天则地的传统,把效法天道当作人间政治活动的根本原则和方法。传说中的黄帝形象的基型是宇宙的中心和太阳创世主(第二章第二节有详细论述),而太阳神又是天道的原生形态。从逻辑思维推理可以顺理成章地看到,当黄帝被理性化、历史化为人王时,他便自然成为效法天道的表率,故《史记·太史公自序》在叙述《五帝本纪》的缘由时,称"维昔黄帝,法天则地,四圣遵序,各成法度",认定黄帝作为人文始祖,其功主要在于建立"法天则地"的行为原则。从这个角度看,《汉书·艺文志》所著录的那些托名黄帝的古书,是有其内在统一性的。《汉书·艺文志》著录"黄帝书"有十三类二十九种之多,涉及先秦及秦汉时期的道家四种、阴阳家一种、小说家一种、兵书略一种、数术略五种、方技略九种。包括黄帝臣的书目,诸子略:道家一种、阴阳家一种、兵书略四种、方技略一种。详见下表:

## 《汉书·艺文志》托名黄帝(黄帝臣)的书目

| 类别 | | 书名及篇卷 | 班固自注 |
|---|---|---|---|
| 诸子略 | 道家 | 《黄帝四经》四篇 | 无注 |
| | | 《黄帝铭》六篇 | 无注 |
| | | 《黄帝君臣》十篇 | 起六国时,与老子相似也 |
| | | 《杂黄帝》五十八篇 | 六国时贤者所作 |
| | | 《力牧》二十二篇 | 六国时所作,托之力牧。力牧,黄帝相 |
| | 阴阳家 | 《黄帝泰素》二十篇 | 六国时韩诸公子所作 |
| | | 《谷成子》十四篇 | 无注 |
| | 小说家 | 《黄帝说》四十篇 | 迂诞依托 |
| 兵书略 | 兵阴阳 | 《黄帝》十六篇 | 图三卷 |
| | | 《封胡》五篇 | 黄帝臣,依托也 |
| | | 《风后》十三篇 | 图二卷。黄帝臣,依托也 |
| | | 《力牧》十五篇 | 黄帝臣,依托也 |
| | | 《鬼容区》三篇 | 图一卷。黄帝臣,依托也 |
| | | 《地典》六篇 | 无注 |
| 数术略 | 天文 | 《黄杂子气》三十三篇 | 无注 |
| | 历谱 | 《黄帝五家历》三十三卷 | 无注 |
| | 五行 | 《黄帝阴阳》二十五卷 | 无注 |
| | | 《黄帝诸子论阴阳》二十五卷 | 无注 |
| | 杂占 | 《黄帝长柳占梦》十一卷 | 无注 |
| 方技略 | 医经 | 《黄帝内经》十八卷 | 无注 |
| | | 《外经》三十七卷 | 无注 |
| | 经方 | 《泰始黄帝扁鹊俞拊方》二十三卷 | 无注 |
| | | 《神农黄帝食禁》七卷 | 无注 |
| | 房中 | 《黄帝三王养阳方》二十卷 | 无注 |
| | 神仙 | 《黄帝杂子步引》十二卷 | 无注 |
| | | 《黄帝岐伯按摩》十卷 | 无注 |
| | | 《黄帝杂子芝菌》十八卷 | 无注 |
| | | 《黄帝杂子十九方》二十一卷 | 无注 |
| | | 《容成阴道》二十六卷 | 无注 |

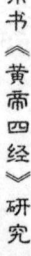

从以上列表可以看出：

其一，名称上都托名黄帝或君臣，内容上大多都与阴阳家有关且都据天道而立说，都包含对天道的崇拜和效法，都涉及与天道紧密相关的数术。李零先生曾说过："黄帝书见于史志著录和传于后世，主体是数术方技之'黄'。"①而诸子百家中的阴阳家和道家黄老，正是运用数术方技知识，发展出各具特色的思想体系。

其二，《汉书·艺文志》兵阴阳类托名黄帝君臣的书数量也较多。兵阴阳本是兵法对天道数术的运用，春秋战国时期战乱频繁，带起了兵书、数术发达的盛况。王献唐先生认为："炎、黄之战，为中国战争发端，故兵刃制作，因始于黄帝。兵书著录，亦初始炎、黄。黄帝所以战胜炎族，正以发明兵器耳。"②以上说法可以分两点来看：一是以炎、黄之战为战争发端，黄帝胜出，故兵书多托名黄帝。一是以兵器之发明始于黄帝。银雀山出土竹简《孙膑兵法·势备》清楚记载着黄帝发明兵器："黄帝作剑，以陈（阵）象之。羿（羿）作弓弩，以执（势）象之。禹作舟车，以变象之。汤、武作长兵，以权象之。"当然这里古帝王发明兵器是依托之说。虽是依托，李零先生说过，古代的依托是有一定规则的，不是想依托谁就依托谁。

其三，所谓"黄帝书"或"黄帝君臣书"，以道家著作居多，阴阳家、兵家、方术家著作也不少，而儒、墨、名、法等先秦重要学派并没有专为黄帝及其君臣立言之书。这说明黄帝在思想史上的"权威"地位，主要是由道家或更严格地说是由道家黄老一派树立的。

这些依托黄帝的古书，显示出依托者对黄帝之原始基型的普遍认同，黄帝即是天道的化身，在战国、秦汉以及汉初时期，这大概是文化人的集体无意识，③是黄帝之"人道法天"之内涵而发展为"法天则地"人文原则的实践者。

（2）黄老之"老"的含意是人道法道。因为，在老子的思想中，"道"是最高范畴、核心概念和理论基础。宇宙的产生本源、世间万物的始终、人事的总规则都离不开"道"，所以，"崇道""循道""尊道""重道"继而劝人"法道"成为老子思想的主体。而"道"的最基本特性就是"自然"，这个"自然"不是自然界，而是事物自然而然、自己本然、自身如此的状态，因此，"无为"就是"道法自然"的最好体现。"道"在《老子》中是终极存在，它无所效法，只能自因

---

① 李零：《李零自选集》，桂林：广西师范大学出版社1998年版，第280页。
② 王献唐：《炎黄氏族文化考》，济南：齐鲁书社1985年版，第16～17页。
③ 张增田：《黄老治道及其实践》，广州：中山大学出版社2005年版，第170页。

自本即"自然",而其他实体包括人在内,从根本上讲就要效法"道"才能获得存在的依据。因此把法道当作世间人事、政治安排的根本原则和方法。黄老学在承接老子"法道"思想的内核基础上,将侧重点放在了为政治国上,帛书《黄帝四经》即为典范。

老子之道是对天道(黄帝的化身)的抽象,是从当时流行的"天道"和"天地"的观念中提升出来的。质言之,就是对"天道"概念加以抽象所获得的一个纯概念的存在。"天道"是与"天地"相关联的一个具有综合性质的概念,它是在天象和天命观念的基础上,将"天地"看作一个整体的考量,并客观地对天体的运行过程进行科学的把握,但同时它也将"天象"的客观运动与"天命"的主观判断进行了结合。所以,"天道"与"天象"比起来,是从具象抽象出来的概念;与"天命"比起来它是从神性抽离出来的哲学;与"天地"比起来它是从广泛性中的高度概括。但"天道"的概念在道家思想中,它又同时具有神秘性、形象性和普遍适用的性质。道家常将天地、水、母性、天道、太阳、四时轮转等与道性等同,就是因为较之高度抽象了的"道",他们具有"象"的容易被人感知、接受和理解的特质。

中国上古及古代的全部基本哲学和宗教观念,均与天文观念密切关联。例如所谓"道"的观念,即来自对天象观察而得的周期性概念。①

黄帝创世神话实际上可归属到至高创世主型神话,而在黄帝创世神话中,创世主仍保持着太阳神身份,尚未转变为天的象征。由于历史化的作用,太阳神在后代变成了人间帝王,创世主的神格也就逐渐淡化了。而哲学化的创世主"太一"或"道"在后人的思维中发挥着至高无上的主宰作用。

综上所述,"黄""老"结合有着很深的寓意和现实意义。

寓意一,道家之"道"的哲学范畴的由来,当追溯到"道"的神话来源上,即由太阳和水的运动所体现出的一般法则或原理——循环往复。"黄"指天学或天官之学的太阳运行规则、规律,性属阳。"老"指以水为指认对象的"地道",性属阴,二者的结合即体现在阴阳和合,天地一体,人道法天、法地,继而人道法道的整体思维模式。

寓意二,黄帝是人文始祖、部落联盟的首领,实现了部落的统一和融合,而黄老结合,同样具有统一的象征意义。

寓意三,日神有着公正、无私、严明、期信等特征,所以,以日神为原型的天道、道同样具有正义、无私、权威等美德。以此为人类、社会的总则,具有不

---

① 何新:《诸神的起源》(第五卷),北京:时事出版社2002年版,总序第6页。

可替代性。

"黄""老"连称是一种复合形态。从词面来看,表明它是对于任一独立形态的有力补充,从"黄老学"的实际来看,这里的"黄"是"老"的政治准则,"老"是"黄"的理论基础。黄老之"黄"包含着天道和人道法天的文化内涵,黄老之"老"则代表着道和人道法道的因素,从内在理路上看,老子道学内分化成黄老一系有其必然性,而老子的"道"是"天道"的反推和抽象出来的结果。从思想发展线索来说,"黄""老"的有机结合,正足以说明老子道德学说在不同于以往的发展道路上向一种新型的学说转化的趋势。帛书《黄帝四经》的出现是《老子》的思想和"黄帝"的学说形成一定的系统后,自然而然结合在一起,不管是为了政治的需要,还是理论上的共识,其实质决不像一些人说的假托。

(三)黄老学的界定和主要内容

1. 黄老学的界定

钟肇鹏先生在《中国哲学发展史》中把黄老学分为狭义和广义:从广义上讲,以黄帝的名义或者不用黄帝的名义,只要它是以道法为主,兼采各家的综合性思潮,都可以看作是黄老之学。从狭义上讲,只有正式以黄帝、老子命名的学说才是名副其实的黄老之学。司马迁在《史记·乐毅赞传》中说:"太史公曰:始齐之蒯通及生父偃读乐毅之《报燕王书》,未尝不废书而泣也。乐臣公学黄帝、老子,其本师号曰河上丈人,不知其所出。河上丈人教安期生,安期生教毛翕公,乐瑕公教乐臣公,乐臣公教盖公。盖公教于齐高密、胶西,为曹相国师。"这是记载狭义上的黄老之学传授关系的最具体的资料。①

从上述钟肇鹏先生的定义黄老学来分析,狭义的黄老学不具有普适性。如帛书《黄帝四经》中只有《十大经》的十四个节题中的九个节题记述了黄帝与其臣下的对话,并借助这些对话来诠解老子道家的一些思想,这可视为托黄帝、宗老子的典型著作。但是在《十大经》之外的《经法》《称》《道原》三种佚书中,并没有直接提到黄帝的名字,但这不能因此而说它们就不是"黄老学"的作品。那么,究竟以什么作为标准来界定"黄老学"呢?丁原明先生根据司马谈的"论六家要指":"道家使人精神专一,动合无形,赡足万物。其为术也,因阴阳之大顺,采儒墨之善,撮名法之要,与时迁移,应物变化,立俗施事,无所不宜,指约而易操,事少而功多"(《史记·太史公自序》)的论述,总结出了三个特点:一是"道"论(气化论或规律论);二是"虚无为本,因循为

---

① 收于任继愈主编《中国哲学发展史》(秦汉卷),北京:人民出版社1985年版,第100页。

用"的"无为"论;三是在对待百家之学上"采儒墨之善,撮名法之要"。其中心是围绕着道与治国、治身的问题而展开的。前者是后者的究竟,后者(治国和治身)是前者("道")的逻辑延展,"黄老学"关注的就是道与治国、治身怎样协调一致的问题。① 而大多数学者也认为司马谈,刘向、刘歆父子和班固都对先秦以来的学术思潮进行归纳和总结,他们所说的"道家"更精确地说应该是"黄老"。因为在界定学派归属的时候,一些著作可能没有直接依托黄帝、老子言事,但只要它符合广义黄老学的内部特征,我们也将其划入黄老学。

以上对于黄老学的界定,要注意的一个问题是:黄老学特征的总结是对一个结构或系统的整体的把握,是在共时态(横断面存在状态)与历时态(纵剖面存在状态)统一基础上的概括。而一个系统或结构,它既是开放的,又是非自足的,它具有互斥性、相济性、整合性等特征,因此,共时态结构与历时态结构相依存,并在历时态存在中发展和实现其自身。如包括帛书《黄帝四经》在内的战国"黄老学"就是它的历时态存在。由于它的互斥性,使得历时态存在也不能完全体现共时态存在。如包括帛书《黄帝四经》在内的如《慎子》《管子》的某些篇章表现出道、法结合,而《淮南子》表现出儒、道结合,它们与"论六家要指"所概括的"黄老学"特征不尽重合等即是证明。倘若我们用"黄老学"在其形成和演进过程中所表现出来的思想偏重去诠解整个"黄老学",就有可能把他归结为"道法家""黄学""黄帝学"。然而,结构和系统的相济性、整合性,使得处在各个不同形成和演化阶段的"黄老学",又以其独特的思想偏重展现了"黄老学"的共性特征,它们都是"黄老学"这个"大共名"下的具体形态。

2. 黄老学的主要思想内容

战国时代祖师老子的黄老学者,着眼于治乱世、定天下的需要,从积极入世的角度充分发挥老子的"无为而治"思想,强调"无为而治"的前提是统治者自身的虚静无为,也即不要多欲而致乱、滋事而生非、奢侈而殃民、妄为而祸国,但是,"无为"又并非绝对的无作无为、无动无感,而是因循自然而作为、顺应时势而举事。因此,黄老学者认为,凡是应时而兴、循理而举且有利于民生国安的政治措施,都是可以取用的。黄老学者乃"采儒、墨之善",综百家之长而阐发了以"无为而治"为核心的系统政治主张。他们赞赏儒家标举的道德、仁义、礼智,认为"古之为君者,深行之谓之道德,浅行之谓之仁义,薄行之谓之礼智。此六者,国家之纲维也。"(《文子·上仁》)。同时,他们又重视法

---

① 丁原明:《黄老学论纲》,济南:山东大学出版社1997年版,导言第5页。

治,主张"是非有分,以法断之;虚静谨听,以法为符"(《经法·名理》),"刑德相养,逆顺若成"(《十大经·姓争》),"先德后刑以养生"(《十大经·观》),认为"文武并行,则天下从矣"(《经法·君正》)。他们还主张举贤授能、以柔克刚等等。总之,以"无为而治"理论为核心的黄老政治思想,其基本内容就是,统治者不可纵欲妄为,而应以民为本,以国为上,顺应民生国安的需要,建立利国利民的法律制度,选用爱民爱国而能忠实执法的贤臣循吏,然后君臣虚静无为地遵守法度,便可实现道德明圣、仁重义高的天下大治了。

黄老学因其兼容并包的特点,使其思想内容极其丰富,在涵盖诸子百家之学关注的方方面面,且又具有自己的独特之处。

其一,"道论"以及与此相关的思想理论,是黄老学的哲学基础。

道家本就是以"道"立论,黄老之学作为道家的一个分支,在此方面也着力最多,提出了很多有价值的理论,因此丰富了道家的理论体系。如帛书《黄帝四经》中的《道原》,《管子》四篇中的《内业》等篇,还有《尹文子》《鹖冠子》《文子》等都集中阐述和发挥了老子的道论,并将作为最高本体和规则的"道"对社会和人生的指导作用充分体现出来。

但在内涵上和所要表达的"道"的具体作用中,却又有别于老子。如黄老学的宇宙观,是把老子的"道"作为客观世界的总规律来把握的,即体现在"黄老学"的"虚无为本、因循为用"上,这既突出了老子的"道"的本体性,也强调了"道"的客观属性。

其二,"无为无不为"是黄老学的精华,是君主为治的最高境界。

黄老学的"无为"不同于老子的"无为",它的"无为"是在时、势、事物的发展规则都没有达到该为的时候,一定要保持不动,一旦时机到了,就要适时而为。而老子是一味顺其自然,是纯然的不为。在治国上,它也是主张要依乎道、循乎理、顺乎法的。因此,它较之老子,黄老强调"无为"的应用性、实效性和积极能动的因素。

其三,政论是黄老学的主体内容。如它的阴阳论讲的是春生夏长、秋收冬藏的原理,对农业发展有指导意义。还有它的"虚无""因循"等都是面向现实的积极入世思想。而道法结合,以道家哲理论说法治实效,是黄老政论的突出特色。由道家哲学的最高范畴"道"作为理论指导,黄老学的法有了理论的依据和基础,且使法具有了权威性和至上性,同时又规避了法家的"法"的独断性。黄老的政论在强调法治的同时,对儒家礼仪教化也有所吸收,提出了礼法并重、刑德兼养的治国方略。

黄老之学,滥觞于战国初年,形成于战国中期,流行于战国晚期至西汉前期。它是以老子学说为本而撷取融通诸家学说,直接和具体地解答了人们迫切关心的现实问题,提出了统一天下和治理社会的方略。因此,它综合诸子学说的特征,正是社会由分裂走向统一的趋势在思想文化上的反映;它以道家哲学为基础而着重于政治问题的理论阐发,又为社会发展做了理论奠基和舆论导向。它具有兼容性、先导性和实用性。可以说是南北思想文化在战国时代历史条件下的荟萃和发展,故其盛行于楚地,又风行于有深厚华夏文明传统的中原。①

### 二、黄老学的演进脉络

因为与黄老学有关的史料缺失,关于黄老学的脉络演进一直都很模糊。帛书《黄帝四经》的出现,为理清黄老学的发展演进脉络提供了宝贵的线索。根据以往所掌握的材料来看,黄老学的形成和演进分为战国和秦汉两大阶段,战国为形成期,秦汉为成熟期。西汉中期后,尽管黄老学似乎绝迹,但仍有余波未尽,很多思想家的思想还受着黄老学的影响,这基本上是个不争的事实。

就战国黄老学主要有南方楚国和北方齐国两个发源中心。楚国是以帛书《黄帝四经》开其端,《鹖冠子》等延其续,形成南方黄老学系统。齐国是以田骈、接子为代表主张为术,加之《管子》中主张道法和综合道的两支,形成了一个多元文化特色的北方黄老学。战国南北两支黄老系统,从纵向上讲,都是沿着老子的道论思想一路发展下去;从横向看,它们之间通过一些人物或著作的沟通(如范蠡、黄帝),形成了互补的流派格局;从时间来说,南方黄老学早于北方黄老学。不管是南方还是北方的黄老学,它们的共同点都是以道和治国为主要话题,兼及治身,且都对百家学说融通。这就为南北黄老最后在稷下完成和合准备了条件。

到秦汉之时,黄老学已没有了南北的差别,它是以一个成型的流派影响着历史。这个成型的流派是沿着政术和学术的发展路线前进:政术主要是汉初的文景之治以及后代休养生息、刑德相养等治国谋略的体现。而学术,其一被一些有影响思想家所吸收,如董仲舒、王充、陆贾、贾谊等与儒家思想相容;其二是一些学术著作的问世,如《淮南子》《史记》等,使黄老学无论是从理论上还是实践上,无论是从深度还是广度上,都达到了一个成熟的高峰。

西汉中期,儒学独尊,黄老学被迫退出了政治舞台,其在学术上逐渐对治

---

① 蔡靖泉:《楚文化流变史》,长沙:湖南人民出版社2001年版,第59页。

国冷淡，进而追求长生不死的养生之道，最后被消解在"黄老道"（道家前身）的宗教情节中。

### 三、帛书《黄帝四经》与黄老学关系

帛书《黄帝四经》自出土以来，争论不断，关于其学派归属，除了开始有不同的声音，如今大家都一致认为其是黄老学的著作，只是更具体的、更细致的归属还有争议，如到底是黄学还是老学，是奠基之作还是成熟之作，是南方黄老学还是北方黄老学，这些问题的辨析，对帛书《黄帝四经》的研究同样是不可绕行的。

1. 帛书《黄帝四经》属于"黄老学"中的"黄学"还是"老学"

通过上述对"黄老学"的界定和特点的阐述，可以肯定帛书《黄帝四经》属于道家黄老一派，这是无疑义的。然而，有人认为将其定为黄老之学的"黄学"应该更恰当。"尽管各家意见不同，但都认为佚书即'黄老之学'的'黄学'内容，对了解战国至汉初黄老学说提供了必要的凭借，具有重要的学术价值。"①而有人认为是"老"而不是"黄"。② 以下简述其理由。

首先，认为是"黄学"的。

从帛书的主要内容来看，其具有典型的"黄学"特点。

一是认为统治者只要顺从自然之道，简明法度，就可以"无为而治"。二是强调君权和统一，表现了建立中央集权的统一国家的愿望。三是主张文武并用，刑德兼施，以刚为柔，以弱胜强，用镇压和欺骗相结合的手段巩固封建统治。四是用天地自然之道来附会人间世事、社会关系，把封建等级制度永恒化，以此维护地主阶级的利益。③ 沈颂金先生同意上述的观点，所以归于"黄学"观一类。

张增田先生从另一角度确证帛书《黄帝四经》属于"黄学"，他认为黄老之学是"黄"之"因天"坚守法天道立场，与老之"循道"强调法道的一般倾向，然而，若仔细究察则会发现，黄老更倾向于"因天"，因此，黄老是以"黄"为主则从"老"，这也正合了"黄老"的称名。④

其次，认定为"老"的。

黄老之学的基础理论是老子的"道论"。它同样发挥了老子学说的"有

---

① 沈颂金：《二十世纪简帛学研究》，北京：学苑出版社2003年版，第176页。
② 丁原明：《黄老学论纲》，济南：山东大学出版社1997年版，第21~25页。
③ 何介钧、张维明编：《马王堆汉墓》，北京：文物出版社1982年版，第100~101页。
④ 张增田：《黄老治道及其实践》，广州：中山大学出版社2005年版。

容乃大"的精神,对各家学说采取兼容并包的态度。大胆地吸收、借鉴各家各派的思想成果,这不仅符合学术思想自身的规律,也与当时时代的思想趋势相一致。

另外,丁原明先生认为将其定为"老学"或"黄学"都是不恰当的。因为凡是称为"学",都应该著书立说,而又有特定的理论体系,"黄学"缺少这个条件,因为黄帝是人是神都无定说。所以,他认为黄老学基本内容是在吸取百家之学的基础上对老子学说所做出的新的诠释,它的基本构成是"老",是"道",而不在于它有没有关于黄帝的文字。换言之,在黄老学的这个客体结构中,"黄"是形式,"老"("道")是内容;"黄"是现象,"老"("道")是本质。它们是形式与内容、现象与本质的统一。所以,没有必要把具有确定内容的黄老学分解成黄学与老学两个部分。如果那样做,则无异于把黄老学分解成两个碎片,而这些碎片本身是无法表示黄老学的。狭义黄老学是托黄帝之名、宗老子之道的一派道家,这主要是从学派的生成意义上加以概括的。而从内容实质上,大凡宗老子之道、兼百家之学,并通过诠释老庄的学说而分化出来的那派道家思潮,皆可称之为黄老学。① 笔者采此说。历来黄、老并称,其实,二者是同源而异流,是道家的不同两个学派。从帛书《黄帝四经》的内容所反映的情况来看,其不必严格划归是属于"黄学"还是属于"老学"。准确地说,应该是属于广义的黄老学。

原因之一,四种佚书中,并不是全部都具有"黄学"的典型特质,只有第二种《十大经》"黄学"的特征比较明显,而其他各篇,似乎根本与"黄学"无关。因此,将其确定为"黄学",过于以偏概全。

原因之二,确定为老学,其又与老学有着明显的差别。(第四章第二节)

原因之三,此是最主要的一点。因为无论是界定为"黄学"还是界定为"老学",都忽视了一种学说体系或结构具有历时态和共时态的问题。所谓的历时态就是一种学说体系的历史演变过程,即纵向存在过程。共时态是指在某一特定状态中的系统,即横断面存在状态。而一个系统中的历时态与共时态是相互辩证统一的关系,二者相互依存,又相互排斥。相互依存即共时态是在历时态存在中发展和实现自身的。相互排斥即共时态是一个特定的状态的表现,所以不能完全体现历时态的整体特征,而历时态也不能精准地表现共时态的特点。具体地说就是,包括帛书《黄帝四经》在内的战国"黄老学"是一个历时态存在,而整个"黄老学"(包括战国黄老学,也包括汉初黄老

---

① 丁原明:《黄老学论纲》,济南:山东大学出版社1997年版,第22～25页。

学)是一个共时态与历时态的辩证统一。所以,由于相斥的一面,如帛书《黄帝四经》《慎子》《管子》的某些篇章表现出道、法结合的倾向,而《淮南子》以及其后的某些道家书又表现出儒、道结合的倾向,而它们的思想特点与"论六家要指"所概括的"黄老学"的特征不尽重合就是例证。如果用其在形成和演进过程中所表现出来的思想偏重去诠释整个"黄老学",就会得出所谓的"黄学""黄帝学""老学""道法家""道术家",这样就是以偏概全。由于系统的依存性、整体性,故而,处在不同形成和演化阶段的黄老学,又以其独特的思想偏重表现黄老学的共性特征,所以说,某个时期、某个阶段的黄老学都是整体黄老学的具体表现形态。

综上所述,帛书《黄帝四经》是典型的黄老学的作品,但其思想既不是黄学与老学的结合,也不是所谓的"黄学"或"老学",而是黄老学与当时的社会实际相适应发展的一个阶段,是不同于道家老庄的一个崭新的派系。

2. 帛书《黄帝四经》是黄老学的奠基之作

黄老思想在中国古代影响很大,汉初尤为盛行。战国时期著名的学派——稷下学派中许多学者如慎到、田骈、接子、环渊等人"皆学黄老道德之术,因发明序其旨意。"(《史记·孟子荀卿列传》)。即便是以循名责实、赏罚分明的法家代表人物申不害,史载"申子之学本于黄老而主刑名,著书二篇,号曰《申子》"。而法家的集大成者韩非也是"喜刑名法术之学,而其本归于黄老。"(《史记·老子韩非列传》)。由此可见黄老学说在战国中期就已开始流行,并有很大的影响。对于以上"皆学黄老道德之术""学本于黄老""其本归于黄老"等说法,需要结合当时学术思想发展的状况加以理解,而不能先入为主地主观认为有一个已然成型的黄老学派。环渊等人皆学而成名,似现代的某一专业,是这个专业先存在或基本成型,然后是大家才去学习。战国时不是这样,尤其是黄老学不能这样去理解。蒙文通先生曾就此问题进行过专门的论述,他认为:"是稷下各派学者集合(或融合)而形成了黄老一派,……不是黄老之学在先,而是百家融为黄老,……黄老之学是由各种学派渐趋接近的结果。"① 而白奚先生曾就蒙文通先生的说法,进行了细致而具体的辨析,摘录如下:首先,认为蒙文通先生所说的"各学派渐趋接近"的条件,也就是黄老之学形成的条件只能是在战国中期学术交融、综合的趋势下产生。其次,认为蒙文通先生的"百家融为黄老"是在战国中期一些黄老学说和黄老作

---

① 蒙文通:《略论黄老学》,载《蒙文通文集》第一卷《古学甄微》,成都:巴蜀书社1987年版,第276页。

品存有的基础上才形成自成一派的黄老之学。如田骈、慎到、尹文等学说和《管子》、帛书《黄帝四经》等黄老作品,离开这些百家忽然就融为了黄老是不可能的。另外,"百家融为黄老"是着眼于"黄老"学的形成而言,而从"百家融"的结果,"黄老"并不是唯一的,如荀子的学说、韩非的思想都具有概括、融合的性质。再次,就蒙文通先生的"黄老之学是由各种学派渐趋接近的结果,而不是由一个道家杂取各家学说而后形成的",白奚先生认为蒙先生所说极是,但对这种说法要辩证地看,也就是说虽不是道家杂取而成,但道家学说在黄老学的形成和学派偏重上还是很重要的一家,不然何以以"黄老"称名。① 从以上白奚先生的辨析可以得出,帛书《黄帝四经》是黄老学的基础之作。而且帛书《黄帝四经》反映出了时代特点即纷争、称王称帝、天文知识与兵学发达等,以及思想内容本身所具有的特点即博而不杂,重于治国,重"天道"。黄老之学在其相对成熟后所反映的思想特点虽然仍然是博而不杂,但重点在于治国,它还同时兼重治身;"天道"观也摆脱了西周以来"天"具有赏善罚恶的神治功用,而代之以"德"取天下。帛书《黄帝四经》所反映出来的恰恰是其黄老学正在形成时的特点。

3.帛书《黄帝四经》是南方还是北方黄老学的作品

黄老学盛行于汉初,除了有其政治、经济和思想文化上的原因外,从思想渊源上看,它也是战国黄老学的继续和发展,是战国南方黄老学与北方齐地黄老学相合流的产物。具体说,从战国黄老学发展到汉初黄老学,既经历了一个南方楚地黄老学"北渐"的传播过程,又经历了一个北方齐黄老学"西渐"的演化过程;而整个汉初黄老学,则是南北两支黄老学整合而成的共时性存在体系。

那么,帛书《黄帝四经》到底是出于南方楚地的黄老学,还是北方齐地的黄老学呢?前文介绍过帛书《黄帝四经》的思想特点,下面简要对比南北方黄老学的特点,就可以判断出其属于哪一方。

(1)南方黄老学

南方楚地黄老学对黄帝的记载,以玄思、浪漫和精神逍遥为尚,有着浪漫主义色彩。

在对"道"的处理上,南方黄老学主要从法则或规律上对老庄哲学有所突破,发展了老子哲学中关于规律的思想,把"道"理解为外在于人类精神的客观规律,并以此作为决定人的思想、行为和制定刑名法术的客观依据。

---

① 白奚:《学术发展史视野下的先秦黄老之学》,《人文杂志》2005年第1期。

关于用世方式上,南方黄老学从"虚同为一"的天道疏导出阴阳、刑德思想,以及"无执、无处、无为"的统治方式,但它的理论注重学术层面的论理,而不是落实到实际的政体中为统治者所利用。这主要还在于南方黄老学在其生成过程中是南方道家自身理论在逐步调节、拓展、演化和借助于深厚的楚文化资源得以实现的,它不是依赖于当权者的提倡和支持而兴盛起来的。

（2）北方黄老学

北方齐地黄老学受儒家礼乐文化的影响,多以人为中心谈论黄帝,黄帝成为一位精通政治、经济、军事、律例的务实家,所以表现出实用性、功利性和现实性。

对"道"的处理,主要体现在对道体的阐释方面,使"道"由剔除了物质属性的超验存在变成一种具有现实性品格的客观实体。

与南方黄老学相比,北方黄老学是出于由学术向政术转变的状态。主要原因是稷下黄老学是在齐国统治者的倡导下发展起来的,具有官学的性质。

以上关于南北方黄老学的特点,是丁原明先生在其著作《黄老学论纲》中的总结,此观点我认为,是一种宏观的把握。所以,确立帛书《黄帝四经》到底属于南方黄老学还是北方黄老学,不能只简单地进行对号入座,还应该微观地把握,看其偏重于哪一方,这样相对客观一些。

帛书《黄帝四经》中关于黄帝的传说,并没有涉及关于其政治、军事、历数等具体方面的贡献。玄思、浪漫的因素倒是有,如对黄帝有着四张面孔的描述,具有神话的色彩。关于"道"的处理上,帛书侧重于的玄远、超验、无形、无名的道的描述,《道原》篇中几乎都是这样的文字。继而这种道反推到天道的这一哲学能够感知和体认的对象上来。然而,其更多的是将天道的具象的一面以推人事的方式来把握。帛书是一部政论性著作,但其理论思想侧重于学术上的探讨,如对阴阳刑德、道与天道、兵学思想等,其实用性是对这些论理性思想进行反复的体会才能落实到实践中。因此,帛书所体现的特点,更多的是倾向于南方黄老学的特点,也以此断定帛书是战国南方黄老学的代表作。

另外,还有其他方面的论据。张正明先生从双古堆1号墓主（葬于汉文帝十五年）和马王堆3号墓主（葬于汉文帝十二年）同死于汉文帝时期,但马王堆帛书以道家学说为主,而双古堆帛书以儒家为主,这说明汉初虽崇尚黄老,但他家学说也有市场。马王堆是故楚腹地,是道家思想的发源地,而此地远离汉统治中心,所以会出土大量道家典籍。① 李学勤先生也认为黄老道家的渊源是在楚地,据《史记》记载,老子本为楚地人,而齐地道家并不是这一流派的主流。"马王堆帛书中的黄老典籍,与《老子》并行的有《黄帝书》,其思想内容和风格,近于《国语·越语》《文子》《鹖冠子》等书……这些都是南方的作品,代表了南方道家一派的传统。"②

当然,也有认为帛书《黄帝四经》是属于北方稷下黄老学的。帛书《黄帝四经》属于稷下黄老学,主张以"道、法"结合,属于"刑名法术"之学。稷下学宫是当时学术中心之地,以"道、法"为核心、倡"刑名法术"为主的黄老之学实际是当时道、法、儒、墨诸家优势互补、各采其长,以道家精湛哲理又赋予其时代精神的产物。③

笔者更倾向于帛书《黄帝四经》源于南方楚地之说,理由如下:

帛书《黄帝四经》形成于淮泗地区,前文(成书概说中的地域问题)有阐述。淮泗地区有其特殊的地理(齐、楚、鲁、宋交会地)、军事(兵家必争之地)、文化(徐、越、齐、楚文化融汇,以天道思想为主)这样的大背景,所以战国中期以后的黄老著作,如《管子》、帛书《四经》、《鹖冠子》的作者都受此地文化荟萃的滋养。帛书中天道环周思想表现突出,而这种思想最先流行于以楚国为中心的南方。④ 但说到帛书《黄帝四经》的成书地点,则不得不归于齐稷下。因此,客观地来讲,帛书《黄帝四经》思想是发端于南方楚地的黄老学,因其隐含的学术特点更接近南方黄老学,而其成书则是得益于北方稷下的自由学术氛围和各派思想交融。

那么,作为南方楚地的黄老学又是怎样流于北方稷下,并影响汉初的政治呢?

早期道家思想,源于楚地,其思想具有浪漫、玄思的色彩,而楚地在春秋战国时期,包含的范围很广,荆楚、吴越之地都可以划为广义的楚地。随着时代的发展,以及政治的需要,春秋末年,道家老子思想分化为以庄子为代表的一支和以楚地为中心的南方黄老学一支两个主峰,百家争鸣时期,各家思想相互吸纳、渗透、兼容,于是楚地的黄老学被移植或传入齐地,在稷下学宫的大文化背景下,外发展出以齐地为中心的北方黄老学,代表作是《管子》四篇

---

① 张正明:《荆楚文化志》,上海:上海人民出版社1998年版,139页。
② 李学勤:《新发现简帛与秦汉文化史》、《再论楚文化的流传》,载《李学勤集》,哈尔滨:黑龙江教育出版社1989年版,第342~350页。
③ 李岩:《马王堆帛书与历史研究》,出自《古籍整理研究学刊》2007年第3期。
④ 魏启鹏:《黄帝四经思想探源》,原载于《中国哲学》第四辑,北京:三联书店1980年版。

等。在这个过程中,范蠡起着至关重要的作用。因为帛书《黄帝四经》中引用范蠡的言论达十七八条之多,陈鼓应先生说范蠡可能是由老学发展到黄老学的关键人物。王博先生则说过范蠡是结合黄帝和老子的最早思想家,范蠡的思想可以说正是所谓黄老学的雏形。范蠡是春秋末期人,比老子晚约三四十年,从《国语·越语下》"因天循道"、推天道以明人事的思想和思维方式可以看出其受老子影响。范蠡身处国家存亡危难之际,他所处时代和地位,促使他将老子的思想向实用方向发展。范蠡替越王勾践灭吴而权倾一朝,后"浮海出齐"(《史记·越王勾践世家》),在政治上"功成身退",而在学术上将老学移入齐地,使楚越文化与齐文化有了交流的机会。

战国后期,各诸侯国为了各自富国强兵的需要,放弃了道家黄老的理论,先后拿起法治的强权武器,最终实现了发展与兼并。统一政权完成后的发展,重刑峻法也完成了它的历史使命,发展生产才是硬道理,可是秦政依然故我,结局就是短命王朝的覆灭。汉初统治者吸取秦亡的教训,了解人们渴望平静的生活,所以与民休息、无为而治,于是出现了历史上的文景之治。

## 第二节　帛书《黄帝四经》思想概要及学派归属

### 一、帛书《黄帝四经》篇旨述要

名为《经法》的是帛书《老子》乙本卷前第一种古佚书,内有《道法》《国次》《君正》《六分》《四度》《论》《亡论》《论约》《名理》共九篇。

书名《经法》,经,常也,永恒之意;法,指规则、规律。"经法"即为常恒的、不变的、通常的规则、规律。那么,《经法》中的恒法指的是什么呢?从书的内容看,主要是讲治国大法,或称为为政法则,《经法》九篇的中心都是围绕着这个主题展开的。

第一篇《道法》,是以首句"道生法"而命名的,主要论述道和法在治理国家中的重要性。其中法是形而下的治国依据,而道则是形而上的最终指引。本章从不同的角度论证了"道"所具有的特质:"虚无形"的外在特质和"四无"——无执、无处、无为、无私的内在特质。进而从"道"中引申出一些其他的治国理念,这些都应是执道者(圣人、君主)所要掌握的。

在本篇中"道"是事物的本源,是万物的基质,也是天下万物必须遵循的总规则、总范式。法,早期的法不具有法律、法令的含义,帛书中的"法"是常规、规则之意。

第二篇《国次》。次者，次序也，也就是秩序，实际上也是指规律而言。此篇首句说"国失其次，则社稷大匡"，主要讲为政治国所应遵循的正常法则。首先，依然离不开"道"的统领"尽天极，用天当"，而后便是具体的治国方案。治国正常的次序应是兵戎为首，其次务农，其次任地，其次治民，其次驭下。其次，本篇重点讲了一个有序的国家应该避免"五逆"："毋阳窃，毋阴窃，毋土敝，毋故执，无党别。""阳窃者疾，阴窃者几（饥），土敝者亡地，人执者失民，党别者乱，此胃（谓）五逆。"针对当时"天下大乱"大国兼并小国的历史事实，提出在兼并他人之国时要注意"尽天极、用天当"而不要"过极失当"。

第三篇《君正》。这篇讲国君如何为政治国。总体来讲，无论是内政的使民亲上，"号令阖（合）于民心，则民听令。兼爱无私，则民亲上"，还是外政的"文武"并行，都体现了君主为政治国的根本应"顺天道""得民心"，希望君主始终关注的是民俗、民心、民力、民志、民节，可以说，古代"重民"思想在这里得到了充分的发展。因为只有如此，才能最终实现天下归顺、万民一统的局面。

第四篇《六分》。分是界线的意思，界线也属于规律、法则的范畴。此篇分析国家的兴衰存亡，君主如何处理具体的国家大事。如施赏行罚、征战、掌握权位、理顺上下关系、尊重人才、尊重知识等等，因为这些关系到国家的安危、荣衰，把握"六顺""六逆"即可"王天下"。它写道："六顺六逆[则]存亡[兴坏]之分也。主上者执六分以生杀，以赏[信]，以必伐。天下大（太）平，正以明德，参之于天地，而兼复（覆）载而无私也，故王天[下]。"

第五篇《四度》。度是法制的意思，作尺度讲，可以说是衡量事物的准则。"审知四度，可以定天下，可安一国"，这里所说的"四度"是指：君臣、贤不肖、动静、赏罚诛禁四组矛盾关系，处理好了这四种关系是决定国家成败的关键。那么，如何理顺呢？"天为之稽""参与天地，合于民心"即依然是顺乎道也。因为其中把握天稽、地稽、人稽是审知四度的关键。

第六篇《论》。本篇是一篇论证性较强、哲学意味较浓的政论文。具体论说了天道所具有的明了确定、恰当适度、信实、至极而返、必然、顺正、有常等特性。这也同时决定了天地间万事万物同样具有如此特性，因为人道要取法天道。与第一篇的"道生法"相应，强调政策律令是君主取法天道而制定的。

第七篇《亡论》。本篇与《六分》有相似之处，主要从六个方面探讨导致国家灭亡的原因："凡犯禁绝理，天诛必至。一国而服（备）六危者灭。一国而服（备）三不辜者死，废令者亡。一国之君而服（备）三壅者，亡地更君。一国

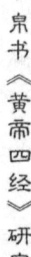

而服(备)三凶者,祸反[自]及也。抹(昧)利,襦传,达刑,为乱首,为怨媒,此五者,祸皆反自及也。"接着,具体说明了"犯禁绝理""六危""三壅"是关于国家的方针政策的失误;而"三凶""三不辜""五患"是关于君主的德行的原因。此六者都与天道有关,如果君主的德行和制定的方针政策都是依道而为的,那结果一定是好的,不会导致国家的危亡。

第八篇《论约》。本篇主要论说"道"的合成,而人理取法天道、天理依然是本篇所强调的,因为人事之理即是对天道、天理的取法和再现。后又强调建功立业要顺合天道,符合天道度数。其后论证名正、分定的意义所在。即名正、分定后是合道、合理还是违道、违理就有了区分的标准,再参照天道自然的规律,天下之事便可通畅了。即"故执道者之观于天下也,必审观事之所起,审其刑(形)名。刑(形)名已定,逆顺有立(位),死生有分,存亡兴坏有处。然后参之于天地之恒道,乃定祸福死生存亡兴坏之所在。是故万举不失理,论天下而无遗策。故能立天子,置三公,而天下化之,之胃(谓)有道。"

第九篇《名理》。论说"道"刚产生时的状态和"道"的神妙作用,即"处于度之内者,静而不可移也;见于度之外者,动而不可化也。"而此篇着重讲"审察名理""循名究理"是人判断事物是处于度之内还是度之外的依据,所以篇名为《名理》。本篇依然倡导人道要遵循天道的观点。

综上所述,我们可以看出:《经法·道法》是有着明确指导思想的政论书。"道"具有本原的特性,也是事物或政治运行所必须遵循的规律。人们无论是形而上还是形而中抑或是形而下的思想与活动,都要依道而为。这也是《老子》"人法地,地法天、天法道、道法自然"(《道德经》第25章)的运用。而帛书《黄帝四经》所重在强调的是"王天下"的人主、国君、执道者、圣人如若治理好国家,都必须以资借鉴。

接下来的《十大经》就有着明显的优秀帝王实例作为的例证。不管是远古传说还是依托,它所承载的内容是不打任何折扣的。

《十大经》有明确篇名的共十四篇,最后一篇无篇名。所以,严格地说应是十五篇。其中有九篇记述黄帝与其臣下力黑(力牧)、太山稽、果童、阉冉等人的对话和活动。很明显,《十大经》属于"黄学"或"黄帝书"一类的经书。

下面是各章节的大体概括:

1.《立命》:主要讲黄帝为宗的缘由,是受命于天且好信、德配天、能参又畏天爱地亲民,借以说明黄帝的身份是至尊的天子,其地位是无可怀疑和动摇的。此章有畏天之说,不似老子的抽离天或帝的纯"道"的哲学。此篇似帝王初登君位诏诰天下的檄文、告示。

2.《观》:此篇是黄帝与力黑的对话。之所以称为"观",主要是观察"天""道"的运行,以确立万民百姓遵循的法则纲纪,这样才具有客观性和权威性。如第三章讲万民世俗生活的关键是饮食和生育,而饮食的获得和生育的完成也是要依循天道的,即先德后刑,刑德并用。

3.《五正》:首先对于"五正"的解释有不同的看法,在其他篇章有详细的考证。就其内容本章节主要叙述了黄帝与大臣阉冉探讨如何布施五政,从哪里开始、到哪里停止的问题。主要观点是从黄帝自身开始,使其身与道相同,这个"道"是该静的时候一定要静,该动的时候一定要动,最主要的是时机。所以,黄帝先静,待时机成熟动而一举擒杀了蚩尤。

4.《果童》:本篇是黄帝询问大臣果童,如何使天下"畜而正之,均而平之"。果童的回答:力行俭省可使天下均平,平定争乱可使天下畜而正之。而俭省和争乱的具体体现是用贵贱、贫富等级来表现的。因为世之贵贱、贫富就似天道有阴阳、天地、山泽、黑白等等一样,相互矛盾的双方是相互依存、相辅相成的,人事依于天道才能天下太平,主张人们安于贫贱。

5.《正乱》:本篇借黄帝的大臣力黑、高阳与太山之稽的对话,阐述了黄帝在平定蚩尤之乱的过程中所采取的政治策略,即:要战胜敌人只有充分做好准备,利用敌人的弱点并使其恶达到极端以克敌制胜。最后,黄帝又似发诰命:因我的命令是符合天道的,所以,违反必是自取灭亡。

6.《姓争》:本篇"姓争"是指部落、氏族间的战争。在古代这种战争是经常性的,也是决定一个氏族是否能存有的残酷战争。本篇对话者不是黄帝,而是高阳与黄帝之臣力黑的对话。高阳在远古传说中为五帝之一,也有说是黄帝之孙颛顼(因封于高阳,又称高阳氏)的,其实这并不矛盾,黄帝死后,因颛顼有圣德被立为帝(时年二十岁)。总之,本篇依然是最高统治者与大臣的对话。主要讨论如何在部落、氏族间战争中取得胜利,力黑的主张是动与静、刑与德要处理得当,即该动则动,该静则静;刑德相养,静作得时,因为这是天德的表现。只要依天循道便会成功。

7.《雌雄节》:在对雌节和雄节进行对比过程中,发现其利害关系,所以主张日常应以守雌节为主。与老子的知其雄、守其雌类似。

8.《兵容》:主要讲用兵应"刑天、法地、法人",掌握有利时机才能成功。圣人之所以会成功是懂得依天之道,利用有利于己的时机。

9.《成法》:本篇是黄帝与大臣力黑的对话。黄帝问力黑天下可有成法正民,力黑的回答是"循名复一"。在具体的论述过程中运用古代神话中上帝派使者风下道一言而止,说明"一"在治国安民中的重要作用。

10.《三禁》:所谓"三禁"即"天禁、地禁、人禁"。行动不遵循一定的准则则天禁之,生产不符合地利,不遵循地的自然之态则地禁之,治国不依据政策法令则君禁之这三条原则。所以一切活动都要遵循一定自然准则,这是天道的体现。

本节有"天道寿寿,番(播)于下土,施于九州"一句,古人对"九州"的记忆虽然由来已久,但是却有许多不确定的地方,古代典籍文献对九州的记载本身就存在着许多差异。流传到今天,或谓黄帝时代就划分了九州,或谓九州系春秋战国学者的托古之作;或谓九州乃虚指地理,或谓九州难确指疆域。但不管是哪种说法,就从"天道寿寿,番(播)于下土,施于九州。"来看,"九州"是与"天"相对应的,而《淮南子·天文训》有"天有九野",而"九州"与"九野"在方位上是对应的,见下图:

| 方位 | 中央 | 东方 | 东北 | 北方 | 西北 | 西方 | 西南 | 南方 | 东南 |
| --- | --- | --- | --- | --- | --- | --- | --- | --- | --- |
| (天)九野 | 钧天 | 苍天 | 变天 | 玄天 | 幽天 | 颢天 | 朱天 | 炎天 | 阳天 |
| (地)九州 | 冀州:中土 | 阳州:申土 | 薄州:隐土 | 济州:成土 | 台州:肥土 | 弇州:并土 | 戎州:滔土 | 次州:沃土 | 神州:农土 |

上图来源于金晟焕先生的著作《黄老道探源》(中国社会科学出版社 2008 年版,第 296 页)

以上内容所反映的最明显就是天地对应观念,这似乎有《史记·天官书》所谓"天则有列宿,地则有州域"的天地相应论的具体内容。天地相应的观念是天文、历法等数术知识有所发展的最好表现。

11.《本伐》:本篇是一篇反映军事、用兵的文章。战国诸侯纷争,各国均有战争的准备,又有着为各种理由而战的情形。帛书《黄帝四经》的作者总结了用兵无外乎三种,即"世兵道三:有为利者;有为义者;有行忿者。"而各种不同性质的战争必有各种不同的结局。不管是哪种帛书《黄帝四经》作者认为都是主动出兵,这是不符合"道"的,因为"道之行也,繇(由)不得已。"《道德经》(第二十九章):"将欲取天下而为之者,吾见其不得已。"又《道德经》(三十一章):"兵者不详之器也,不得已而用之。"帛书《称》也有"兵者不得已而行"之语。主旨思想是主张休战。

12.《前道》:本篇的"道"有本体之义和客观规律的意思。无论是圣人还是君子,都是身与德符合了"道",然后才行行事,这样不管是对于个人还是圣人、君子服务的国家,都是人之幸、国之幸。所以,治理国家就要先掌握治国的"道"——"上知天时,下知地利,中知人事。善阴阳,正名不奇。"这样才能长利国家,世利百姓,使国家昌盛。

13.《行守》:行动是心之思的结果,一言一行能够表现出一个人的内在品质。因为这好比天有恒广、地有恒常。因此行事的守则:不搞阴谋,不持雄节,谦虚谨慎,言行如一。

14.《顺道》:通过黄帝与力黑的问答,明确"道"不仅仅指"天道"之视象(阴阳、日月、四时),还应包含事物之内道,即事物的客观规律。因为远古帝王大庭氏有天下的缘故就是顺应了事物的内道——"安徐正静,柔节先定。湿共(恭)佥(俭),卑约主柔,常后而不失先。体正信以仁,兹惠以爱人,端正勇,弗敢以先人"等。此篇有一定的军事思想:在战争中应努力去创造必胜的主观条件,如多方麻痹敌人,暴露和滋长敌人的弱点,用"单(战)视(示)不敢,明势不能"的办法去取得战争的最后胜利。这同于老子的"将欲歙之,必固张之;将欲弱之,必固强之;将欲去之,必固兴之;将欲夺之,必固予之"(《道德经》三十六章);而"守弱节而坚之,胥雄节之穷而因之。"又与老子的单纯地、一味地守雌节不同。《四经》主张自己坚守雌节,但当对方雄节处于困境时就趁机消灭他。

15.《十大经》最后一篇,没有篇题,主要阐述了黄老"清静无为"的思想。"刑恒自定,是我愈静;□事恒自施,是我无为。"正是由于"清静无为"所以可以"万物群至,我无不能应。"

四种古佚书《十大经》主要以论述黄帝及其大臣的故事和活动。所以,这一种佚书可以被看作是黄老学中"黄学"的著作。因为在《十大经》中很明显有"黄学"的要旨:一是认为统治者只要顺从自然之道,简明法度,就可以"无为而治"。二是强调君权和统一,表现了建立中央集权的统一国家的愿望。三是主张文武并用,刑德兼施,以刚为柔,以弱胜强,用镇压和欺骗相结合的手段巩固封建统治。四是用天地自然之道来附会人间世事、社会关系,把封建等级制度永恒化,以此维护地主阶级的利益。①

第三种佚书是《称》。《称》全篇共一千六百字,体裁与前两种佚书与其他三种佚书都不相同,整篇似乎是格言、警句汇集,乍看上去,既没有系统也没有重点。但从内容上看,还是可以总结出这些格言、警句的中心的。

先从《称》的名称说起,"审其名,以称断之",因此以"称"作为书名。称

---

① 何介钧、张维明编:《马王堆汉墓》,北京:文物出版社1982年版,第100~101页。

者,适宜也,各当其宜。"称"取此意,主要讲循名责实,以求合宜。

《称》以"道"开篇,结尾以"阴阳"结束。在道家的思想中,"道"与"阴阳"是不可分离的。不同的是《称》中的"道"没有过多论述,只是与刑名结合来说的。而中间的内容显得有些杂乱,涉及人生的方方面面,似乎是人生的智慧集锦。但都有一个主题——"称",就是合其宜。不管是贵为圣人的修身,还是天子的治国,抑或是市井小民的平常日用,事不分大小轻重都要各当其宜,也就是遵循事物的发展规律,不要人为地主观强行。

纵观四种佚书,除去《称》这一种,其他三种都有明确的章题和中心。而《称》更像是笔者摘抄的,因为其中的内容在各章或其他文献中都有出现。有学者认为,其他三种佚书是在《称》基础上完成的,理由也是其内容在各章都有。但不管怎样,帛书《黄帝四经》在古文献中所具有的地位,并与《老子》并行而列于一张缣帛上,或帛书《黄帝四经》文字所承载的思想内容等方面,都可看出帛书《黄帝四经》的重要性。而《称》的出现似乎有些令人费解,因此对于《称》的精准把握就显得至关重要。

《道原》是《老子》乙本卷前的最后一种佚书,通篇共四百六十四字,讲的都是道,道的本源、性质、作用,还有就是掌握了道的圣人的表现。

"道"的性质:

1. 道是世界的原初,是无形、无名的

> 恒无之初,迥同大(太)虚。虚同为一,恒一而止。湿湿梦梦,未有明晦。神微周盈,精静不(熙)。古(故)未有以,万物莫以。古(故)无有刑(形),大迥无名。
>
> 显明弗能为名,广大弗能为刑(形),独立不偶,万物莫之能令。

2. 道是虚、无为而和的

一者其号也,虚其舍也,无为其素也,和其用也。"这与《老子》的"道"具有相同的性质。

> 有物混成,先天地生,寂兮寥兮,独立而不改,周行而不殆,可以为天下母,吾不知其名,字之曰道,强为之名曰大。(二十五章)
> 天下万物生于有,有生于无。(四十章)

所以,这个"道"是"高而不可察,深而不可测"的,与《道法篇》"绝而复属,亡而复存,孰知其神。死而复生,以祸为福,孰知其极"和《老子》"恍兮惚兮"的"道"都一样具有神秘莫测、难以琢磨的性质。

3. 这个道还具有万物规定性的特质

  天弗能复(覆),地弗能载。小以成(小),大以成大。盈四海之内,又包其外。在阴不腐,在阳不焦。
  鸟得而蜚(飞),鱼得而流(游),兽得而走。
  万物得之以生,百事得之以成。
  天地阴阳,[四]时日月,星辰云气,规(蚑)行侥(蛲)重[动],戴根之徒,皆取生,道弗为益少;皆反焉,道弗为益多。

只有体道无为的圣人,"能察无形,能听无声",才能通天地之精。所以君王无为而治,必先审治形名,"分之以其分,而万民不争,授之以其名,而万物自定"。握少以知多,操正以治奇,"抱道执度,天下可一也"。

关于《道原》中对"道"的论述,大多与《淮南子》相同,熊铁基先生觉得从时间上推断,应该是《淮南子》抄袭了帛书的。然而,还有一种情况就是《淮南子》有《原道》篇,《文子》有《道原》篇,《新语》首篇是《道基》,贾谊的《新书》有《道术》《道德说》等篇,其内容都是对"道"的本源、特质等进行阐述。从这点可以看出,当时道论之流行,然而对于"道"的解释大多都以道家之"道"为根本,只是在其含义外延上有所不同。

**二、帛书《黄帝四经》思想学派特征**

帛书《黄帝四经》出土以来,在学术界引起了极大的争论热潮。其所承载的思想内容已然被确定为黄老思想,所以,帛书《黄帝四经》的思想特点有与黄老学相似的一面,同时它也有自己独特的一面。

1. 博而不杂地采众家之说

关于帛书《黄帝四经》的讨论,其属于道家黄老学这一点是没有任何异议的。而黄老学派的重要思想特色之一就是善于在立足"道"这个最高哲学范畴和最高法则的基础上,重视对其他学派合理成分的兼容并取,以丰富和完善其思想体系。

作为以老子学说直接继承者面目出现的黄老学派,其思想与老学之间是有着不可分的内在关联。就从帛书《黄帝四经》一书的大量论述中,便可清楚地看到老子思想对它的明显影响。老子的"道论""自然无为"等都能在帛书

中找到相应的论述。且帛书应该说在某种程度上扬弃了老子思想中的一些观点。如自然无为，老子主张纯任自然；而帛书主张因势、因时而为；还有，老子主张不争，帛书却认为"作争者凶，不争亦无以成功"（《十大经·五正》）等等，都表现出了帛书对老子思想的突破。

帛书与法家也是密不可分的。帛书《黄帝四经》开篇即有"道生法。法者，引得失以绳，而明曲直者也。"（《经法·道法》）"是非有分，以法断之。"（《经法·名理》）。可见，法在日常事务和断是非明曲直等方面的重要性。但帛书的以法为治的观点，是不同于以韩非为首的法家主张严刑峻法，并结合术、势可治理好国家的硬性方法。帛书的法治是有客观标准的，即以道为依据。这在某种程度上肯定了法的权威性和客观性，比韩非等主张的法自君出要高明得多。

帛书吸收了道法两家学说，同时也不排斥儒家的君臣父子之礼，"仁者爱人"之仁，还有墨家富国强民之道和"兼爱"，正所谓"采儒、墨之善"。根据司马谈给儒家的定位，儒家的长处在于："若夫列君臣、父子之礼，序夫妇、长幼之别，虽百家弗能易也。"（《史记·太史公自序第七十》）

在帛书《黄帝四经》中有："失其天者死，翟其上者危。"（《称》）这里的"天"指的是君，"上"指的是父。

"其子父，其君主，虽强大不王。""主失位，臣失处，命曰无本。上下无根，国将大损。"（《经法·六分》）

"君臣易位谓之逆，贤不肖并立谓之乱。""君臣当位谓之静，贤不肖当位谓之正。"（《经法·四度》）

"主阳臣阴，上阳下阴，男阳女阴，父阳子阴，兄阳弟阴，长阳少阴，贵阳贱阴……制人者阳，制于人者阴。"（《称》）

以上是儒家的君臣父子之礼，礼是到达仁的必经途径。帛书《黄帝四经》中还有"仁者爱人"的理论，即"体正信以仁，慈惠以爱人。"（《十大经·顺道》）

至于墨家，司马谈说："要曰强本节用，则人给家足之道也。此墨子之所长，虽百家弗能废也。"（《史记·太史公自序第七十》）墨子提倡治国富民的主张。帛书《黄帝四经》中也有此理论："人之本在地，地之本在宜，宜之生在时，时之用在民，民之用在力，力之用在节。知地宜须时而树，节民力以使，则财生。"（《经法·君正》）"不循天常，不节民力，周迁而无功。"（《经法·论约》）"故为人主者，时 三乐，毋乱民功，毋逆天时。然则五谷溜孰（熟），民[乃]蕃兹（滋）。"（《十大经·观》）以上内容是劝人民在春、夏、秋三季抓紧时间从事农业生产,遵天时,民可安乐。

"兼爱无私,则民亲上"(《经法·君正》);帛书《黄帝四经》的仁礼、兼爱,有很多体现在了对民的态度上。"阉(合)于天地,顺于民,羊(祥)于鬼神,使民同利,万夫赖之,所胃(谓)义也。"(《十大经·前道》)"号令合于民心,则民听令"(《经法·君正》)"长利国家社稷,世利万夫百姓。"(《十大经·立命》)"亲亲而兴贤。"(《十大经·立命》)"参于天地,阉(合)于民心。文武并立,命之曰上同。"(《经法·四度》)帛书甚至将"爱民"上升到了"与天同道""与天同德"的高度,这也是战国民本思想日益兴起的反映。

此外,帛书《黄帝四经》对阴阳思想也加以吸纳,并将其引入到政治领域,"春夏为德,秋冬为刑,先德后刑以养生。"(《十大经·观》)这里强调的是施政不能只有刑或只有德,就像四季不能只有春夏没有秋冬一样。帛书《黄帝四经》的对照阴阳以施政,是不同于董仲舒的天人感应的。

帛书《黄帝四经》的"刑名"之学是借鉴了名家的循名责实又贴近法家的"刑名法术"。它主张将靠名实判曲直断是非的政治理论与道家的道论结合起来,"故执道者之观于天下也,必审观事之所始起,审其刑(形)名。刑(形)名已定,逆顺有立(位),死生有分,存亡兴坏有处。然后参之于天地之恒道,乃定祸福死生存亡兴坏之所在。"(《经法·论约》)

帛书《黄帝四经》与墨家思想也有着很深的联系。薛柏成先生在《社会科学战线》(2008年12月10日)发表的文章《论墨家思想对黄老学的影响》一文,就是以帛书《黄帝四经》为例论说的。薛柏成先生认为"帛书《黄帝四经》吸收了墨家的兼爱、'强本节用'、尚同、尚贤、'天志''非命'、非攻、义战等思想,并加以发挥改造,形成了自己的发展农业生产、'行俭省欲'等思想。可以说墨家思想学说在一定程度上影响了黄老学派思想的形成。"这一论断是很有见地的。

从以上的论说可以看出,帛书《黄帝四经》兼采各家之说,取人之长补己之短,打破了学派之间的壁垒,实现了各学派的优势互补,这有利于学术思想的发展。从中国学术思想的发展历程来看,一种学说或思想想要一直处于主导地位或不被淘汰,兼容性是不可或缺的,也就是在不断修补和完善自身理论缺陷的同时,现实的发展对人思想的冲击也要考虑,而帛书《黄帝四经》就是在诸子学说不断融合的大背景下出现的,也是其思想在汉初流行的一个主要原因。

**2. 四篇虽体裁不同,篇幅相差悬殊,但有一个中心贯穿始终,即"人主"依"道"为治**

四篇佚书虽然在很多方面存在着差异,但它们并不是彼此不相关联,也不是简单的重复,它们不仅有一个一以贯之的思想体系和中心,且又有所分工。第一种佚书《经法》(凡五千字),重在阐述"道"之用(此"道"应为"天道"),用理论的形式说明"道"在国家治理中的作用。也就是论述国政以"道"为基准的基本规律和法规,即所谓国家兴衰、存亡、胜败的规律,以及如何建立和巩固国家统治的常规和常法。第二种佚书《十大经》(凡四千□□六)重在实践。以黄帝和大臣的对话和故事,阐述治国的具体措施。如主张实行统一集权的统治,"唯余一人,兼有天下""唯余一人,德乃配天",重在确立君主身份的至尊地位。还有主张在守雌节、重"德"重"义"的基础上,要刑名相符、刑德相辅,且该动则动,该静则静,重要的是要依"天道"而为。第三种佚书《称》(千六百字),主旨就是通过对矛盾事物对立转化的论述,为君主权衡出最正确、最有效的治国方案。第四种佚书《经法·道原》(四百六十四字)重在阐述"道"的本体和从君主治国的角度谈"道"的功用。值得注意的是,《经法》以"名理"收尾,《十大经》以"名刑"收尾,《称》以"阴阳"收尾。三者处于很重要的地位,仅次于《道原》之"道",而事实上三者就是"道"的具体体现。《道原》重在阐述"道"的本体和功用。所以,四篇体裁不同,篇幅相差悬殊,但有一个中心贯穿全书,即以"道"为本体和功用的治国理念。

"道"的本体是既无始又有始、既隐微又显明、既小而无内又大而无外、既虚又实、既运动变化又静止恒定的,这就决定了"道"的可阴可阳、可柔可刚、可屈可伸等的一系列的特质。如此掌握了"道"就可以治国家、统天下了。因此,在帛书《黄帝四经》中"道"是一个贯穿始末而又不可或缺的主题,其他治国手段如理、刑名、刑德、法等都与"道"有着很深的联系,下面以"法"为例进行说明。

《经法》第一章《道法》开头有"道生法。法者,引得失以绳,而明曲直者也。"后面还有很多类似的论说,都旨在说明"法"是从"道"中产生出来的,"法"具有神圣不可侵犯的特点和无可怀疑的合理性。所以在《四经》中,"法"就具有了无可替代的作用。在这里它避免了道家的以"任自然"的柔性治国和法家的"法断一切"的刚性治国理念,而是结合了道家和法家长处,即"道、法"结合的形式来达到刚柔相济、阴阳平衡。"道、法"的结合有其外在和内在因素。外在因素是稷下学的百家争鸣。稷下学宫是各家各派学说相互吸收、相互取长补短的一个有利场所,道、法家因为其内在思想的相通相补的特点,而使二者有了相融相合的可能。内在原因是道法结合并不是简单的合并,合二为一,而是法家的政论法理吸收了道家的伦理哲学,道家的哲学道论又为法家的政治、法理作论证。因为有道家的"道"作为理论根基,因此使由"道"而生的"法"具有了公正性和权威性,这样,君主的变法图强就得到了理论上的支持。而在现实的具体操作上,刑德相养、虚静无为等"君人南面之术",也都是对道家哲理有所吸取和借重。此即优势互补,这也是帛书《黄帝四经》政论的显著特征。

帛书《黄帝四经》全文总旨就是效法天地之道而治理天下。全文一万一千字,共分为四篇,即以四种佚书的形式展现的。第一,《经法》是论自然和社会中所存在的恒定法则即总规律,以此给君王提供治国大法;第二,《十大经》借黄帝之名讲述形名、刑德、阴阳、雌雄等对立统一及相互转化的关系,这些关系同样存在于国家治理中,作者以此为统治者提供借鉴;第三,《称》通过对阴阳、雌雄(节)、动静、取予、屈伸、隐显、实华、强弱、卑高等矛盾体的转换,为人们权衡选择最有效的治国修身的方案;第四,《道原》是对"道"的本体和功用进行探源和高度概括,为治国之道提供理论范畴的依据。其思想结构完整而成系统。帛书《黄帝四经》是站在君王治国的立场,为富国强兵、统一天下提供理论实践依据,而这也正合于黄帝形象和事迹,因此是自成一套的学说理论。

3.天、地、人一体,并以天道推演人事,追求天、地、人和谐统一

据史料记载,天地人观念早在春秋时代就广泛流行,到了战国诸子百家时,其流行尤为广远。天地人观念在诸子各家均有体现,而在道家黄老学派中表现更为突出。帛书《黄帝四经》中屡言"天、地、人"一体。如:"黄帝曰:夫民印(仰)天而生,侍(待)地而食。以天为父,以地为母。"(《十大经·果童》)"观天于上,视地于下,而稽之男女。"(《十大经·果童》)这是第一层次的简单的天地人关系。接下来是天地人根据各自资质和特点建立的一体关系。"天制寒暑,地制高下,人制取予。取予当,立为[帝]王。取予不当,流之死亡。"(《称》)又言:"天亚(恶)高,地亚(恶)广,人亚(恶)苟(苛)。高而不已,天阙土[之],广而不已,地将绝之。苛而不已,人将杀之。"(《十大经·行守》)这是第二个层面。下面是更高层面的关系,即具有崇高人格和合道典范的圣人与天地的关系。"天道已既,地物乃备。散流相成,圣人之事。圣人不朽,时反是守。优未爱民,与天同道。圣人正以侍(待)天,静以须人。不达天刑,不襦不传。当天时,与之皆断。当断不断,反受其乱。"(《十大经·观》)"故唯圣人能尽天极,能用天当。天地之道,不过三功。功成而不止,身

危又(有)央(殃)。"(《经法·国次》)那么,接下来就是真正进入到如何使天地人一体应用到现实政治中,这个实行者就是帝王。"故王者不以幸治国,治国固有前道。上知天时,下知地利,中知人事。"(《十大经·前道》)"天下大(太)平,正以明德,参之于天地,而兼复(覆)载而无私也,故王天[下]。王天下者之道,有天焉,有人焉,又(有)地焉。参(三)者参用之,[故王]而有天下矣。"(《经法·六分》)"君臣当立(位),胃(谓)之静,贤不(宵)肖当立(位),胃(谓)之正。动静参于天地,胃(谓)之文,诛(征)时当,胃(谓)之武。静则安,正[则]治,文则[明],武则强。安[则]得本,治则得人,明则得天,强则威行。参于天地,阖(合)于民心。文武并立,命之曰上同。审知四度,可以定天下,可安一国。"(《经法·四度》)以上是四个层面的关于天地人的关系,其中从第一、二个层面的关系可以看出,这时的天地人的关系是父母亲子关系,是一种附庸的被动关系。而到了第三、四个层面的关系,就体现出了以天道推演人事的思维模式。这时的天地人关系是并峙鼎足的平等理性化的关系。更具体的帛书《黄帝四经》是通过"逆顺"来表现政治人事和自然天道的关系。"(人)事之理也,逆顺是守。功洫(溢,超过)于天,故有死刑;功不及天,退而无名;功合于天,名乃大成。""人事之理,顺则生,理则成;逆则死,[失则无]名。"(《经法·论约》)自然天道和社会人事都是有其客观规律的,但社会情况极其复杂。然而,把握了"逆顺"的关系,无论是在战争中还是治国上都会立于不败之地。

帛书《黄帝四经》天地人一体和以天道推演人事的观念,旨在告诉人们,天地人本就是密不可分的一体,三者相互协调才能彰显各自的特长,否则人类追求的和谐便只是一个"乌托邦"式的美好愿望而已。因为和谐环境的塑造,有赖于对天、地、人关系的正确认识。和谐是人类永恒追求的目标,天、地、人观念在凸显人的主体价值的同时,也肯定客观自然的天与地,避免了以人为中心的人本位主义,也避免了以自然为中心的自然中心主义,这有利于包括人在内的自然的和谐发展。

一种学说是否经得起历史的考验,其思想的涵容性是至关重要的。正所谓"海纳百川,有容乃大"。以帛书《黄帝四经》内容为基础的黄老道家学说,在战国时期压倒百家而独盛,且在中国历史上存在了几百年,并在西汉时期发挥了重要作用,这与其思想所具有的几大特点是紧密相关的。虽然后期黄老学说被董仲舒"罢黜百家,独尊儒术"的倡议推到了政治舞台的边缘,但其思想仍然对后世思想家有很大的影响,如后期的司马迁、刘向、刘歆、班固、荀悦等人的思想都有着鲜明的黄老色彩,可以看出帛书《黄帝四经》所具有的理论价值。

### 三、帛书《黄帝四经》的学术定位

一直以来对帛书的研究方兴未艾,因为很多问题都没有成为定论,有很大的研究空间。然而,关于帛书的学派归属,除了帛书出土初期,有一些不同意见,目前基本上已达成一致,即帛书反映的是黄老学一派的思想。

帛书出土初期(二十世纪七八十年代),对于其学派归属的问题是当时研究的热点,当时主要有法家、道法家。如康立先生认为《经法》通篇主张实行"法治",这显然是法家的观点。还有《十大经》名称的由来,证明它同法家有着密切的渊源关系。程武先生认为《十大经》主要是依托于黄帝来讲法和术的,是一部道表法里的著作。高亨、董治安认为《十大经》基本上是一部战国时期的法家著作。而《汉书·艺文志》的作者把这部书列入"道家"。汤新先生认为四篇古佚书是以道家思想形式阐述法家政治观点的著作。① 随着研究的不断深入,学者们注意到了帛书所承载的道家黄老学的特质,于是专著不绝如缕。主要有:吴光先生的《黄老之学通论》,主要以帛书《黄帝四经》为切入点,对黄老学进行了系统的研究;余明光先生的《黄帝四经与黄老思想》;还有余明光、陈鼓应、谷斌先生著有《黄帝四经今注今译》,丁原明先生的《黄老学论纲》认为帛书"揭橥了战国黄老学的诞生",胡家聪先生的《稷下争鸣与黄老新学》,台湾学者陈丽桂的《战国时期的黄老思想》,黄钊先生主编的《道家思想史纲》,白奚先生的《稷下学研究》。其他关于黄老学问题的论文,如陆建华先生的《〈黄帝四经〉——黄老道家的奠基之作》②;余明光先生的《〈论六家要指〉所述"道论"源于"黄学"——读汉墓帛书〈黄帝四经〉》③;关志国先生的《试论黄老学的"道"、"德"与"法"》④等。

另外,除了以上一些系统的观点,还有些零散的不同意见和其他问题的研究。如加拿大麦基尔大学东亚研究中心主任叶山,曾在中国社会科学院历史研究所专门研究文献,写有《对汉代马王堆黄老帛书性质的几点看法》,在其所著的《古佚书五种——汉代的道、黄老与阴阳》一书中,他认为马王堆帛书《老子》乙本卷前附抄的一组经典,并不具有黄老倾向,而是阴阳家的作品。为了说明问题,他将马王堆帛书的有关部分全文译出,体现了对帛书价值的

---

① 马王堆汉墓帛书整理小组:《经法》,北京:文物出版社 1976 年版。
② 《安徽大学学报》(哲学社会科学版)1999 年第 3 期。
③ 《湘潭大学学报》(社会科学版)1987 年第 1 期。
④ 《船山学刊》2008 年第 2 期。

理解。

浅野裕一著有《黄老道的成立》一书,把黄老思想分为形成、隆盛和衰退三个阶段,认为帛书《黄帝四经》的形成受范蠡思想影响较大,而《道原》明显有老子的痕迹,是黄帝书和老子的桥梁。隆盛期则与法家如韩非子、慎到等关系密切,秦帝国的法术和汉初的黄老学由此而来,从邹衍到董仲舒是其衰落阶段,以帛书《五行》《伊尹·九主》为标志。内山俊彦《马王堆帛书<经法><十大经><称><道原>小考》也持同样的观点,但他们均承认这些帛书是研究黄老思想的最重要的材料。

张增田先生有:"判断黄老学的标志首先看其学是否致力于国家治理活动的思考;其次则察看这种为治之思是否在天道和道或其中一端的观照下进行的。在运用第二个标准进行判断时还必须注意,黄老学派为了干世的需要,对道作了唯物方向上的改铸。"①

"黄老"一派是道家学派的一个分支,因此它具有道家学派的某些特征。

司马迁曾称申不害"本于黄老而主刑名",韩非"喜刑名法术之学,而其本归于黄老"(《史记·老庄申韩列传》)。说慎到与田骈等人"皆学黄老道德之术"(《史记·孟荀列传》)。从以上引证可以看出,"黄老"一派有主刑名的,有重道德之术的,有好刑名法术的,从帛书《黄帝四经》的内容来看,它是"黄老"中以"法术刑名"为主,而"道德之术"只是稍有提及。

---

① 张增田:《黄老治道及其实践》,广州:中山大学出版社2005年版,第205页。

# 第四章 帛书《黄帝四经》思想源流以及与《老子》思想关系

## 第一节 帛书《黄帝四经》思想来龙去脉

提起黄老之学人们自然就会想到其在汉初所发挥的作用,黄老学说在西汉初年,曾成为官方正统思想,为著名的文景之治提供了理论指导。因此,一直以来一提到黄老之学,人们总是将其归于汉初。帛书《黄帝四经》的出现,掀起了学界对黄老之学的深刻认识。其中之一便是汉初的黄老之学是先秦黄老之学在新的时代条件下的延续和发展。那么,先秦黄老学又兴起于何时呢?

### 一、帛书《黄帝四经》思想的源头

从发生学的角度说,任何一种思想的产生都存在着"原"与"源"两个方面的原因。"原"是指思想产生的社会现实,此部分在第四章(第一节帛书《黄帝四经》思想形成背景)中详细论述了。"源"指渊源,也就是其在历史上的思想源头。

春秋战国时代的诸子百家思想几乎都深受上古文化的影响。吕思勉先生曾在《先秦学术概论》中明确指出:"先秦诸子之学,非至晚周之世,乃突焉兴起者也。其在前此,旁薄郁积,蓄之者既已久矣。至此又遭遇时势,乃如水焉,众派争流;如卉焉,奇花怒放耳。积之久,泄之烈者,其力必伟,而影响于人必深。"①吕先生认为凡事必有因缘,先秦诸子之学,当以前此之宗教及哲学思想为其因,东周以后之社会情势为其缘。

---

① 吕思勉:《先秦学术概论》,北京:中国大百科全书出版社1985年版,第4页。

### 1. 古代宗教

宗教不管其是迷信的，还是盲目的，就其起源来说，它是人的自我意识的觉醒，是人从动物界分别开来的一个主要的手段，因此，从某种意义上说，宗教是一种文化现象。

中国早期以自然崇拜和鬼魂崇拜为最盛，这些属于自然宗教（相对于人为宗教），而在自然宗教中最初又是以自然崇拜为主。所谓自然崇拜是指对自然界中的自然现象如风雨雷电，自然存在物如山岳河川、动物、植物以至日月星辰诸天体等进行顶礼膜拜，以期获得福祉和佑护，因为在先人的思想中这些东西的背后都有神灵支配着。其中日神崇拜为最盛，如炎帝、黄帝、祝融都是太阳的象征，中国的神话中，这一类的故事最多，三代之后，发展为天帝——至上神的崇拜。天帝崇拜是自然崇拜的最高阶段，也是与人间帝王发生对应关系的反映。在中国，"帝"与"天子"被视为太阳神的化身。①

鬼魂崇拜是"灵魂不死"理论的发展结果，认为人的精神和肉体是分离的，加上对梦的迷惑、对生的留恋和死亡的恐惧，演化出灵魂或鬼魂崇拜的观念。由于中国的宗法制和伦理血缘为纽带的人际关系，进而转化为对祖先的灵魂或本部落首领的魂灵作为崇拜对象的思想，这就是祖先崇拜。源于鬼魂崇拜的祖先崇拜，最初只是将氏族始祖或历史上对本氏族做出突出贡献的人的鬼魂作为崇拜的对象。后来，宗法血缘观念的深入，人们思想中出现了把氏族的祖神或保护神作为唯一的长期固定的祭祀崇拜对象。随着氏族群体的瓦解，出于政治的需要，商周的贵族集团继承并垄断了氏族祖先的祭祀权，并以此作为精神、政治的统治工具。之后，随着统治范围的逐步扩大和改朝换代的政治需要，统治者开始设计证明自己与前代统治者或被征服民族的祖先有着同根同源的关系，于是出现了对同一祖先的崇拜。据《礼记·祭法》称："有虞氏禘黄帝而郊喾，祖颛顼而宗尧；夏后氏亦禘黄帝而郊鲧，祖颛顼而宗禹；殷人禘喾而郊冥，祖契而宗汤；周人禘喾而郊稷，祖文王而宗武王。"中国文化中对黄帝的崇拜就是明证。

周人原始宗教以祖先崇拜为主要内容，祭祀时有严格的礼仪程式，重视祖先解决民生民计问题的先导作用和牺牲精神，具有尚实重德特点。帛书《黄帝四经》中关于宗教的痕迹并不十分明显，但《十大经》中黄帝的出现，不能不说有着祖先崇拜的成分，而且更多地表现出黄帝族原始宗教的流风。黄

---

① 高福进：《太阳崇拜与太阳神话——一种原始文化的世界性透视》，上海：上海人民出版社2002年版，第97页。

帝部落信奉日神,许多学者认为黄帝为日神化身。《管子·五行》述及黄帝善于用人的"神明之治";同样的记载在《易·系辞传》及高亨的注释中也有所反映,所谓伏羲作八卦"以同神明之德,以类万物之情"也都是最好的证明。在上古时代,各部族所居环境和生产生活方式的差异,造成了不同的宗教信仰内容和仪式。如炎帝族的原始崇拜多是"自然神",而黄帝族的原始崇拜对象更多的是"人文神",因此,在帛书《黄帝四经》中黄帝表现出的是文明象征,而不是野蛮的化身。

早期宗教崇拜的过程中,人是被动的,是受支配的角色,人要绝对地服从和听命于天的安排,当人的意识开始觉醒,对天的崇拜为了政治的需要转换到了对鬼神(先祖)的崇拜。

2. 上古政治模式

夏、商、西周的政治思想与模式,世世相因,代代相革。《礼记·表记》上说:"夏道尊命""殷人尊神""周人尊礼"。① 以上简洁的概括凸显了夏、商、周三代的政治思想的基本特征,同时也勾画出了中国早期政治思想的发展脉络。

"夏道尊命,事鬼敬神而远之,近人而忠焉。先禄而后威,先赏而后罚,亲而不尊。其民之敝,蠢而愚,乔而野,朴而不文。"(《礼记·表记》)意思是说夏人尊天命,愚野质朴。在此基础上,夏统治者出于政治的需要,宣称其统治权直接来自天命,所谓"有夏服天命"(《尚书·召诰》),不遵天命,就是违背天意,就要受"天罚"。"有扈氏威侮五行,怠弃三正,天用剿绝其命。今予惟恭行天之罚。左不攻于左,汝不恭命;右不攻于右,汝不恭命;御非其马之正,汝不恭命。用命,赏于祖;弗用命,戮于社,予则孥戮汝。"(《尚书·甘誓》)这是夏启向士兵发布讨伐有扈氏的战斗动员令,自己是"代天行罚"。

"殷人尊神,率民以事神,先鬼而后礼,先罚而后赏,尊而不亲。其民之敝,荡而不静,胜而不耻。"(《礼记·表记》)殷人尊神,放荡掠夺,重罚轻礼。商人认为神灵无处不在,而自己是至上神"天""帝"之子孙。后来至上神与祖先神合二为一。殷人几乎无事不占,无旬不祭,设巫、史、卜、祝等官,以占卜、祭祀的方式向神灵("帝"或祖先神)请示或祈祷,并不惜残民事神,即杀人祭祀。

夏、殷两代国家政权都倾向于天命神治,其政治统治完全笼罩在神学色

① 以上说法不是绝对的说辞,意思是尊命、尊神、尊礼在夏、商、周是最具特色而已,并不是只尊其一而无他。

彩之下,忽视了"德""礼"在国家政治统治中的作用,这也是其王朝短命的根本原因。

周人继承了夏商的"尊命""尊神"的政治思想外,视"礼"为国家的根本大法。"道德仁义,非礼不成;教训正俗,非礼不备;纷争辩讼,非礼不决;君臣上下,父子兄弟,非礼不定;宦学事师,非礼不亲;班朝治军,非礼威严不行;祷祠祭祀,供给鬼神,非礼不诚不庄。"(《礼记·曲礼上》)周人之礼无处不在。但礼并不是只是周代才有,夏商时期即有"夏礼""殷礼",不同之处在于,夏商之礼是"敬天""尊神",而周人之礼是"重人"之礼。这在中国古代政治文明史上是一次重大变革,具有划时代的进步意义。

在中华文明史上,最早对中国政治进行系统思考的杰出思想家,当首推周公。① 他以大政治家的气度,提出了治国理民的纲领和方略,并与同僚们制定出包括生产生活方方面面的礼乐制度。他的"天命不常""以德配天""敬德保民"的政治思想体系,成为后世的政治楷模。

春秋时期,儒家创始人孔子,继承、发展了周人的"礼治"政治思想中的积极因素,剥离、剔除了周人"礼治"思想中充斥的"神治"的宗教成分,建立了"以人为本"的"以仁释礼"的政治思想体系。孔子的政治思想主张"为政以德",是来源于周人的"以德配天",二者都突出了"尽人事"中人的能动作用,都包含着对人的重视。但二者又有着本质的区别,周人的"德"与"礼"同义,主要指社会秩序、伦理规范。而孔子的"德"所包含的内容要大于周人的"德",它不仅包含着社会秩序、伦理规范,还包含着人的道德品行方面的含义。

春秋后期,社会层面的宗法关系依然存在,而政治领域的宗法规范遭到了严重的破坏,宗法社会所独有的文明气质和文化精神却被复制下来,重"德"、重"礼"、重"民"成为中国古代政治哲学的主要因素。在前孔子时代,把道德置于政治中心的立场是借助于"天"的权威来实现的,而天的权威又被"德"所规定着,这样人就被提到了一个新的高度。就中国古代而言,这种思想的出现是一个划时代的进步。然而,其思想的实际效果并不是把天与人、自然和人为对立起来,以自然批判、主导、统治人为,而是以自然支持人为;在理念上,人为应该符合自然并协和自然,这成为中国主导政治思考的哲学基

---

① 周公(?—约公元前1090年),姬姓,名旦,周文王第四子,武王之弟,成王之叔,亦称叔旦,其封地在周(今陕西岐山县东北),故称周公。曾助武王灭商,武王死后,成王年幼,周公摄政,东征平叛、制礼作乐,提出了一系列很有见地的治国主张。他的政治思想主要见于《尚书·周书》中的《大诰》《康诰》《酒诰》《梓材》《召诰》《洛诰》《多士》《无逸》《多方》《立政》等篇。

调。然而,在封建专制制度下的人们,民众一直以来是不受重视的,甚至是忽略、抹杀人的个性成为"集体无意识"行为。道家就是针对这种蔑视人的主体价值、个性特点的专制统治模式做出了深刻的反思,提出了自然无为的政治治理理念。而黄老学即是一种哲学,也是一种政治学,它具有兼容并包的特性,弥补着老庄的清谈玄远不务实的缺点,又吸纳着儒家、墨家、法家、名家、阴阳家等各家的政治思想的长处,形成了其政治思想的核心,即主张"无为而治"的理想社会模式,"务实求治"统治策略,"刑德相养、文武并用"政治手段的治国方略。

帛书《黄帝四经》思想主旨是统治者依循天道进行统治。"日月星辰之期,四时之度,〔动静〕之立(位),外内之处,天之稽也。"(《经法·四度》)"明以正者,天之道也。适者,天度也信者,大之期也。极而〔反〕者,天之生(性)也,必者,天之命也。"(《经法·论》)"高〔下〕不敝(蔽)其刑(形),美亚(恶)不匿其请(情),地之稽也。"(《经法·四度》)"动静不时,一时刑杀,天地之道也。"(《经法·论约》)"君臣不失其立(位),士不失其处,任能毋过其所长,去私而立公,人之稽也。"(《经法·四度》)帛书《黄帝四经》这些以天道和人事为双重关注对象,以天道自然为出发点,以社会治理为论说目的的思想学说,以《老子》道论为出发点来研究社会人世的祸福成败,发展了《老子》关于天道和自然的诸种概念和学说,吸收了儒家"德政"学说和法家刑名理论,而主"德刑并重"治世说。帛书《黄帝四经》重视治世方略中人的德行修养,提出了"以道修德"的主张。"道者,神明之原也。……神明者,见知之稽也。"(《经法·名理》)修德以化成天下,是孔子开创的儒家治世方法。黄老道家的修德以治世,外在形式上与儒家相同,但它修德的内容却不是儒家的"从仁守礼",而是道家总结的天道自然规律。这种治世方法,在帛书《黄帝四经》中同样体现着儒家学说和道家学说的双重影响。

3. 天、地、人一体的整体意识

天、地、人一体的思想意识有着悠久的历史,无论是宗教还是神话,抑或是实用文化,都把天、地、人一体的整体格局作为追求的目标和主题。据文献记载,最早关于"天地人"并提要追溯到春秋中后期。《国语·周语》载:"王无亦鉴于黎、苗之王,下及夏、商之季。上不象天,而下不仪地,中不和民,而方部顺时,不共神祇,而蔑弃五则。是以人夷其宗庙,而火焚其彝器,子孙为隶,下夷于民,而亦未观夫前哲令德之则。""上非天刑,下非地德,中非民则,方非时动而作之者,必不节矣。作又不节,害之道也。"以上是周灵王二十二年(公元前556年)周太子晋劝谏周灵王的话,引据夏商前史,指出前王五种错失(即上不象天,下不仪地,中不和民,方不顺时,不恭奉神祇)以致亡社稷毁宗庙。

《国语·晋语》:"宋人弑昭公,赵宣子请师于灵公以伐宋。公曰:非晋国之急也。对曰:大者天地,其次君臣,所以为明训也。今宋人弑其君,是反天地而逆民则也。天必诛焉。晋为盟主,而不修天罚,将惧及焉。公许之。"大意是弑君的行为是违背天地人通则的。

《国语·楚语》:"王曰:所谓一纯、二精、七事者何也?……天地民及四时之务为七事。王曰:三事者何也?对曰:天事武,地事文,民事忠信。"这是楚昭公与大夫观射父的一段对话,是解释《尚书·吕刑》中的故事。

《国语·越语》:"天因人,圣人因天;人自生之,天地形之,圣人因而成之。"这是范蠡答越王勾践的话,意思是圣人因天地而获得成功的可能。数年后范蠡又一次应对"夫人事必将与天地相参,然后乃可以成功。(韦昭解:参,三也。天地人事三合,乃可成大功。)"后又说:"持盈者与天,定倾者与人,节事者与地,……天道盈而不溢,盛而不骄,劳而不矜其功。夫圣人随时以行,是谓守时。天时不作,弗为人客;人事不起,弗为之始,……天时不作而先为之客,人事不起而创为之始,此逆于天而不和于人。"

《左传》僖公十五年:"君履厚土而戴皇天,皇天后土实闻君之言,群臣敢在下风。"以上是晋大夫为救晋惠公而对秦穆公所言,即秦穆公顶天立地,所言天地俱知,所以我们也都能信任。也就是秦穆公答应会信守承诺送回晋惠公,后果如此。穆公告其臣下言:"且晋人戚忧以重我,天地以要我。不图晋忧,重其怒也,我食吾言,背天地也。重怒难任,背天不祥,必归晋君。"表现出古人真切实践天地人关系的信念。

后来开始出现从理论上探讨"天地人"一体观念问题的趋势。首以《易传》为最。乾卦文言有:"夫大人者,与天地合其德,与日月合其明,与四时合其序,与鬼神合其吉凶。先天而天弗违,后天而奉天时,天且弗违,而况于人乎?况于鬼神乎?"坤卦文言:"天地变化,草木蕃;天地闭,贤人隐。"人与天地息息相关还见于泰、否二卦象辞。泰卦象曰:"天地交,泰。后以财成天地之道,辅相天地之宜,以左右民。"否卦象曰:"天地不交,否。君子以俭德为辟难,不可荣以禄。"归妹卦象曰:"归妹,天地之大义也。天地不交而万物不兴。归妹,人之终始也。"家人卦象曰:"男女正,天下之大义也。"革卦象曰:"天地革而四时成,汤武革命,顺乎天而应乎人。"恒卦象曰:"日月得天而能久照,四时变化而能久成,圣人久于其道而天下化成,观其所恒,而天地万物之情可见矣。"节卦象曰:"天地节而四时成。节以制度,不伤财,不害民。"《易·系辞上》:"六爻之动,三极之道也。"《系辞下》:"易之为书也,广大悉备:有天道焉,有地道焉,有人道焉,兼三才而两之。"《周易大传·说卦传》开宗明义有一段话:"昔者圣人之作《易》也,幽赞于神明而生蓍,参天两地而倚数,观变于阴阳而立卦,发挥于刚柔而生爻,和顺于道德而理于义,穷理尽性以至于命。昔者圣人之作《易》也,将以顺性命之理。是以立天之道曰阴与阳,立地之道曰柔与刚,立人之道曰仁与义。兼三才而两之。"以上《周易》之天地人一体的观念成熟,体系完备。

春秋延展至战国诸子百家,天地人一体观念流通甚广。

《老子》第23章:"故飘风不终朝,骤雨不终日,孰为此者？天地,天地尚不能久,而况人乎？"《老子》第25章:"道大,天大,地大,人亦大。域中有四大,而人居其一焉。人法地,地法天,天法道,道法自然。"可以看出《老子》天地人观念,是一个连环相扣的理论整体,没有神秘和信仰成分。

《庄子》:"圣人者,原天地之美,而达万物之理,是故至人无为,大圣不作,观于天地之谓也。"(《知北游》)"上法圆天以顺三光,下法方地以顺四时,中和民意以安四乡。"(《说剑》)"帝王之德配天地。"(《外篇·天道》)

《孟子·公孙丑下》:"天时不如地利,地利不如人和。"

《中庸》:"唯天下至诚,为能尽其性。能尽其性,则能尽人之性;能尽人之性,则能尽物之性;能尽物之性,则可以赞天地之化育。可以赞天地之化育,则可以与天地参矣。"

《管子》:"凡人之生也,天出其精神,地出其形,合此以为人。和乃生,不和不生。""人与天调,然后天地之美生。""天主正,地主平,人主安静。春秋冬夏,天之时也;山陵川谷,地之材也;喜怒取予,人之谋也。""天有常象,地有常形,人有常礼。"(《内业》)"以天为父,以地为母,以开乎万物,以总一统。"(《五行》)"人先生之,天地形之,圣人成之,则与天同极。……与地同极。"(《势》)"所谓三度者何？曰:上度之天祥,下度之地宜,中度之人顺,此所谓三度。故曰:天时不详,则有水旱;地道不宜,则有饥馑;人道不顺,则有祸乱。此三者之来也,政召之。"(《五辅》)"圣人参与天地。"(《宙合》)以上并没有全部罗列《管子》书中关于天地人的观念,以此可见其天地人思想之丰富,理性之至思。

《鹖冠子·博选》:"道凡四稽:一曰天,二曰地,三曰人,四曰命。"《天则》篇曰:"故天道先贵覆者,地道先贵载者,人道先贵事者。"

《慎子》:"夫三王五伯之德,参于天地,通于鬼神,周于生物者,其得助博也。""天有明,不忧人之暗也。地有财,不忧人之贫也。圣人有德,不忧人之

危也。"

《吕氏春秋·序意》:"上揆之天,下验之地,中审之人,若此则是非、可不可无所遁矣。天曰顺,顺维生;地曰固,固维宁,人曰信,信维听,三者咸当,无为而不行。"

以上论述天地人一体观有一个显著的特点:其论不离政治治乱。这一点成了帛书《黄帝四经》天地人一体观的直接活水源头。帛书《黄帝四经》中的此类观念很多。如《经法·六分》:"王天下之道,有天焉,有人焉,有地焉,三者参用之。"《十大经·立命》:"吾受命于天,定立(位)于地,成名于人。"《十大经·果童》:"观天于上,视地于下,而稽之于男女。"《前道》:"上知天时,下知地利,中知人和。"《行言》:"天亚(恶)高,地亚(恶)广,人亚(恶)荷(苛);高而不已,天阙土(之),广而不已,地将绝之,苛而不已,人将杀之。"《称》:"天有明,不忧人之晦也;地有材,不忧人之贫也;圣人有德,不忧人之危也。"

天地人观念可以与天人合一观念相通,但二者并不完全相同。虽然都是表达天人关系的,天人合一只是一个方面,而天地人观念是表明天人是何种关系,以上的论述可以看出,天与人不是控制与征服、寄生与附庸,而是鼎足而峙、平等对待的关系,这是理性的天地人观念。

4. 阴阳家的思想

数术理念来源于阴阳家和神仙家的思想。

阴阳二字初见于商代,最初的含义是指日光的向背,向着日光的为阳,背对日光的为阴,这是人们根据"象"对阴阳下的定义,后来阴阳被逐步抽象化。到西周末年伯阳父用阴阳二气的运动变化来解释地震的现象,"阳伏而不能出,阴迫而不能烝,于是有地震。"(《国语·周语上》)从而使阴阳具有了哲学之意。《老子》第42章有"万物负阴而抱阳,冲气以为和",《易传》中有"一阴一阳之谓道",使阴阳具有了万物普遍存有的基础和万物运动的决定因素。而《汉书·艺文志》诸子略提到阴阳家:"敬顺昊天,历象日月星辰,敬授民时,此其所长也。"可见,阴阳家与数术的密切关系。

阴阳学说早在春秋时代就已经产生,当时先民们对自然现象的思考,把成双成对的现象归纳为阴阳,因为日暖月寒,昼热夜冷,于是又得出了阳具有热、阴具有寒的性质,然后又把阴阳理论扩展到自然、社会领域,以阴阳看待世间的万事万物。帛书《黄帝四经》中阴阳理论极其丰富。

《汉书·艺文志》有:"阴阳家者流,盖出羲和之官,敬顺昊天,历象日月星辰,敬授民时,此其所长也。"以上论述可看出阴阳家的源头可上溯至古代的天官,他们的主要任务就是观天象运行,推定历法,以指导农业生产活动。

所以说阴阳家的学说核心就是观天象以掌握天道运行规则,进而要严格遵守。阴阳家的学术背景是数术、方技之学。

《史记·太史公自序》:"尝窃观阴阳之术,大祥而众忌讳,使人拘而多所畏;然其序四时之大顺,不可失也。""夫阴阳四时,八位、十二度、二十四节各有教令,顺之者昌,逆之者不死则亡,未必然也,故曰'使人拘而多畏'。夫春生夏长,秋收冬藏,此天道者大经也,弗顺则无以为天下纲纪,故曰'四时之大顺不可失也'。"

黄老之学是"黄"之"因天"与"老"之"循道",然而,若仔细究察则会发现,黄老更倾向于"因天"。此种状况的出现,是老子后学在继承老子之道,规避其无为不争与玄奥哲思的基础上,吸纳了阴阳家的主旨而形成的黄老一派独具一格的特色。

帛书《黄帝四经》吸收了阴阳家的一些思想精华,并把阴阳引入社会领域,用于解释和论证社会现象。

"天地有恒常,万民有恒事,……天地之恒常,四时、晦明、生杀、柔刚。"(《经法·道法》)主要讲的是天地的恒常表现,也就是其自身发展变化的规律。

> 天地无私,四时不息。……过极失当,天将降殃。(《经法·国次》)
> 不天天则失其神,不重地则失其根,不顺四时之度则民疾。(《经法·论》)
> 动静不时,种树失地之宜,则天地之道逆矣。(《经法·论》)
> 四时有度,天地之理也。日月星辰有数,天地之纪也。三时成功,一时刑杀,天地之道也,……顺则生,理则成,逆则死,失□□名。(《经法·论约》)

以上所引,都是阐述人们做事要遵循天地万物的自然规律,才能获得成功,否则将会有灾祸临近。

阴阳家的一大思想是顺天地之大经,因阴阳之大顺。帛书《黄帝四经》中也有类似的说法:《经法·四度》《经法·兵容》中有"因天时",《经法·道法》有"天地有恒常,万民有恒事","天地之恒常:四时、晦明、生杀、柔刚;万民之恒事:男农、女工"。认为顺应天时就会成功,反逆天时则会导致失败:"静作得时,天地与之;静作失时,天地夺之。"(《十大经·姓争》),"动静不时,种树失地之宜,则天地之道逆矣。"(《经法·论》)

帛书《黄帝四经》的思想代表着不同于以往老子道家的新道家的风貌,其主要的区别就是帛书吸收了阴阳家思想中与天文、历算有关的内容,剔除了阴阳家思想中"牵于禁忌,泥于小数,舍人事而任鬼神","推刑德"却要"假鬼神而助"的恶习弊病,从而追求依天道、顺阴阳的治国理念。

5. 老子的道学

《庄子·天下》篇有:百家学说"皆原于一"。这个"一"是指一尊的"道"或官学而言。夏商周时期,政教合一,神教合一,君师不分,道德方术定于一尊。到春秋战国时期,才有"道术将为天下裂"的百家学说产生,《老子》正是这个时期的产物。就"道"而言,儒道皆传承三代之"道",此"道"是古人所认识的自然、人事都无法摆脱的宇宙最高法则,是不可捉摸的、抽象的、无上权威的天道。但儒家之道与道家之道是不同的,总的说是道家之道掌握了"道论"的精华。只是由于各种缘由,道家之道也有了不同的理解。《汉书·艺文志》:诸子百家"皆起于王道既微,诸侯力政,时君世主,好恶殊方,是以九家之术蜂出并作,各引一端,崇其所善,以此持说,取合诸侯。"就是说为了适应战国时期政治上的需要,更好地为当时的政治服务,道家老子和区别于老子的黄老对古代的"道论"予以推陈出新,如帛书《老子》有:"古之善为道者,微妙玄通,深不可识。""古之善为道者,非以明民,将以愚之。"在帛书《黄帝四经·十大经·成法》中:"昔者皇天使凤下道一言而止,五帝用之,以枳天地,[以]楑(揆)四海,以坏(怀)下民,以正一世之士。"司马谈在其"论六家要指"中所言的道家,已然是不同于老、庄的道家了,而是与其他学派混合了的黄老道家;它吸纳了老、庄的"道论",将其作为自己学说的理论依据,同时它又摒弃了老、庄所固有的浓厚的避世色彩和脱离人生实际、政治实际的倾向,面对现实而发展成一种积极向上的讲求政治实际的治世之道。他说:"夫阴阳、儒、墨、名、法、道德,此务为治者也。直所从言之异路,有省不省耳。"又说:"道家使人精神专一,动合无形,赡足万物。其为术也,因阴阳之大顺,采儒、墨之善,撮名、法之要,与时迁移,应物变化,立俗施事,无所不宜。"帛书《黄帝四经》正是在吸收了道家"道"为其理论根本的基础上,又吸纳了各家对现实政治实践有益的思想精华,才成就了汉初的清明政治和融各家学说于一体而为显学的黄老思想。

老子之学主张法自然,倡无为,以"道"为一切根基和准则,成为道家各派思想的总因子。帛书《黄帝四经》就是吸纳了老学道论的合理内核,为自己的哲学思想、政治思想、兵学思想等找到有力的依靠。

下面我们再看学术传承。大多学者认为范蠡开启了后世黄老学先河,而范蠡的思想又与老子有着很深的渊源关系。据相关文献记载,范蠡之学是学于计然,换句话说也就是范蠡是通过计然而与老子之学相续的。对范蠡的记载,很多史料都有,《太平御览》(卷404)所引太史公《素王妙论》中的一段话:"计然者,蔡(葵)丘濮上人,其先晋国公子也,姓辛氏,字文,尝南游越,范蠡师事之。"刘宋裴駰《史记集解》引徐广曰:"计然者,范蠡之师也,名研,故谚曰'研、桑心算'"。裴骃又引《范子》所载以为佐证:"计然者,葵丘濮上人,姓辛氏,字文子,其先晋国亡公子也。尝南游于越,范蠡师事之。"从第一条的记录,可以判断计然姓辛名研字文号计然,极有可能是老子的弟子文子,且有重要文献作证,晁公武《郡斋读书志》,北魏李暹为《文子》作注,就曾指出:文子"姓辛,葵丘濮上人,号曰计然,范蠡师事之。本受业于老子,录其遗言为十二篇。"从年代推算,范蠡大约晚于老子四五十年,而计然正好在范蠡与老子之间。另外,从一些典籍材料中也可窥见计然对老子思想的继承和发展,如《史记·货殖列传》《越绝书》《吴越春秋》《文子》等典籍的材料明显存在着继承老子的思想痕迹,特别是在实践中对老子的道论、自然无为的思想和治国治身的理论有所发挥和运用。特别是计然提出了关于天地阴阳刑德吉凶的理论和时变因循的理论,是对老子道家学说的重要发展。而这些理论又为范蠡所承袭并进一步运用发挥,成为战国时期以帛书《黄帝四经》和《管子》等为代表的道家黄老之学的重要内容。

## 二、帛书《黄帝四经》思想之流变

### (一)黄老学衰落

西汉后期乃至东汉,黄老学者虽仍不乏其人,黄老学说的影响也依然存在,但黄老之学的盛时景况毕竟不再重现,黄老之学本身也逐渐分化演变了。黄老学衰落的原因大体有三:一是黄老之学本是以阐发促进天下统一、实现天下大治的政治思想为主的学说,因反映了人民希望结束社会分裂、能够安居乐业的政治理想而大兴,因适应稳定社会、巩固统一、恢复和发展凋敝的经济文化的需要,并为统治者尊奉而极盛。当封建王朝的专制体制已经巩固地形成之后,当为封建王朝的专制体制服务的儒术,因更能满足统治者的需要而取得独尊地位之后,黄老学便被统治者罢黜而衰落了。二是封建社会的文士大夫都不得不依附统治阶级生存,"学而优则仕"几乎是封建文士的唯一出路。当汉武帝只宠信儒生而抑黜黄老学者、只置五经博士而废弃诸子专书博士之后文士为仕途生计,又有几人肯治黄老学?三是随着战国至西汉前期社会由分裂到高度统一的历史发展而兴盛的黄老之学,是适应历史发展要求而综合天下文化的道家思潮。在社会实现的高度统一、学术文化也实现了当时历史条件下的高度综合之后，黄老之学也因吸纳过多、兼采过广而显得体系过于庞大、思想过于繁杂，即如《淮南子》那样文辞"坛卷连漫"，情意"绞纷远缓"，让学子感到难知难通，故不易深入发展。加之"务以为治"的诸家学说在汉初的统一社会里又有了理论深化，先秦典籍也被汉初学者做了专门研究，综合性的学术思潮在武帝之后已不再合乎时宜，学术自身的发展经过战国后期至西汉前期的总结之后也需要在安定的社会里向专精方面深入，"博为之说"的黄老之学的衰微也就难免的了。但并不是就此消亡而是被儒学吸收，如董仲舒、王充等思想中都有道家思想的深刻影响。

（二）帛书《黄帝四经》思想之流变

道家之学在百家之学中占有重要地位，而黄老学在扬弃、发挥道家思想中很得力，汉初的文景之治即为明证，因此，以帛书《黄帝四经》为代表的黄老学对后世思想家的影响也是不容忽视的。只是随着历史的变迁，其学术逐渐分化。总起来看，它大致沿着三条路径分化：一是其政治理念，成就了汉初的文景之治。二是将政治情怀消解在求长生的追求中，向着民间宗教发展，后演变为"黄老道"（道教前身）。三是继续沿着学术方向演进，其思想的精华被后世思想家所吸收。

1. 其"无为而治"的政治理念，成就了西汉的成功统治模式

秦汉思想的形成与统一帝国要求新的上层建筑密切相关。秦时，分散、独立的邦国逐渐被中央集权的专制统一帝国所取代。政治的统一要求有与之相适应的思想文化的统一，百家争鸣本身就意味着思想的百花齐放、异彩纷呈，而思想学说在争辩和发展的过程中，不可避免受着当时统一政治需求的影响而有所吸纳、融汇，最后形成具有综合性的学说。在整个融汇过程中各家思想已经不再是以其学说的显赫与否而渐次强大，相反一些不能适应政治需要的而曾经显赫的学说却在衰颓和消退，如名、墨思想。曾经被视为"隐"学的道家学说这时却被凸显出来，原因何在？

汉朝在政治机构和政区体制上承续秦朝的制度。汉初朝廷，排除秦的苛法，执行宽宏大量的政治，采取与民休息、恢复民力的措施。此时，"治道贵清静，而民自正"的黄老学，正好符合当时现实需要而被重视起来。

汉初统治者从秦帝国二世而亡的惨痛教训中，意识到马上可得天下，但不能马上治天下，秦的严刑峻法不能保证秦的统治果实，更无法保证汉统治的稳固，于是汉统治者迫切需要一种新的思想学说来维系其统治，需要一种发自中国历史深处、深厚文化内层的系统支援，需要经典文本范式来证明其

政权的合法性、政策适用性和优质性。以帛书《黄帝四经》为代表的黄老学正合了这个要求，而被搬到历史前台。黄老学是以老子的道学为基石，继承、发扬了道家学说的自然无为、依道治国的基本思想，批判地吸收了儒家、墨家、法家、阴阳家、名家等学派的思想精华，表现出"有容乃大"、汇通互补的思想特点，同时又关注现实，立眼实际，这恰恰是汉初统治者所需要的，所以赢得了汉朝政治权力的认可和支持。汉惠帝以曹参为相，"其治要用黄老术，相齐九年，齐国安集，大称贤相"，"闻胶西有盖公，善治黄老言，使人厚币请之。"(《史记·曹相国世家》)"文帝本修黄老之言，不甚好儒术，其治尚清净无为。"(《风俗通义·正失》)《史记·外戚世家》曰："窦太后好黄帝、老子言，帝及太子、诸窦不得不读黄帝、老子，尊其术。"惠帝以后，文帝、景帝及窦太后都尊崇黄老，实行政尚简易，与民休息。黄老学在秦千疮百孔的废墟上，建立了安宁祥和、和谐有序的社会状态，所以此时与儒学相比，黄老学受重视优待的程度更高，一些学士如司马季主、郑当时、汲黯、杨王孙、安丘生等，皆好黄老之言，司马迁父子亦赞扬黄老之学，故《汉书·司马迁传》说迁"论大道则先黄者而后六经"。在学术上还出现了《淮南子》，集几十年流行的黄老学的大成。这些说明，黄老学在汉初已是蔚然成风，成了当时社会思潮的主流。

总之，发端于战国时期的黄老学，虽然在列国争雄的过程中没有来得及在国家的治理中发挥作用，但在汉初的辉煌是空前的，它成功地完成了由秦统一帝国向汉统一帝国的过渡和振兴，成就了汉初的文景之治。

2. 其"道论"与数术思想结合，流向了道教前身的黄老道

西汉初，黄老学进入自己的全盛时期，以"清净无为"为指针的宽厚的政治在社会、经济上都有很大的成绩。但此时专制主义体制尚未巩固，隐藏着皇权与王国割据势力矛盾，所以汉王朝仍然需要巩固专治政权的统治思想和政策。董仲舒适时出现，提出天人感应为基础的三纲五常的伦理规范，新的儒学体系建立，为皇权的绝对化提供理论依据。"罢黜百家、独尊儒术"成为汉朝学术政策的骨干，这种政策为儒生的士族化奠定了基础。不仅如此，从秦时起，方术在朝廷和民间影响就极大，到了汉朝，这种情况照旧，方术依然受统一帝国的最高统治者青睐。据史料记载，武帝非常爱好神仙方术，以封爵、封侯、厚赐、厚礼等方式优待方士，加之国家祭典、阴阳灾异、历算、方药等需要，供养了大批方士，武帝尊儒术，各地儒生通过察举进入统治上层。尽管如此，两汉朝廷也每每有察举方士的诏令，于是方士阶层也逐渐形成与儒生对抗的士族势力，许多士大夫、儒生以及位居三公的官僚兼带方术或方士，形成了不可忽视的学术思想势力，且影响遍及全国。东汉时包含图谶在内的数

术仍然称为"黄老"。安、顺帝时杨厚是"善图谶学"方术世家出身,其父杨统"位至光禄大夫,为国三老",杨厚继家学治图谶,位至侍中,他晚年归家,"修黄老,教授门生,上名录者三千余人"。① 从中国哲学史的角度看,方士阶层的勃兴就带来史称"黄老道"的成立。② 儒术与方术一起登上两汉的政治舞台,二者相互交融、相互冲突,形成及发展为有时代特色的儒家经学和黄老道学。其中,黄老道学逐渐取代了西汉初的黄老学,成为与儒家经学相抗衡的道家的主流。

"黄老学"虽从属于道家,但作为道家学派一个独立的分支,还在于凸显其在诸子百家中的地位。尽管它是从老庄道家分化出来的,但从"道学"的演进看,却代表着一个独立的崭新的阶段。正如陈澧在《东塾读书记》中所述:"自汉兴,黄老之学盛行,文景因之以致治。至东汉末,祖尚玄虚,于是始变黄老而称老庄。"他所说的"祖尚玄虚""始变黄老而称老庄",即指"道学"演进的新阶段——"玄学"。而"玄学"是魏晋时期道家学派的新形式,有人称为"新道家"。这是黄老学或者严格地说是道家作为一个学派的发展演进过程。而黄老学最恰当的流变是汉代的黄老道,黄老道是东汉末年中国土生土长的道教的前身。"黄老道虽然带有浓厚的神学宗教色彩,但它又不同于道教。它是直接继承和发展西汉初年黄老道家而来的一个道家学术思潮,并吸收了战国和汉代的神仙方术思想,所以它又不同于汉初的黄老学。"③ "黄老学"和"黄老道"都是托名黄帝和老子,但二者含义是有着明显的区别的。大体看,"黄老学"是视黄帝和老子为古代文明的创造者和人格与政治修为为最的圣人。而"黄老道"是视黄帝、老子养生为最且得道成仙的仙人。

3.帛书《黄帝四经》所具有的兼采众家学说,为汉以后的学术发展以极大影响

黄老思想虽然在董仲舒提出"罢黜百家,独尊儒术"以后,渐渐地退隐或在历史舞台上消失了。而严格意义上说,是在政治舞台上消失,在学术上是以两汉儒学正统的暗流形式来表现着自己。

帛书《黄帝四经》具有黄老学的博通兼容、广为吸纳、开放吸收的治学心态,在不断完善自己学说的过程中,超越着自己的局限和修补自己的缺陷,这种境界和心态对后世史学的发展影响深远。如西汉末年刘向,虽精于儒术,

---

① 《后汉书》,北京:中华书局标点本,第1047页。
② 金晟焕:《黄老道探源》,北京:中国社会科学出版社2008年版,第132页。
③ 许抗生先生为金晟焕《黄老道探源》所作序中的阐述。金晟焕:《黄老道探源》,北京:中国社会科学出版社2008年版,第2页。

但他同样对"黄老"思想领会颇深。史学著作是史学家秉着真实、包容、客观的精神,对各种有价值的真实的材料和学说的描述。司马谈在"论六家要指"中称赞道家黄老学"因阴阳之大顺,采儒墨之善,撮名法之要",并以此精神指导着自己和儿子的著史事业。司马迁《史记》的"究天人之际,通古今之变,成一家之言",就是在吸纳、综合、超越各家之说的基础上完成的。司马谈与司马迁父子,在儒学极盛的条件下,"其任学术,则崇黄老而薄五经""先黄老而后六经"(《汉书·司马迁传赞》)。如此,则使这种思想学说不绝,学术暗流不断回旋。

另外,大约成书于秦汉间的《文子》一书,它是杂糅了战国南方黄老学和北方黄老学,且融合百家之学的渐趋成熟的黄老学的著作。它的宇宙本体的道论,就是承自战国黄老学的哲学之思,将其系统化、理论化。《文子》中视道为整体的、连续的存在,也是借鉴了帛书《黄帝四经》和稷下关于"道"的论述。《文子》对道的运动变化和规律思想的表述,是发扬了帛书《黄帝四经》和稷下黄老学事物运动变化的观念,并改造和补充了老子的"反者道之动"的思想。

陆贾、贾谊作为儒家人物,其整体思想掺杂着大量的黄老观点,且二人努力沟通儒道两家使之整合。因此说,他们为黄老学的传播做出了巨大的贡献。

《淮南子》一书总的世界观和方法论依然以"道论"和"无为"为基本哲学范畴,但它是以往黄老学思想的继承、发展和完善,因而其观点更加明确、更具有系统化。

董仲舒《春秋繁露》中阴阳刑德思想,更是渊源于帛书《黄帝四经》的阴阳刑德论。另外董仲舒以黄帝之学的"天道"构筑了一个以太一、两仪、阴阳、四季、五行、十二月为基本时空构架的庞大网络。尤其是他在原理上把"天"与"人"之间的关节完全贯通:天地生人,是阴阳化育,是自然而然,因而天与人有种种相似的状况,人性与天道一样拥有不言自明的本原意义。可以说,这些都不同程度来自于帛书《黄帝四经》的理论。

以至到西汉中叶《老子河上公章句》与《老子指归》两部著作,深得黄老精髓,而与魏晋玄学相近。

## 第二节　帛书《黄帝四经》思想与《老子》思想比照研究

关于帛书《黄帝四经》与《老子》的关系，学术界已然取得了一致的看法，即帛书《黄帝四经》是对《老子》思想的继承和发展。唐兰先生认为从内容来看，这四篇是一本书。从思想方法上说，大体上是继承老子而加以发挥的。①而据陈鼓应先生的考证，帛书《黄帝四经》中引用《老子》的字词和概念多达170余处。② 从这种情况看，大多数学者将帛书《黄帝四经》归入道家行列是有根据的。

战国至秦汉的道论，其基本内容大体包括两个方面：一个是"道"的自然观，即宇宙天地万物的生成；一个是社会观，即依道在社会政治方面的表现。而在自然观上二者是继承发挥的关系，在社会观上二者是有本质区别的。

### 一、帛书《黄帝四经》思想对《老子》思想的继承和发挥

#### 1."道"的自然观

《老子》和帛书《黄帝四经》都把"道"作为万物的本源，都把"道"称为"一"。"天得一以清，地得一以宁。"(《老子》)"虚同为一，恒一而止。"(《道原》)帛书《黄帝四经》继承了《老子》思想中"道"的抽象哲学概念。马王堆汉墓帛书《老子》即是《德经》在前，《道经》在后；而帛书《黄帝四经》四种佚书，前三种讲的是治国理念，最后一种佚书《道原》主要是解析"道"的本源的存在，二者在此很是一致的。且在思想上，帛书《黄帝四经》继承了《老子》以"道"为依循的哲理性学说，但在依循的过程中，《老子》的依循是被动的，而帛书《黄帝四经》是具有主观能动性的，主张待时而动。

如老子"道"的本体性具有无始无终、无形无象、无名无形、无法感知、隐晦莫测等特征。而帛书《黄帝四经》的"道"有着既有又无的二律背反的特质，有原可是却无端、隐微可又显明、运动不止又静止恒定、既虚无又实有……帛书《黄帝四经》重新整合了"道"的本体性，又以人们客观能感知容易接受的"天道"来阐发"道"的特性，因此使"道"的可把握性和可操作性既有

---

① 马王堆汉墓帛书整理小组：《经法》，北京：文物出版社1976年版，第149页。
② 陈鼓应：《黄帝四经今注今译》，北京：商务印书馆2007年版，第5页。

了理论的依据,又使得人们在思想上轻而易举地接受,使人们在遵守"道"的本有特性的基础上,具有了依循"道体"以最大限度创造社会功用的积极性。《老子》之道与帛书《黄帝四经》之道在本体论上的差异,构成了道家的两个不同的走向:高深玄奥与简约易操,也注定了二者后期的流向,《老子》之道成为玄学之基,帛书《黄帝四经》之道成就汉初的"文景之治"。

2."阴阳"这一矛盾现象充满着整个现实世界

在《老子》的想象中,阴阳是一对矛盾的范畴,但事物的发展是离不开阴阳的。

在帛书《黄帝四经》中,列举了现实世界中充满阴与阳的矛盾现象:"天阳地阴,春阳秋阴,夏阳冬阴,昼阳夜阴。"(《称》)"有晦有明,有阴有阳。"(《十大经·果童》)"大国阳,小国阴,重国阳,轻国阴,有事阳,而无事阴,信(伸)者阳,屈者阴,主阳,臣阴,上阳,下阴,男阳(女阴),(父)阳(子阴),兄阳,弟阴,长阳,少(阴),贵阳,贱阴,达阳,穷阴,取(娶)妇姓(生)子阳,有丧阴,制人者阳,制于人者阴,客阳,主人阴,师(军队)阳,役(劳役)阴,言阳,黑(默)阴,予(给予)阳,受阴。"(《称》)

3."极而反"对"反者道之动"思想继承和发展

事物存在着矛盾的双方,而二者是互相斗争而又互相依存的:"地俗德以德,而天正名以作。静作相养,德疟相成。两若有名,相与相成。"(《十大经·果童》)矛盾依存的关系,又不是凝固不动、一成不变的,而是在相互斗争中不断向各自相反方面转化。"极而反者,天之生(性)也。"(《十大经·姓争》)"极而反,盛而衰,天地之道也,人之李(理)也。"(《经法·四度》)

《老子》与帛书《黄帝四经》都已意识到,矛盾的双方可以相互转化,可是《老子》认为这种转化是无条件的,是必然的。而帛书《黄帝四经》认识到"度"是矛盾转化的一个重要的条件,一旦超过了这个"度",就会破坏矛盾双方的和谐依存关系,而向其对立面转化。所以,帛书《黄帝四经》中一再强调要注意"审度","审知四度,可以安天下,可以安一国。"(《经法·四度》)"动于度之外","功必不成,祸必反。"(《经法·名理》)

帛书《黄帝四经》对《老子》的道论是扬弃与修正的态度,同时又向社会性、政治性倾斜。"道"的社会性和政治性,帛书《黄帝四经》对《老子》在此点上有着更突出的发挥。《老子》对"道"的政治性阐发,其后学者称为"君主南面之术"。帛书《黄帝四经》关于雌节的论述,对刚柔的论述,对争与不争的论述等等,都对老子道家有所发展,这是众所周知的。

## 二、帛书《黄帝四经》思想与《老子》思想的区别

从宏观来讲帛书《黄帝四经》的思想是对《老子》的继承和发挥,然而二者的根本不同之处在于,帛书《黄帝四经》在适应封建化进程需要的同时,对老子一些原有的思想进行了重新诠释和拓展,克服了《老子》学说的玄深晦涩、忽略现实的问题,克服了被边缘化的危险。

1. 对"道"的特性认识

对"道"的认识,帛书《黄帝四经》与《老子》是继承与发挥的关系。然而,在对"道"的特性的认识上,二者是截然不同的。《老子》把"道"看作是虚无缥缈的超经验存在,这也是无形无名的道与有形有名的万物之间的分水岭,正是如此,道是不可感知、不可把握、不可企及的形而上的存在。而帛书《黄帝四经》认为即便是"道"具有老子所阐述的那些特性,但作为终极存在的道,它并不是完全绝对的不可感知,只要"能察无形,能听无声""得道之本,握少以知多"(《道原》),把握其深远隐微而浅近显明的特点,就可以认识和把握它。如此,帛书《黄帝四经》对老子的道进行了重新的认识,认为道既是有原又无端、既隐微又显明、既运动变化又静止恒定、既高深不可企及又浅近可以触摸、既虚无又实有……赋予道以不可感知但掌握了技巧便可感知的双重特性,这为人们如何把握神秘的道体,最大限度地创造社会功用提供了途径,解决了老子的道的不可感知,经验的无法提升提供了可能,使本体与现象、体悟与经验联系起来。

2. 关于等级理论

在帛书《黄帝四经》中有关于等级的理论,即所谓"[贵]贱必谌,贫富又(有)等。"(《十大经·果童》)这与《汉书·儒林传》黄生曰"冠虽敝,必加于首;履虽新,必贯于足,何者?上下之分也"同出一辙。讲的都是等级、贵贱是天经地义的。而这种理论在《老子》中是没有的。因为《老子》主张效法自然,而自然的法则就是天下万物是平等的,是不应该有亲疏贵贱之别的,即:"故不可得而亲,亦不可得而疏;不可得而利,亦不可得而害;不可得而贵,亦不可得而贱,故为天下贵。"(《道德经》第56章)

3.《老子》与帛书《黄帝四经》同为治国之术的典范著作,然而,二者的政治哲学又是有很大差别的

首先,对"法"的态度上。

《老子》不主张法治,他认为"法令滋彰,盗贼多有"(《老子》第57章)。帛书《黄帝四经》却相反,不仅肯定了法的作用,而且给予法以道的支持,这就

纠正了老子的反法重道、法家的重法轻德的偏误。"道生法。法者,引得失以绳,而明曲直者也。故执道者,生法而弗敢犯也,法立而弗敢废也。夫能自引以绳,然后见知天下而不惑矣。"(《经法·道法》)这里,法根源于道,法是判断是非曲直的标准,有了由道而生的法的支持,社会的秩序和正常运转就有了保障。"法度者,正之至也。而以法度治者,不可乱也。"(《经法·君正》)即为政治国,法是不容忽视的一个重要因素,但帛书《黄帝四经》反对法家那种将"法"置于一切之上的极端做法,它主张法应该像有信期、有节度,时间和空间上都保持恰当的天道一样,"称以权衡,参与天当,天下有事,必有巧验。"(《经法·道法》)主张统治者要严格依法办事,"称以权衡",且又不能凌驾于法之上,因为法要遵守客观规律,即"参以天当"。

帛书《黄帝四经》对老子和法家的关于法的认识进行了纠偏,接下来对儒家的"德治"和法家的"法治"进行了糅合之举,即主张"刑德并用"。"刑德皇皇,日月相望,以明其当。望失其当,环视其殃。天德皇皇,非刑不行;缪缪天刑,非德必倾。刑德相养,逆顺若成。刑晦而德明,刑阴而德阳,刑微而德彰。"刑与德是相辅相成、缺一不可的,然而二者又不是平行关系,是刑后德先,刑从德主的。"春夏为德,秋冬为刑,先德后刑,以养生。"(《十大经·观》)"先德后刑,顺于天。"(《十大经·观》)

帛书《黄帝四经》接受了儒家的"德治"思想,而老子是反对伦常道德说教的,他的道德也不是从人出发的道德人伦,而是自然的道德即无为。这样帛书《四经》就站在了道家"道"之至高的立场上,将儒家的"德"、法家的"法"进行了沟通,开辟了刑德兼用、儒法相合的治国之道。

其次,对待民的态度上。

有人说老子的政治是愚民政策,"古之善为道者,非以明民,将以愚之。民之难治,以其智多。故以智治国,国之贼。不以智治国,国之福。"(《老子》第65章)而我认为从老子思想的整体把握和老子思想追源的角度看,老子认为无论是君主还是百姓,都应该遵循"道"之自然的法则,都应该保持天然质朴的本性,这样对统治是有益的。君主不要过多地去关爱或残害百姓,而百姓也不过多地为了生存而与统治者对抗,大家都无为自然,一切都将按着自然所固有的形式发展,而过多的作为,对谁都没有好处。从表面看起来,老子对民持漠不关心的态度,"天地不仁,以万物为刍狗;圣人不仁,以百姓为刍狗。"

帛书《黄帝四经》也主张无为,但它并没有《老子》那样彻底。它认为循天道并不是老子的什么都任自然,而是要将天道之静与社会之动有机地统

一。因此,它提倡慈惠爱民,"吾畏天爱地亲民"(《十大经·立命》),"俗者,顺民心也。德者,爱勉之也。"(《经法·君正》)认为民是国之根本,只有爱民才能受天子之命。而爱民的表现还有省苛事、节赋敛、不夺农时,"人之本在地,地之本在宜,宜之生在时,时之用在力,力之用在节,……节民力以使,则财生,赋敛有度则民富。"

帛书《黄帝四经》提出道的至高性、法的不可动摇性,目的都是在于为"唯余一人,兼有天下"(《十大经·成法》)的统一封建中央集权作理论的架构。君主要拥有绝对的权威,"为人主,南面而立。臣肃敬,不敢蔽其主。下比顺,不敢蔽其上。"(《经法·六分》)这种将道与现实新兴地主阶级建立等级秩序、统一法度的政治需要结合起来的理论,明显地体现了帛书《黄帝四经》的道论向政治层面的倾斜,表现出一种执着现实的人文关怀,这也是帛书《黄帝四经》作为新道家而与原始道家区别所在。

4.《老子》主张不争,帛书《黄帝四经》主张不争亦无以成功

这里的"争"与"不争"既包含着天与人之间的关系,也包含着当时各诸侯国的纷乱战事。它体现着人们对本体的关注,也体现着对现实的关注。

帛书《黄帝四经》与《老子》之间的不同,即体现在了二者对天与人关系的不同认识上。《老子》的天人关系理论最大的特点就是,人要顺天道而动,合天道而行,随顺道之自然。因为天道的本性即为"不争"。"天之道,不争而善胜,不言而善应,不召而自来,繟然而善谋。"(《老子》第73章)人作为天地万物的一分子,要"以人合天""与天相应",与天道相合,虚静,不争,无欲,无为,回归到事物本然的状态,这结果就是使主体意识丧失。与《老子》相比,帛书《黄帝四经》虽然保留了一些原始道家的传统,如人性贵自然,政治统治要依循天道等,但在天人关系上,对《老子》的一任自然的缺陷有所克服。帛书《黄帝四经》一方面肯定人道,重视人在改造自然和社会中的能动作用,认为人对天道不只是消极被动的,而是在认识其客观规律的基础上,可以通过人的主观充分发挥天的客观,为人所用,最终即可以做到人与天地并立为三。另一方面,在肯定人道人为的同时,帛书《黄帝四经》也强调"顺道",即尊重客观规律,也即人的行为同时受着客观规律的制约,人不能无视而任意妄为,人只有按照客观规律办事,才能达到预期的目的。

帛书《黄帝四经》关于天与人的关系,从老子的被动顺从道,转化为有目的、适时、顺势地利用道。它的这种观点是建立在既尊重客观规律,又肯定人的主观能动性;既合规律性又合目的性的统一。与老子的单纯追求"道法自然",人道被动的观点相比,是一次认识上的飞跃。也正是两者对于天人关系

的态度不同,导致了二者政治方向的重大分歧。

5.《老子》的治国次序是无为,即完全顺任自然、天道的,最终目的是无为无不为,而无为是术是手段,无不为才是最终目的,即有为

《老子》是《道经》在前,《德经》在后;帛书《黄帝四经》中的治国次序是有为,即顺时、顺势而为,最终目的是使事物进入自然轨道,处于和谐、有序的无为之中,这里有为是手段,无为是目的。所以,帛书《黄帝四经》是《经法》在前而《道原》在后。

## 附论:帛书《黄帝四经》的因循为治与《老子》的无为而治

关于马王堆汉墓帛书即学界所习称之帛书《黄帝四经》人们尚有一些不同认识,深化其思想内容的研究仍是中国古代思想史研究的重要课题。这里主要就帛书《黄帝四经》的因循为治思想与《老子》无为而治主张的关系,及其在西汉初年政治实践中的运用,讨论黄老因循思想的含义及其在中国古代思想史上的意义。

### 《老子》法天道顺自然以为治的思想

《老子》以"法道"为其思想的基础理论依据,而展开其为治的思想论说,从方法论上讲就是"因循道体"。《道德经》里没有出现"因"和"循"这两个概念,但是,具有"因循"之意的思想却是非常丰富的。《老子》曾明确提出"人法地,地法天,天法道,道法自然"(《道德经》第 25 章)的思想,这里的"法"就具有因循之意。《老子》所谓道的明显特征即本源性和虚无性,也就是"道"是先于万物而生的独立存在,它永不止息,是万物的绝对主宰。且"道"又是至虚、无形的,它存在于万事万物中而又不可感知。所以人所法的本源之"道",是无法把握的。这样,完成"法道"任务的重担就落在了"自然"上。这里的"自然"是自然而然、本来如此的意思。"自然"是事物的本性和客观规律,是一种状态或价值体现,而无为是实现自然这一最佳状态或中心价值的基本手段。自然只有通过实践无为的原则来实现,而无为则是在自然的价值中彰显其意义。

在《道德经》中,《老子》对无为之"为"作了具体的解释:"道常无为而无不为。侯王若能守之,万物将自化。"(《道德经》第 37 章)在此,无为之"为"实际与《老子》说的"无不为"具有内在的一致性。我无为而使万物自化,"万

物自化"也就是"无不为"了。不难看出,这种无为之"为"的特点,在于利用对象自身的力量而不加干预,以最终达到其自然而然、本然如此的最终目的。这里《老子》讲"侯王若能守之",显然是从为政之道的意义上说的。也就是说,在政治上《老子》主张"无为"也是效法"道"的本性,即常无为而无不为。常无为,就是顺其自然。无不为,就是包括人在内的自化。自化,就是按事物自身的本性和规律的自然存在和发展。

当然,《老子》讲的无为,也不是绝对地无所事事,无所行动,《老子》讲"正善治,事善能,动善时"(《道德经》第8章)。正(政)、事、动,是符合客观实际的去做,而不是凭主观愿望去妄为,这实际说的还是因循于道的问题。这种作为不是去用强力改变事物的本然状态,而是顺其自化。虽然顺其自化之顺是人的作为,但就事物变化的结果来说,万物的自化和人作为的目的是一致的,这也是《老子》讲到的"上善若水"的意义。也就是说正(政)、事、动皆合于客观实际,若流水就下,即顺于道,其最终的效果是人皆顺应于此种治道,也就像水流就下。这也就是《老子》说的无为而治,即因循顺任事物的发展和变化法则使之自化。

关于《老子》说的无为之含义,人们向来有争议。主要原因还是曲解或误读了《老子》的"无为"与"无不为"之间的一致性,因此上称《老子》为"阴谋家"。《老子》说"为无为,事无事,味无味"(《道德经》第63章),看起来是有为、有事、有味,但这种为是无为,这种事是无事,这种味是无味,实际追求的还是无为、无事和无味。《老子》说"为而不恃","为而不争",如果是为而有恃、为而有争,就不是无为了,那是为了人的目的去强力追求一种结果。不是为了恃、为了争的为,实际这种为就是因顺事物本性的为,其实质仍然是主倡事物的自化,人不去破坏事物的自化,就是为无为。所以,可以说《老子》主张的法、顺或者说因循自然,既是手段也是目的。无为无不为,无为看起来是手段,但从《老子》讲的"圣人不仁"和"小国寡民"来看,是通过"无为"实现"无不为"。而无不为的为实际是一种不为的为,以合于自然回归自然的为,相对于儒法或者一般意义上的为,其实质即是为之于不为,实际还是无为。是以超世俗的方式来处理世俗事务,从而实现人类社会与自然秩序的和谐。从要达到《老子》所追求的目的意义上说,无为是有为,从《老子》所追求是一种自然而然来说,这种为仍是无为。儒家、兵家、法家,他们实际也都讲因时顺势,但因、顺只是一种手段,其目追求的是外在的德业和事功,这与《老子》的因循无为要求的结果是不一样的。

当然,在春秋战国时期,各国君主无论是自愿的还是被迫的,都被卷入到争霸的纷争之中,人民更是欲静不能。《老子》主张的无为、不争的思想,与春秋战国时的社会实际是相悖的,所以其思想是不能被诸侯所采纳的。

## 帛书《黄帝四经》因循为治之道

帛书《黄帝四经》关于治道的思想特征是在继承《老子》之学法天道顺自然思想的同时,吸纳了战国法家的学说,将《老子》顺任天道而无为的为治之道,改造成因循天道以有为的治国理念。

帛书《黄帝四经》中说:"因天时,伐天毁,谓之武。"(《经法·四度》)"道有原而无端,用者实,弗用者空。合之而涅于美,循之而有常。"(《十大经·前道》)这些讲的都是因循的意思。此外,体现这方面意思的还有"顺""从""随"等。如"夫并时以养民功,先德后刑,顺于天。"(《十大经·观》)"一年从其俗,二年用其德,三年而民有得。四年而发号令,五年而以刑正,六年而民畏敬,七年而可以正。一年从其俗,则知民则。"(《经法·君正》)"不旷其众,不为兵邾,不为乱首,不为怨媒,不阴谋,不擅断疑,不谋削人之野,不谋劫人之宇。慎案其众,以随天地之从。不擅作事,以待逆节所穷。"(《十大经·顺道》)说的也都是因循以有为的意思。

帛书《黄帝四经》因循之对象主要有:因道(或天道)、因时、因名。帛书《黄帝四经》的作者坚守着道家崇道、法道、体道的基本立场,强调法道而为治。如开篇就提出"道生法"的命题,认为国家治理所凭依和运用的法律制度是由"道"派生或根据"道"制定出来的,从而确定了"道"在为治过程中的地位和作用,并且对法道而为治的主张进行了反复阐发。在他们看来,那个无形的"道"决定着人间社会活动的一切正常秩序和最佳状态,是获治天下的根本保证。"法道"具体说,首先是法天道、遵循天道以施治。法天道的重要内容就是因时。帛书《黄帝四经》说:"圣人之功,时为之庸,因时秉□,是必有成功。圣人不达刑,不襦传。因天时,与之皆断;当断不断,反受其乱。"(《十大经·兵容》)"不天天则失其神,不重地则失其根,不顺[四时之度]而民疾。不处外内之立(位),不应动静之化,则事窘(窘)于内而举窘(窘)于[外。八]正皆失,□□□□。[天天则得其神。重地]则得其根。顺四[时之度]□□□而民不□疾。[处]外[内之位,应动静之化,则事]得于内,而举得于外。"(《经法·论》)由类似说法来看,所谓因时即因天时。因天时主要包含了两层意思:一是"顺四[时之度]",讲的是顺应自然规律以解决民生问题;一是"因时秉□,兵必有成功",讲的是利用好政治军事使战事得以成功的客观时机。两者的共同点是尊重客观条件而达成有利于人的目的。名也是因循的一个对象,关于"名"的内在依据,帛书作者认为名由天成的。这主要

是就"名"的自然形成以及"名"反映事物特征而言的:"凡事无小大,物自为舍。逆顺死生,物自为名。名形已定,物自为正。""物自正也,名自命也,事自定也。"(《经法·论》)在帛书作者看来,名与物相即不离,物是由天地阴阳作用而生成的,所以"名"也可以说是由天地制定的。《十大经·正乱》所谓"天地之名,□□自生,以随天刑"。而天地之名也同样是自成的,"昔天地既成,正若有名,合若有形,□以守一名"(《十大经·成法》)。这里,"自成"并不是说事物自身具有自我表述、自我命名的功能,只是认为人们自觉命制的"名号"不能违背"所指"的本然。《称》强调"有物将来,其形先之。建以其形,名以其名",从而将"名"中的人为因素纳入到自然而不违"天"之中。

因时、因名都体现了帛书《黄帝四经》因循天道而为治的特质。这种无为已不是消极的"无为",而是要循理而举事、因事而立功、推自然之势,即主张根据客观自然的规律,因势利导而有所作为。这样的"无为"理论相对于《老子》的无为理论就比较积极了。帛书《黄帝四经》所讲的"无为而无不为"理论,强调"静作得时"(《十大经·姓争》),要求人们做到"应动静之化,顺四时之度"(《经法·论》)。也即是说,人们应当顺应自然变化的规律而有所作为,而不要违背自然规律盲目行动。在"争"与"不争"问题上,黄老道家既不主张主动的冒险,也不主张消极的"不争"。帛书《十大经》说:"夫作争者凶,不争亦(无)以成功。顺天者昌,逆天者亡;毋逆天道,则不失所守。"(《十大经·姓争》)这是说,首先发起争斗者会有危险,但消极不争也不会获得胜利。顺应天时去行动就会兴旺,反之就危亡;不违背天道,就不会丧失已得之成果。由此可知,帛书所主张的"自然无为",不是消极的无所作为,而是积极审察时机,适时而动,从而顺应客观形势和事情的变化规律,而最终取得事物最大的成功。

帛书的无为是以因循无为作为手段和方法,是顺天道、顺理、顺客观实际而达到目的,这个目的不是《老子》说的是自然而然的,而是要克敌和治世的。帛书是以因循的方法来成事,作为一种思想方法或治世的手段,其本质含义是遵循客观规律和尊重客观事实,从而达到人的主观追求。可以说,帛书《黄帝四经》的因循为用在更深层面上符合了主客观一体的哲学诉求,具有一定的可操作性和实用价值。

### 汉初黄老无为在政治中的实践

几乎在整个战国时期,中国社会都处在大动荡和绵延不绝的战争之中,人民长期遭受战乱之苦,生产力虽然有所发展,但也经常遭到战争的破坏,因此广大人民迫切需要和平与统一。然而,秦始皇在建立了统一全国的丰功伟业之后，并没有给人民带来休养生息的机会，反而实行严刑苛法、繁徭重赋的极端专制主义的法家政策，结果加剧了社会矛盾。到秦二世和赵高统治时期，更是变本加厉，滥用民力，荒淫残暴，激起了人民的强烈反抗，貌似强大的秦王朝很快土崩瓦解了。其后，又经过三年楚汉战争，社会生产力遭到了严重破坏。在这种形势下，国家当务之急是恢复经济、发展生产。人民急需的是休养生息、安居乐业。人心思定，人心思治，是整个社会的普遍要求。而道家的黄老之学的基本宗旨，就是主张实行"无为"政治，这与时代的需要是相吻合的。

黄老无为之道真正进入汉初的政治实践领域，始于曹参入朝为相的惠帝二年（前193年）。由于萧何病逝，按照高祖遗嘱，曹参去齐王国丞相之职，入汉朝居相国之位。据《史记·曹相国世家》的记载，他接替萧何担任丞相职务之后，整天无所事事，日夜饮酒，不理政事，更无任何制度创新，一切都按照萧何的老规矩行事。曹参在吕惠时做了三年丞相，他辞世以后，老百姓歌颂他说："萧何为法，觏若画一。曹参代之，守而勿失。载其清静，民以宁一。"后人用"清净无为"来归纳、赞赏他的为治行为，而曹参的"清净无为"不是绝对不为，而是有所为和有所不为。其所为者：把好用人关、提供相对宽松的环境，他自己则获得较多的闲逸；其所不为者：不过问具体政事、不尚苛察，以及不新增法令。而有所不为实际也是一种"有所为"。在曹参看来，以高祖和萧何为代表的开国君臣已经制定了一套治国的制度，而且这一套治国制度，在实际的施行过程中，已经取得了很好的为治效果。那么，后继者只要依照执行"遵而勿失"就可以保持统治了。这样，"萧规曹随"便成为汉初政府遵循黄老无为而治国的典范。由此，"以因循为用"为特征的黄老道家思想，在西汉初期的政治统治中发挥了主导作用，并取得了成功。

## 小　结

从战国至汉初人们将黄老学作为一种政治、军事斗争及治世方法来看，帛书《黄帝四经》因循思想所体现的理论价值或发挥的社会意义主要表现在：

1.帛书《黄帝四经》的因循思想是对《老子》无为而治思想的继承和改造。因循是帛书《黄帝四经》所推重的方法，这一思想的源头在《老子》。帛书《黄帝四经》和《老子》二者的共同点是都讲顺因客观，不同点是帛书《黄帝四经》讲的是因势利导、因时利导以成事。《老子》认为若能顺任客观自然，

则目的即已达到。具体说例如政治斗争和军事斗争，《老子》主张不主动去争去打击对方就自然可以保全自己，可以取胜，这是不实际的。黄老学实际是主张争，主张待时打击对方，这是显著的不同。但争和打击对方是要顺应客观的（如等待、休养等），等待一切的时机成熟而动，这里面有对《老子》思想的继承，即因循中包含的尊重客观条件的思想。《老子》的顺任自然的思想，经过帛书《黄帝四经》的改造，成了可以运用于现实政治的理论，这已由西汉初年的无为政治得到了证明。

2. 因循理论体现了主体行为要合于客观规律、尊重客观实际思想观点，这具有普遍的方法论意义。黄老的因循讲求因道、因时、因名等，主张把握尺度，把握时机恰到好处的有所为，讲求主观之为一定要符合客观实际和规律，以使其达到最佳状态。这是一种具有普遍意义的方法论，在中国古代思想史上具有重要的价值。可以说与儒家所提倡的中庸学说有异曲同工之处。这种思想不仅在中国古代思想史上具有重要的意义，时至今日仍有不可磨灭的认识价值。

帛书《黄帝四经》其思想虽然仍然是以"道"为根本，以"无为"为宗旨，然而，其内涵却发生了很大的变化，它将《老子》的玄奥哲理转为治世之言，从而表现出一种着眼于现实的人文精神。也正是在这种意义上，黄老学作为道家学派的新时期发展理论，而避免了道家学说被边缘化的命运，成为当时综合各家学说的典范。

# 第五章 帛书《黄帝四经》纵深思想研究

## 第一节 帛书《黄帝四经》思想形成背景

### 一、社会政治状况

1. 礼崩乐坏

自西周以来,宗法制度已较为完善,"礼"成为西周人生活的重要组成部分。"礼"在人们的社会生活中占有极为重要的地位,可以不夸张地说,处处以礼规范。大到国家的政治外交、战事祭祀,中到社会中的人情往来,小到家庭的婚丧嫁娶都有具体的礼的规范作约束,社会的政治生活、经济生活和精神生活都离不开礼,"礼"是社会一切行为的规范。《礼记·曲礼》有:"道德仁义,非礼不成;教训正俗,非礼不备;分争辩讼,非礼不决;君臣上下,父子兄弟,非礼不定;宦学事师,非礼不亲;班朝治军,莅官行法,非礼威严不行;祷祠祭祀,供给鬼神,非礼不诚不庄。"而"周礼"的核心是严格遵守以周天子、诸侯、大夫、士、庶人为序列的贵贱尊卑等级之序。周天子拥有至高无上的权威,礼乐征伐等一切政治行为都应出自天子。但平王东迁以后,周室衰微,诸侯称霸的局面形成,以下僭上的事件不断发生,礼乐征伐自诸侯出:"故天子微,诸侯僭。大夫强,诸侯胁。于此相贵以等,相黜以货,相赂以利,而天下之礼乱矣。"(《礼记·郊特牲》)在这种局面下,维护社会等级秩序的礼、乐发生了变化,在名实上已经不相符合。

春秋以降,礼乐不仅混乱,而且只剩下了一些徒有其表的形式,更甚者,到战国时,礼乐文化变成了一些人牟取个人私利的工具。许多人常常假借仁义礼仪之名而行非仁非义非礼之实,庄子就田氏伐齐之事发表感慨,"一旦杀齐君而盗其国","为之仁义以矫之,则并与仁义而窃之","彼窃钩者诛,窃国者为诸侯,诸侯之门而仁义存焉。"(《庄子·胠箧》)

"礼"作为西周时期立国依据和维护政治秩序的准则,发展到春秋战国时,成为新兴权贵或假礼之名而谋一己之私的工具,周礼文化已经穷途末路。

2. 诸侯争霸

春秋战国是中国历史上的大动荡、大变革的时代,统治失序是诸子百家共同关注的主要问题。随着新经济生产方式的兴起和运用,新兴的社会势力与旧势力之间产生了激烈对抗,争霸战争成为解决问题的基本方式。

自春秋以来,"公食贡,大夫食邑,士食田,庶人食力"(《国语·晋语》)的井田制被破坏,私有土地开始普遍出现,随之土地开发也日益频繁,而争夺和兼并土地的战争越演越烈。"当时五霸等大国,齐拓地于东,灭国三十;晋拓地于北,灭国二十;秦拓地于西,灭国十;楚拓地于南,灭国二十六。这都是把他人耕之地,并为己有。惟宋居中原,鲁、卫、郑、许、陈、蔡等亦处中原,无法外拓,故争田、夺田、侵田、反田、与田、易田、疆田……之事,层见叠出(一部《春秋》中六十余见),可知当时已感觉地狭,重视天地的获得"①。为了争夺土地和称霸,新兴的势力开始了连年不断的战事。

频繁的战争给人们带来了极大的痛苦,不仅使以前的旧诸侯们一下子失去了特权和富贵,普通民众更是颠沛流离、家破人亡。面对此情此景,许多反战的思想和主张不断出现。"夫佳兵者,不祥之器。物或恶之,故有道者不处。"(《老子》第31章)不管老子是关注统治者的统治,还是关注民众的疾苦,都理性地批判了"无道"的战争,提出君子应以无为之"道"治天下,百官应以虚静之"道"佐人主,而"不以兵强天下"(《老子》第30章),反对战争,维护和平。

到了战国时代,战乱纷争不仅没有结束,反而越来越频繁、越来越激烈,"并大兼小,暴师经岁,流血满野。父子不相亲,兄弟不相安,夫妇离散,莫保其命,……晚世甚矣。万乘之国七,千乘之国五,敌侔争权,盖为战国"(《战国策·刘向书录》),整个社会处于混乱之中,"仲尼既没之后,田氏取齐,六卿分晋,道德大废,上下失序。至秦孝公,捐礼让而贵战争,弃仁义而用诈谲,苟以强取而已矣。"(《战国策·刘向书录》)

帛书《黄帝四经》中有:"今天下大争,时至矣"(《十大经·五正》)、"兼有天下"(《十大经·果童》)、"帝王之道"(《经法·论》),以及《称》中讨论的关于"帝者""王者""霸者"的内容,都是各诸侯国欲称王称霸兼并天下战争的写照。

---

① 郭宝钧:《中国青铜器时代》,北京:三联书店1963年版,第25页。

面对无道、无序、无约束的社会,诸子百家中的各家,都在思考着建立一个怎样的社会,都希图自己的设计蓝图成为普世的治世模式,儒家用"仁政",墨家用"兼爱",法家用"重法",道家用"无为"。而黄老学派作为道家的一个支派,不仅理论上提倡"无为",更是在实践上给以有力的确证。帛书《黄帝四经》的思想主旨就是遵循黄老道家的依天道而为治,兼采各家学说之长,建立一套相安有序的治世理论系统。

## 二、思想文化影响

### 1. 个体性因素

#### (1) 黄帝的天官之学

黄帝的传说开始之初,是对天道的神格化,是将"帝""上帝""天帝"等对天道的神格化称呼集于黄帝一身。随着黄帝的人格化,到春秋战国时期,黄帝成为人类文化的始祖,从文献记载看,他发明了养蚕、舟车、文字、历法、音律、医药、算术等,为人类的生产生活带来了极大的便利,奠立了中华民族的文明,黄帝成为人类智慧的化身,成了"人道法天"的典型;而所谓黄帝学或黄帝之学其实就是天学或天官之学。古代的天官,他们的主要任务就是观天象运行,推定历法,以指导农业生产活动,此学术背景是数术、方技之学。

"天道"是以阴阳和四时为主要表现形式的,其原型实际上是指太阳有规则地运行。中国文化发端于黄河流域,属于典型的农业文化,而且这种特质一直延续着。而农业文化的典型就是以太阳为崇拜对象,因为在当时人们看来,农作物的种植与收获要依赖于自然界的日月星辰、风雨雪霜等的恩赐,因此,崇拜这些自然现象便成了理所当然,在诸多自然因素中,太阳无疑是最为显著和最能被感知的,《尚书·尧典》《山海经》以及殷商卜辞中均有关于拜日古俗的记载。乌丙安先生据此指出"最早的对天的信仰是以对太阳的崇拜为代表"的。①《礼记·王制》亦有"天,为人也"之说,表明古人确是将太阳与天等观的。考诸其他历史文献,叶舒宪先生发现,黄帝是一种更为古老的太阳神创世原型。例如《世本·作篇》有"黄帝使羲和作占日,常仪作占月。臾区占星气……"《淮南王·览冥训》也有"昔者黄帝治天下……以治日月之行,律治阴阳之气,节四时之度,正律历之数……"进一步,参诸杨宽和童书业等先生关于黄帝传说或源于周人改造商代上帝观念的论断,叶舒宪先生指出

---

① 乌丙安:《中国民俗学》,沈阳:辽宁大学出版社1985年版,第250页。

"远古太阳神在周人神话中演变为黄帝"。①

太阳对于人类的意义,首先在于它的运行将光明与黑暗分离开来,从而太阳的规则运行便固化为以阴阳和四时为表现形式的"天道"。黄帝是古之圣人法天则地的代表,宜乎为抱持天道信仰和天人合一观念的史官一系所崇拜而被推为本派的圣人。

(2)老子的史官身份

史官是中国古代较早的文化承载者、记载者和传播者。史官的由来与神巫有着紧密的关系,巫可称得上是史官的初形态。巫在古代是"原始文化科学知识的保存和传播者"②,许多原始的知识和技艺或由巫发明或由其职掌。巫能通天,是神与人沟通的中介,他们通晓天文地理,也深谙人事社会。《史记·天官书》有:"昔之传天数者:高辛之前,重、黎;于唐、虞,羲、和;有夏,昆吾;殷商,巫咸;周室,史佚、苌弘。"这是周之前传天数的天官即史官的演进序列。《尚书·吕刑》:"上帝监民,罔有馨香德,刑发闻惟腥。皇帝哀,矜庶戮之不辜,报虐以威,遏绝苗民,无世在下。乃命重、黎,绝地通天,罔有降格。"重、黎就是史官的最早源头,是绝地通天的神,是作筮者,是天地神人沟通的渠道和桥梁,而且巫、史在不同时代从事某种相同事务。随着科技和人的认识的不断发展,巫的群体渐渐分化,史官就是分化出的一种。"史之源流,乃神、巫、史相传。由神而巫,由巫而史。"③在春秋以前巫、史还没有明确地区分开,而战国时期的老子是巫史分家后,专职史事的史官。

史官的主要职责是负责观测天象,依据日月星辰的运行变化规律来制定历法,即司天以明天道,也就是抱天时、知天道,所以,史官在周代是天官之一。而明天道一个重要目的是总结以往发生的事件,为当世的统治提供可资借鉴的经验教训。为此,史官不仅整理、汇编书籍典册,还要管理、阅读。所以,史官即是早期思想的总结者,又是这些总结成果的管理者,还是这些思想的宣传者。

史官在明天道、总结经验教训的过程中对自然、人事的变化感受最为深刻,自然的斗转星移,人事的兴衰沉浮他们一一阅尽。史官以自己的丰富知识和对以往历史经验的总结,能够为统治者提供切实可行且可信的意见和策略,以稳固其统治,为此,中国历代都置史官一职。"古之王者世有史官,君举

---

① 叶舒宪:《中国神话哲学》,北京:中国社会科学出版社1992年版,第219页。
② 宋兆麟等:《中国原始社会史》,北京:文物出版社1983年版,第498页。
③ 杨向奎:《再论老子——神守·史老·道》,《史学史研究》1990年第3期。

必书,所以慎言行,昭法式也"(《汉书·艺文志》),"故天子听政,使公卿至于列士献诗,瞽献曲,史献书……瞽、史教诲,耆、艾修之,而后王斟酌焉,是以事行而不悖。"(《国语·周语上》)

老子的史官身份在学界是共识。《史记·老子韩非列传》有:"老子者,楚苦县厉乡曲仁里人也,姓李氏,名耳,字聃,周守藏室之史也";《汉书·艺文志》:"道家者流,盖出于史官。历记成败存亡祸福古今之道,然后知秉要执本,清虚以自守,卑弱以自持";朱熹也曾说过:"盖老聃周之史官,掌国之典籍、三皇五帝之书,故能述古事而信好之"①;现代学者萧萐父指出,单就道家,论其起源,似可概括地表述为出于史官的文化背景而基于隐者的社会实践,前者指其思想理论渊源,后者指其依存的社会基础。②

史官的特有身份和职业特点深深地影响了老子思想的形成,因此,老子的思想中有着浓厚的史官文化特征。第一,老子的"道"是对史官"天道"的哲学化。老子在认识和了解天道的基础上,剔除了天道中的宗教神学色彩,提升和抽象出一个无神论的充满自然主义色彩的"道",并将其上升到哲学的高度,使其成为中国思想史上第一个哲学本体论的范畴。但老子的思想中仍或隐或现地存在着巫文化的痕迹。第二,老子的思维方式——由天道推人道的类比思维方式和辩证法,都是受史官文化影响的。老子《道德经》五千言处处都以天道为前提来为人事活动提供准则和依据,这是其史官明天道而总结历史经验劝谏上层统治者的历史任务的哲学式体现。史官的身份使老子遍阅古籍典章,对天象人事的变化兴衰有了深刻的了解,因此,一部《道德经》处处显露出智者的理性和机敏。恰如傅斯年所言:"史官之职,可成就些多识前言往行,深明世故精微之人。一因当时高文典册多在官府,业史官者可以看到;二因他们为朝廷做记录,很可了澈些世事。所以把世故人情看得最深刻的老聃出于史官,本是一件自然的事。"③老子的辩证法在中国哲学史上也具有深远的影响。老子以及所属的史官群体从自然的变化、人事的沉浮中认识到变化的恒常性,也认识到世间万物存在的彼此相待相对的特性,所以,老子不管是在说明天道还是解说人事都持变化运动的观点。"飘风不终朝,骤雨不终日,孰为此者? 天地尚不能久,而况人乎?"(《老子》第23章)

史官的身份使老子在掌握自然之道的同时,对人事有着深刻的感受,老

---

① 朱熹:《答汪尚书》,《朱子全书》,上海:上海古籍出版社、合肥:安徽教育出版社2002年版,第1293页。
② 萧萐父:《道家的起源》,《吹沙纪程》,上海:上海文艺出版社1998年版,第34页。
③ 傅斯年:《史料论略及其他》,沈阳:辽宁教育出版社1997年版,第105页。

子虽不仕,但其思想为统治者提供了宝贵的理论基础。

2. 早期隐者文化与社会批判精神

隐者文化是中国特有的一种思想和现象。其源头极其久远,最早可以追溯到殷末的伯夷、叔齐不食周粟而饿死于首阳山的故事。春秋战国时代是隐者层出的时代,当时各家著作中均有隐者的身影。如《论语》中的长沮、桀溺、荷蓧丈人、楚狂接舆;《战国策·齐策》中的"晚食以当肉,安步以当车,无罪以当贵,清净贞正以自虞",而不愿与齐王游的颜斶;而《庄子》中提到的隐士则更多,如许由、徐无鬼、庚桑楚、王倪、被衣、市南宜僚等(有的是有事迹可考的,有的则是庄子凭空臆造的)。可见,当时的隐者已成为一股不可忽视的社会力量。战国时士人活跃,这也带来了隐者的活跃。隐者是一些具有独立精神的士人,他们有士人的知识、胸襟与聪明才智,但又不像多数士人汲汲于社会世俗的功名利禄,而是置身心于社会之外,与社会保持一定的距离,"不降其志,不辱其身"(《论语·微子》)。这使隐者们不为社会所限,不为名利所羁,保持着清醒的头脑和士人的批判精神,对社会现实能够进行冷静、理性的反思。

道家与隐者更是关系密切,冯友兰先生曾指出古代的"逸民""隐者"是道家的前驱。① 南怀瑾先生也曾指出,道家的学术,渊源于上古文化的"隐士"思想。② 《史记·老子韩非列传》有:"老子修道德,其学以自隐无名为务。"所以,"老子,隐君子也。"老子是隐者中的一员,与其他隐者一样,他从复杂的政治斗争中跳出来,与政治保持一定的距离,因而对社会斗争有着冷静的认识,能够进行理性而深刻的批判。老子称这样的人为"被褐怀玉"之人,他们衣着粗布,生活清贫,远离权力的中心,却怀抱着崇高的理想,希图统治者能够从百姓的角度考虑,相安平静才能努力过好生活,而明智地选择"自然无为"的统治模式,具有极强的社会责任感。面对战乱频仍的社会现实,"隐"是以求自保的一个重要途径和手段;隐者的精神高洁而独立,对社会离而不弃,"隐"又是隐者不与世俗相合污的纯净心灵写照。乱世即"隐",盛世即"无为"。

## 三、天文、历法知识成熟

殷商时期,思想政治、文化信仰都是"神治"形态,任何事情都依赖于神的

---

① 冯友兰:《中国哲学史新编》(上),北京:人民出版社1998年版,第271页。
② 南怀瑾:《禅宗与道家;道家、宗密与东方神秘学;静坐修道与长生不老》,《南怀瑾选集》(第四卷),上海:复旦大学出版社2005年版,第178页。

指示,到西周时期,天命论提出了与以往不同的激进的思想,它反对天命只眷顾一个民族的旧的天命观,提出"天命靡常",以"德"来规定"天命"的标准,因此使所谓的受命剔除了神秘性,而具有了普遍性和人文性。但到了战国中叶,以"德""民"思想为代表的周代的天命论已经落后,不能适应时代的需要,于是出现从自然的普遍秩序与规律来说明天命转移的新理论,此种境况的出现主要是因为当时天文、历法知识的成熟。

人类最早的历学发端于对自然的观察和认识,也就是对物候的变化和生物活动规律的总结,出现了最早的自然历即物候历。但随着古人的天文知识的发展,天文历逐渐取代物候历。早期天文历采取观象授时的方法,即以地平四方为统一方位,来观测北斗斗柄或某些恒星的出现、运行来决定时令季节。这一阶段的历日需要稳定的观测结果最终确定,但由于科技水平有限,所以,历(不是历法)仍是被动的。一般认为,历法的生产和发展是由于农业生产的需要,但天文历法早就有另一个服务对象,就是星气之占。古人以星象和云气的变化为天道吉凶和人事灾异的表现。当时天文历法由于有通天、通神的功用,古人以它为一种统治权的象征。① 据最近天文学的研究,过去五千年中发生过三次历史上较紧密的星聚现象。② 据史籍记载,这些星聚现象一开始就被认为是上帝对一个新政权的合法性的认可。当时对天文的观测是被动的,所以历和受命论也都没有摆脱被动性和偶然性。西周时期,天文学有相当进步。《诗经》中有火、箕、斗、牛、室、昴、毕等星宿名称。随着天文知识的积累,至春秋中期,中国古代的历法摆脱了观象授时的被动性,进入了以一些规律排历的阶段。当时,人们已经掌握了比较准确的回归年长度即三百六十五又四分之一日,和十九年七闰的置闰法则等。③ 到战国时期,天文学家把黄道(太阳和月亮所经天区)的恒星分为二十八个星座,称为二十八宿,四方各有七宿,名称和方位明确。二十八宿是我国最早的天文坐标图,日、月、五大行星(木、火、土、金、水)的运行,彗星、新星、流星的出现,都可以在这个坐标图中标定出方位来。根据恒星的方位,又可以比较准确地推算出一年

---

① 薄树人主编:《中国天文学史》,台北:文津出版社1995年版,第162页。

② 星聚现象:一次是公元前1953年2月每日拂晓前发生在二十八宿中营室(双鱼座);另一次是公元前1576年12月发生在尾一箕(天蝎、人马座);其次是公元前1059年5月末的每日傍晚发生在舆鬼(巨蟹座)。这些星聚现象的发生时期,与夏商周三代的政权替代的时期相一致。参见班大力《天命和五行交替理论中占星学起源》,载《中国古代思维模式与阴阳五行说探源》,南京:江苏古籍出版社1998年版。

③ 薄树人主编:《中国天文学史》,台北:文津出版社1995年版,第163页。

中的重要季节的到来。二十八宿的划分和应用,是我国古代天文学研究的一项重大成就。到战国中期,行用四分历,才有了真正意义上的历法。而四分历的岁时三百六十五又四分之一日的测出,是利用冬至日正午日影长度四年之后变化一周得出的数据。这个数据四年的误差极小,不到45分钟。所以说古代天文学家的一项重要任务就是测定准确的冬至时刻,准确测出两次冬至时刻,一年的时长就算出来了,也就是一回归年。冬至的准确测定还关系到全年的节气准不准,而节气的把握又关乎着农业的发展状况,农业在古代又关乎国家的安危,所以说天文历法的确定是至关重要的。战国中叶以后,古代天文历法逐步地进入到成熟阶段。①

**四、稷下学宫整合**

帛书《黄帝四经》形成于淮泗地区,前文(成书概说中的地域问题)有阐述。而淮泗地区有其特殊的地理(齐、楚、鲁、宋交会地)、军事(兵家必争之地)、文化(徐、越、齐、楚文化融汇,以天道思想为主)这样的大背景,所以战国中期以后的黄老学者,如《管子》、帛书《黄帝四经》《鹖冠子》的作者都受此地文化荟萃的滋养。但说到帛书《黄帝四经》的成书地点,则不得不归于齐稷下。

首先,稷下数术方技学发达。

稷下学宫的历史,据学者考证,有将近百年的历史(公元前374—公元前221年)。② 稷下学宫是学术重镇,学派汇聚,其中包括儒家、道家、名家、阴阳家。据《史记·孟荀列传》,宣、湣王时期以道家最盛,包括田骈、接予、慎到、环渊。襄王时有儒者荀卿,荀卿之后以阴阳家最盛,如邹衍等。此外还有兵学家,包括《司马法》《吴孙子》《齐孙子》、今本《六韬》等的作者。李零认为:"稷下诸子中,阴阳家和道家有很大势力。这两家,阴阳家偏于阴阳天道,即数术;道家偏于养生,即方技,是以这两种专门之学做背景。"③在《说黄老》一文中,他则直接点明黄老之术与数术方技的关系:"通过对阴阳家和道家的研究,我们可以看得比较清楚,它们是数术方技之学更直接的延续,而黄老之术

---

① 张闻玉:《古代天文历法讲座》,桂林:广西师范大学出版社1985年版,第5页。
② 孙以楷:《稷下学宫考述》,《文史》第23集,北京:中华书局1984年版,第41~54页。
③ 李零:《出土发现与古书年代再认识》,收于《李零自选集》,桂林:广西师范大学出版社1998年版,第46页。

又是融通二家与二学的新体系。"①据考证,数术方技属于专门之学,《汉志》中不列入诸子学派,章学诚《校雠通义》卷二以数术方技之学与兵书中的形势、阴阳、技巧家之言,称为"法术名数",以别于诸子的论议文辞。但是它在稷下受到重视,连带诸子论政也都受影响,将之纳入治国纲领,尤其是黄老学派、阴阳学派,这两家学派以养生学、天道学推衍政治,并参以兵学,成了战国中后期的学术主流。考证其原因,除了数术方技受到君主重视外,其实这些学者追求的是一套客观公平的治国大法,取代以礼论法的旧传统。春秋战国时期,战争频繁,但并没有妨碍学术思想的交流。如吴越之间,"夫吴之与越也,接土邻境,壤交通属,习俗同,言语通。"(《吕氏春秋·知化》)而战争存在,但思潮激荡就可以理解了。越国范蠡,精通天文、历算、星占、博识多闻。他曾说:"掩目别白黑,虽时时一中,犹不知天道论阴阳,有时误中耳。"(《意林》引文)明确主张"知天道,论阴阳"的方法观察世界,掌握天地万物的规律。而当时最先进的新知,为人所公认的天文学,遂衍为天道思想;养身论借着进步的医学知识,成为君主的养身宝鉴之余,还可以拥有"安徐正静,柔节先定"(《十大经·顺道》)因循应变的治国智慧;兵学是因应战争,属于当代必修之学。黄老学反复强调的天之道、地之德,基本上就是折中向天地取法,追求科学、客观精神的展现。

帛书《黄帝四经》便是体现黄老学这种思维的代表作。它的天道思想以及兵学思想,都是重视数术方技科学的表现,所以将其成书地点放在稷下的环境是很合适的。

| | 公元前 | 兵政 | 天文历法 | 学术 |
|---|---|---|---|---|
| | 536 | 郑铸刑书 | | |
| | 513 | 晋铸刑鼎 | | |
| 战国初期 | 478 | 孔子卒后一年 | 战国时代开始 | |
| | 446 | (—前397)魏文侯时期,用李克变法 | | 魏文侯礼贤 |
| | 386 | 田和始侯 | | 孟轲(前390—前305) |
| | 384 | 吴起自魏奔楚 | | |
| | 381 | 楚悼王卒,楚人杀吴起 | | |
| | 376 | 田午杀君王剡自立 | | 田午立稷下学宫 |

---

① 李零:《出土发现与古书年代再认识》,收于《李零自选集》,桂林:广西师范大学出版社1998年版,第289页。

续表

| 时期 | 年代 | 事件 | 人物/备注 |
|---|---|---|---|
| 战国中期 | 370 | 梁惠王元年 | |
| | 368 | | 庄周(前365—前290)生 |
| | 360 | | *甘公、石申发现行星有逆行现象。实行四分历即历元 |
| | 359 | 秦孝公用卫鞅,定变法令 | 卫鞅(前390—前338) |
| | 358 | 田齐威王即位 | 邹忌见威王,淳于 游稷下 |
| | 355 | 申不害相韩昭侯 | 申不害(前400—前337) |
| | 353 | 齐败魏于桂陵 | |
| | 344 | 梁惠王会诸侯于逢泽 | 惠施(前368—前310)游梁 |
| | 343 | 齐败魏于马陵 | 《孙子兵法》《孙膑兵法》 |
| | 335 | | 孟子游齐 |
| | 334 | 齐、魏会徐州相王 | |
| | 333 | 楚伐齐,败齐、围徐州 | |
| | 325 | 秦、韩称王 | |
| | 323 | 燕称王 | |
| | 322 | 赵称王。六国称王时代（《史记·鲁世家》） | |
| | 319 | 齐宣王即位 | 孟子自魏来齐。稷下学士复兴：慎到、田骈、接子、环渊 |
| | 301 | 齐宣王卒。齐与韩魏攻宋、杀唐昧 | 邹衍(前305—前240)生 |
| 战国晚期 | 300 | 齐湣王即位 | *长沙子弹库帛书(墓葬年) 《司马穰苴兵法》 |
| | 288 | 齐、秦约称东、西帝 | *帛书《黄帝四经》 |
| | 286 | 齐灭宋,湣王杀司马穰苴（《战国策·齐策》） | 稷下诸子皆散 |
| | 285 | 乐毅自燕至赵,说合纵伐秦 | |
| | 284 | 齐湣王卒于莒 | |
| | 283 | 齐襄王即位 | 公孙龙说燕昭王以偃兵 |
| | 281 | | 韩非(前280—前233)生 |

续表

| 战国晚期 | 278 | | *甘德《天文星占》、石申《天文》成书在前370—前270 | 稷下复兴，荀卿自楚返齐，为稷下老师，邹衍游燕。 |
|---|---|---|---|---|
| | 264 | 齐王建即位 | | |
| | 221 | 秦并天下 | *《五星占》完成于170 | |

说明：记事以田齐为主。系年依钱穆《先秦诸子系年》。六国称王以纲底标示（按：楚在公元前706年称王）。*为新增入资料。

其次，稷下学宫的自由学术氛围。

稷下学宫的学者们在齐国统治者的开明政治之中享受到极大的自由，无论哪一个学派都可以在这里宣传自己的主张。作为当时的学术文化中心，战国中后期几乎所有诸家学派的学者在这里都有代表人物。除了齐国本地的学者之外，来自其他各国的学者也不少。如慎到、荀子为赵人，宋钘、兒说为宋人，环渊来自楚国。在学宫的"数百千人"中，肯定还有不少来自其他国家的学者，这些人带来了不同地域的文化，共同造就了稷下学宫的繁荣景象，也促进了齐国学术文化的极大发展。在稷下学宫这个自由的学术论坛中，各派学者之间，同一派之间，先生与先生之间，先生与学生之间，都在不断进行论争。论题既有政治方面的，也有纯学术方面的。争辩的结果，"胜者不失所守，不胜者得其所求"（《史记·平原君虞卿列传》集解引刘向《别录》）。这种有益的学术论争完全不受政治干扰。它不像后来汉代的学术，帝王可以设置学术禁区，更由帝王来裁定学术是非（如白虎观会议"帝亲称制临决"），而是由学术本身来说话。正是这种有益的自由论争，使稷下学者取长补短，在理论学说综合的基础上形成新的学术思想和学术派别，甚至同为一学派但却表现出不同的特点。比如，同为黄老学派的人物，慎到的学说援道入法，成为"道法之转关"，而尹文的学说则接受名家的学理而突出名法，主张道法名三者结合；《管子》则更多地接受了儒法思想，在主张法制的同时，又注意以"礼义"为辅，使之具有温和派的色彩。在学术综合倾向显现的时候，同一学派内部也因着重点不同而产生新的分化。比如名家之中，有的学者受到墨辩逻辑的影响，将循名责实与法家的参验论结合，从而形成了政治色彩浓厚的所谓"刑（形）名家"。后来产生了在汉代影响深远的黄老学派，正是在学术上"因阴阳之大顺,采儒墨之善,撮名法之要"(《史记·太史公自序》)基础上产生的。而帛书《黄帝四经》这一学术结晶正是学术思想高度自由的产物,因此,也只能在稷下这样的氛围下产生。

## 第二节 帛书《黄帝四经》的思想体系

### 一、帛书《黄帝四经》与天道的关系

《史记·太史公自序》中司马谈有关于道家的一段评说:"道家使人精神专一,……其为术也,因阴阳之大顺,采儒墨之善,……事少而功多。"其中"因阴阳之大顺"实际上就是"因顺天道"。而帛书《黄帝四经》全书的主旨在于推"天道"以明人事,援"天道"之理以治国。所以,"天道"思想在帛书《黄帝四经》中有着举足轻重的地位。帛书《黄帝四经》的天道思想,是以对天之逆顺、观阴阳之化变,以刑德为内容,以尊崇自然规律为主线,所展开的一套治国理论。

帛书《黄帝四经》的"天"指的是自然界的天,其有规律运转称为"天道",包括日月星辰的运行、四时的变化、节气的更替等,这是"天道"的本义或狭义。而以天道为准则,推天道以明人事,务时寄政,也称为天道或天道思想,这是"天道"的引申义或广义,帛书《黄帝四经》的"天道"思想是以广义为主。

(一)战国时期兴起的天道思想

中华民族自古就是以农为主、靠天吃饭的民族。当西方人在林立的城邦里进行着频繁的商业贸易的时候,中国的先民们一直固守着传统的农耕方式,在祖辈留下的土地上,生产生活、繁衍生息。农耕的生产生活方式使得先民们与土地、动植物、时令、天象之间有着无法割除的密切关系,先民们视土地、动植物、风云雨雪都是有生命的存在。对土地、动植物、时令、天象变化规律的认识成为先民们首要的事情,因此,自然而然、顺任物性被先民们视为一条基本的生活和生产规律,帛书《黄帝四经》所体现的黄老的"无为而治"思想,是对这一规律的哲学的、政治的提升和抽象。

在原始的、本初的自然状态下,科技处于前科学和准科学的阶段时,自然的无意识、无目的而有规律变化在人们的生产和生活中起着决定性作用。人的一切活动都力图与自然的法则、节律合拍。自然界的春生夏长秋收冬藏,随着时序而变化,人们的生产、生活也相应地发生着不同的变化。人要与天

地相参,才能真正掌握宇宙天地无穷运转的奥秘,这就是阴阳家、黄老学所谓的"天道"思想。

战国以前,"天道"相对于人道而言,是神秘的、遥远的、莫测的、不可把握的,"天道远,人道迩,非所及也。"(《左传·昭公十八年》)到了战国时代,随着人类科技的进步,对于日月星辰的运行规律可以通过科学数据准确掌握,天与人的距离不再是遥远的、不可企及的了,天与人的关系也不再是被动的、从属的。战国时期,人们之所以对"天道"的看法较前代进步,原因在于长期累积的天道知识,在战国时期有了飞跃的发展。

1. 数术与天道

(1)数术

对于"数术"的含义,可参照李零的界定:"……与宇宙或天地有关的古代知识体系。这种知识体系在古代史叫'数术'或'术数'。'数术'一词大概与'象数'的概念有关。'象'是形于外者,指表象或象征;'数'是涵于内者,指数理关系和逻辑关系。它既包括研究实际天象历数的天文历算之学,也包括用各种神秘方法因象求义,见数推理的占卜之术。"①中国古代存在着对数的信仰,而这种信仰的背后,则是对天道的信仰。②《汉书·艺文志》数术略把"数术"列为六类,即天文、历谱、五行、蓍龟、杂占、形法。其中,"天文""历谱""五行"与天文、历数有关;"蓍龟""杂占"为占卜术;"形法"属于相术。

依据李零先生对数术的界定,金晟焕先生概括了一个数术的定义:数术是与天文、历法、地学、占卜有关的实用技术、知识体系,其来源甚久。而严格地说数术主要是与"天道"或"天地之道"有关的知识、技术体系,即关于大宇宙的学术。③

(2)帛书《黄帝四经》与数术的关系

有学者认为,帛书《黄帝四经》的主要内容就是关于数术的。如金春峰先生认为:"帛书思想的核心是阴阳刑德思想。无论它的天道观、它的辩证法、它的刑名法术思想,可以说都是阴阳刑德思想的展开。"④魏启鹏先生也提到:"天道环周论的思想,贯穿在整个《黄帝四经》中,是黄帝之言哲学思想体系的核心和基本点。……战国中叶广为流传的'黄帝刑德'说,则是天道环周

---

① 李零:《中国方术考》,北京:东方出版社2001年版,第32页。
② 陶磊:《从巫术到数术——上古信仰的历史嬗变》,济南:山东人民出版社2008年版,第128页。
③ 金晟焕:《黄老道探源》,北京:中国社会科学出版社2008年版,第275、298页。
④ 金春峰:《汉代思想史》,北京:中国社会科学出版社1997年版,第38页。

论的一种比较通俗的基本概括,也许曾经是这个理论体系的最初表现形式。"①葛兆光先生认为:"(帛书《黄帝四经》)把这种偏重于实用知识与技术范畴的思路引向了对宇宙观念、制度建设、个人生存各方面的理论思考。"②所谓"实用的知识与技术",便是以"天道"研究为切入点的数术,其中包含阴阳刑德、天稽环周、四时五正等,帛书《黄帝四经》就是以这种天道为基本参照,设计出一套实用的治国大法。

终始:"终始"本就是历学用语,指的是天道(日月星辰运行规律)的开始和结束的循环方式。帛书《黄帝四经》的"终始",除了保留四时循环、"天稽环周"(《十大经·姓争》)的天道运行的本义外,还引申出刑名的终始论。

使用四时循环,表现"天稽环周"的本义,如《经法·论约》:"始于文而卒于武,天地之道也。四时有度,天地之李(理)也。日月星晨(辰)有数,天地之纪也。三时成功,一时刑杀,天地之道也。四时时而定,不爽不代(忒),常有法式,□□□,一立一废,一生一杀,四时代正,冬(终)而复始。"这是对终而复始的天道的描述。文武之事与成功、刑杀并列,指人道取法"一立一废,一生一杀"的天地之道而言。

"终始"引申到刑名之论,如《经法·道法》:"凡事无大小,物自为舍。逆顺死生,物自为名。名刑(形)已定,物自为正。故唯执[道]者能上明于天之反,中达君臣之半(畔),富密察于万物之所终始,而弗为主。"此段以"明于天之反"为主,主张执道者法天道以推明人道,不作主观干涉。"终始"在这里涵盖指称事的终始、逆顺死生的终始、名刑(形)的终始。

度、数、信:"度""数",指日月星辰在周天行径的度数,《尚书·尧典》疏:"六历诸纬与周髀皆云,日行一度,月行十三度十九分度之七,为每月二十九日。"《汉书·天文志》:"天下太平,五星循度。"都记载着日月星辰行度。研究古天文的学者指出:"古人早把太阳和月亮经过天区的恒星分为二十八宿,日行一度,以周于天,凡三百六十五又四分之一度,也和地绕日一周为一岁,亦三百六十五又四分之一日是一样的。岁周日计,星宿度计。"③根据天文学家的研究,春秋中期以后,测量出一回归年为三百六十五又四分之一日,到战

---

① 魏启鹏:《〈黄帝四经〉思想探源》,《中国哲学》第四辑,北京:三联书店1980年版,第179~191页。

② 葛兆光:《七世纪前中国的知识、思想与信仰世界》,上海:复旦大学出版社1998年版,第199页。

③ 殷涤非:《西汉汝阴侯墓出土的占盘和天文仪器》,《考古》1978年第5期。

国初期创制、行用四分历。① 阜阳汝阴侯墓出土的汉初测天文仪器,已经证实了这个说法。② 帛书《黄帝四经》中出现的"度、数",除了有上述数术含义外,还有从度数引申的度量、权衡与法度之意。另外,"度、数"常与"信"合说。"信"指期信,指的是日月星辰按一定的规律,有一定的周期运转。《经法·论》:"日信出信入,南北有极,[度之稽也。月信生信]死,进退有常,数之稽也。列星有数,而不失其行,信之稽也。"上段文字意思是,日、月、星辰运行各有其规律,"度之稽""数之稽""信之稽","稽"指法则,指的是它们具有可测的度、数和期信,已然成为人们遵循的法则。

而度、数、信是日月星辰的运行规律,那么人要怎样效仿?帛书《黄帝四经》中,"八正""七法"就是由度、数、信引申出来的人们法天道的准则。

"[天]定二以建八正,则四时有度,动静有立(位),而外内有处。天建[八正以行七法]。明以正者,天之道也。适者,天度也。信者,天之期也。极而[反]者,天之生(性)也。必者,天之命也。□□□□□□□□者,天之所以为物命也。此之胃(谓)七法。七法各当其名,胃(谓)之物。物各□□□□胃(谓)之理。"(《经法·论》)《经法·四度》也有类似的说法:"日月星辰之期,四时之度,[动静]之立(位),外内之处,天之稽也。"以上所述,"八正"即指依循日月星辰之期(按:"期"指运行规律有期信,包括度、数、信),建立"四时之度,动静之位,外内之处"的行事法则。七法指法天道性质以立法度的七项标准:一,取法天道,"明以正"的特性;二,取法天行合度的"适"性(按:犹"天当");三,效法天行有期信的"信";四,遵循天行环周"极而反"的规律;五,顺应天命的自然规律,取其不得不的"必"然性。(六、七项帛书文字脱漏,故不论)

由日月星辰的运行规律,引申出执道者的八正七法的依循法则,而中国的文化就是一种远取诸物近取诸身的文化。在人的心里,天具有公正、守信、公平、精准等特性,主要是以度、数、信的形式表现出来。因此在帛书《黄帝四经》中,可以看到由度、数、信引申出的度量、权衡与法度。

"规之内曰员(圆),柜(矩)之内曰[方],[县]之内曰正,水之曰平。尺寸之度曰大小短长,权衡之称曰轻重不爽,斗石之量曰小(少)多有数。八度者,用之稽也。"(《经法·四度》)

"称以权衡,参以天当。""度量已具,则治而制之矣。"(《经法·道法》)

---

① 张闻玉:《古代天文历法讲座》,桂林:广西师范大学出版社1985年版,第6页。
② 严敦杰:《关于西汉初期的式盘和占盘》,《考古》1978年第3期。

"法度者,正之治也。而以法度治者,不可乱也。而生法度者,不可还也。精公无私而赏罚信,所以治也。"(《经法·君正》)

"天行正信……以临天下。"(《十大经·正乱》)

而黄帝就是"质始好信""执虚信"的模范,就是以掌握天道规律"数日、磨(历)月,计岁,以当日月之行。"以达到"允地广裕,吾类天大明。"合于天道规律,以守道为根本,正信要合于虚道。所以说,帛书《黄帝四经》讲人君之"信",其准则须合于天道。

赢绌、逆顺:赢绌(缩)、逆顺本就是天文术语,是指行星运行的疾或迟,《史记·天官书》有依照五星运动状态逆顺、赢缩、疾迟、躁静,用以占验兵事。帛书《黄帝四经》中"赢缩"仍以天时运行规律、阴阳节气变化之意为主,所以其意还在天文历法范围。而"逆顺"则扩大到人事之君的南面之术上。

"赢缩"用于兵事,保有依日月星辰运行状态而为之意。"赢极必静,动举必正。赢极而不静,是胃(谓)失天。动举而不正,[是]胃(谓)后命。"(《经法·亡论》)以赢极而静,比喻兵事征伐得当与否,强调得"天"失"天",可见与天道数术有关。

下面是以天时之赢缩配合阴阳节、刑德之术施政的政治理念。"赢阴布德,……宿阳脩刑,……春夏为德,秋冬为刑。……夫并时以养民功,先德后刑,顺于天。其时赢而事绌,阴节复次,地尤复收。……其时绌而事赢,阳节复次,地尤不收。正名施(弛)刑,执(蛰)虫发声,草苴复荣。已阳而有(又)阳,重时而无光。如此者举事将不行。天道已既,地物乃备。散流相成,圣人之事。"(《十大经·观》)

天时有赢缩:春夏为赢　　为阳　　为德,
　　　　　　秋冬为缩　　为阴　　为刑
　　　　　　赢阴　　　　转阳　　为春　　以布德
　　　　　　宿阳(宿,久也)转阴　　为秋　　修刑

这里的赢缩,并不是直接指涉日月星辰运行的状态,而是与节气阴阳变化有关,近于物候学、月令说。

天极与天当:天极与天当,与天道数术有关,帛书《黄帝四经》中两者常并提,其义如下,《经法·论》:"天建八正以行七法",七法中的"适者,天度也"与"天当"意思接近;"极而[反]者,天之生(性)也",所谓"极而反"便是根据"天极"的概念提出的。

帛书《黄帝四经》的宇宙生成论认为,宇宙本原是"湿湿梦梦,未有明晦"(《道原》)"群群□□□□□□为一囷,无晦无明,未有阴阳"(《十大经·

观》)的状态,宇宙的形成是因为阴阳二气对立互转,形成天地、四时、日月星辰,天地已成而万物生(《十大经·观》),"阴阳备,物化变乃生。"(《十大经·果童》),万物有生死,日月星辰的运行有终始循环,四时有春夏秋冬交替轮转,这些都是阴阳进退消长的变化现象,阴阳之所以变化,就在于它依循着"极而反,盛而衰"的天道原则。

"极阳以杀,极阴以生","极而反,盛而衰,天地之道也,人之李(理)也。"(《经法·四度》)"极而[反]者,天之生(性)也。"(《经法·论》)所以能够掌握"天"极而反,盛而衰的规律,顺天行事,"因天时,与之皆断"(《十大经·兵容》),就是尽"天极",否则就是逆"天极"。"与天地同极,乃可以知天地之祸福。"(《十大经·成法》)"守天地之极,与天俱见。"(《经法·论》)"先屈后信(伸),必尽天极,而毋擅天功。"(《经法·国次》)"逆天之极,有(又)重有功,其国家以危……"(《十大经·兵容》)而"天极"如何掌握,就要靠天文历算提供的度数。"日为明,月为晦,昏而休,明而起。毋失天极,究数而止。"(《称》)"日信出信入,南北有极,[度之稽也]。"(《经法·论》)《周髀算经·上》:"至昼夜长短之所极。"注:"极,终也。"昼夜长短之所极,是当时认知"天极"的方式之一,如《称》《经法·论》都同时关心这个话题,并且强调以可测得的度、数掌握天极。陈鼓应引《鹖冠子·泰鸿》:"日信出信入,南北有极,度之稽也。"陆佃注:"此申致以南北之意,冬至,日在牵牛,夏至,日在东井,其长短有度。"说"南北有极"是指白昼最长与最短的一天(夏至、冬至)。① 掌握天极变化规律的度、数,就是"天当"。

天有恒干:长沙楚帛书《四时》有四神之名,饶宗颐、李零皆以帛书附图四隅所画的异色木翻译,以四木代表四时。② 李零还以《十大经·果童》《十大经·行守》"天边有恒干,地有恒常"以为四木与"恒干"有关,他引《说文》:"干,筑墙耑木也。"朱俊声《说文通训定声》:"植于两边者曰干,植于两端者曰桢。"《诗·大雅·文王》:"惟邦之桢。"《中山王壶铭》:"惟邦之干。"可见桢、干的重要性,楚帛书所画的四木就是"四神所立的擎天柱",根据"天有恒干"的说法,四木也就是四天干,即出土占盘的思维。③

《十大经·果童》黄帝问四辅,欲"畜而正之,均而平之,为之若何?"果童答:"天有恒干,地有恒常。合□□常,是以有晦有明,有阴有阳。……阴阳

---

① 陈鼓应:《黄帝四经今注今译》,北京:商务印书馆2007年版,第182页。
② 饶宗颐:《楚帛书新证》,收于《楚地出土文献三种研究》,北京:中华书局1993年版,第240~241页。
③ 李零:《长沙子弹库战国楚帛书研究》,北京:中华书局1985年版,第69页。

备,物化变乃生。"帛书整理小组注,果童乃黄帝四辅臣之一。银雀山汉简《四时令》(篇题补加)讲天子命"东南西北"四辅授时于民,①可作为《果童》"黄帝四辅"的内容补充。古羲和之官"敬授人时"(《尚书·尧典》),是治国重要大事。《果童》强调:"民卬(仰)天而生,侍(待)地而食。以天为父,以地为母。"后有果童"周流四国(方)"(按:"周流四国","四国"陈鼓应解为"四方")②,与通乎天地阴阳、定四时有关。

另外还有"黄帝四面""五正""时",在其他篇章有详细论述,也皆与天道数术相关。

2. 天文历法与天道思想

中国上古时代的哲学和宗教思想,均与天文观念密切关联,例如所谓"道"的观念,即来自于天象观察而得的周期性概念。③

战国中期以后兴起的黄老学,其天道思想便是奠基在古羲和之官"敬授人时"的作为,运用天文新知建立起明天道、推人事的治国理论。根据古天文学者的研究,战国中期的天文学家通过仪器测得行星运行顺逆的"度数"④,计算出年月日合朔闰终始循环的历法,使置闰方法更趋于精密严格。黄老学即主张,执政者应根据这些天文"度数"制历法、定度量、正刑(形)名、立法则,以天道律历之数联系规范彼此的关系,构筑成一套天地人相参的有机网络,以为万全的治国大计。

这个有机网络,以天道度数为根据,以数之"一"为名号,开展出"数始于一,终于十,成于三"(《史记·律书》)的万形万法。"天道曰圆。"(《淮南子·天文》)"天圆而无端,故不得观其形。""轮转无穷,象日月之运行,若春秋之代谢。日月之昼夜,终而复始,明而复晦。"(《文子·自然》)所以人们能够认知天道是终始循环而无穷的常道,最大的因素就在于历法能够掌握日月星辰的运行。《管子·枢言》说:"道之在天者日也,故先王贵明天道。"就是这个意思。帛书《黄帝四经》也是以天道终始循环立论,如《十大经·姓争》:"天稽环周。"《经法·论约》:"四时时而定,不爽不代(忒),常有法式,□□,一立一废,一生一杀,四时代正,终而复始。"还有篇章中出现许多计数,从一到九,以《经法·论》为例,便提到七个数:"天执一以明三。日信出

---

① 吴九龙:《银雀山汉简释文》,北京:文物出版社1985年版,第83~183页。
② 陈鼓应:《黄帝四经今注今译》,北京:商务印书馆2007年版,第306页。
③ 何新:《诸神的起源》(总序),北京:时事出版社2002年版,第6页。
④ 这个仪器可能是《史记·天官书》说的"璇玑玉衡",或是《周礼·大史》说的"抱天时与大史同车"的"天时"。参见严敦杰《关于西汉初期的式盘和占盘》,《考古》1978年第5期。

信入,南北有极,[度之稽也。月信生信]死,进退有常,数之稽也。列星有数,而不失其行,信之稽也。[天]定二以建八正,则四时有度,动静有立(位),而外内有处。天建八正以行七法。""六枋(柄)""三名"这就是黄老学所说的天、地、人相参,要客观公正的"数"来作为立法根据,要求执政者去私立公。《管子·幼官》:"法立,数得,而无比周之民,则上尊而下卑,远近不乖。"《吕氏春秋·仲秋纪》:"凡举事无逆天数,必顺其时,乃因其类。"《淮南子·天文》:"古之为度量,轻重生乎天道。……故律历之数,天地之道也。"其精神都是一致的。

阴阳家讲的"天道"着重在政治,偏于思想,并有着很强的迷信和牵强附会之处,与帛书《黄帝四经》将天道运用政治不同,与兵家将其运用于战略战术也不同。李零认为:数术之学在古代的实用知识中占有重要的地位。它是以天、地、万物等自然现象即"天道"为研究对象。这种学问在汉初司马谈的"论六家要指"中本来叫作"阴阳家"。西汉末,刘向、刘歆校书,把阴阳家的书分为两类,有家法可考和偏于思想的入于《诸子略》阴阳家;无家法可考和偏于实用的入于《数术略》五行类。①

"论六家要指"中司马谈对阴阳家概括:"夫阴阳、四时、八位、十二度、二十四节,各有教令。顺之者昌,逆之者不死则亡,未必然也,故曰:使人拘而多畏。夫春生夏长,秋收冬藏,此天道之大经也。弗顺,则无以为天下纲纪,故曰:四时之大顺,不可失也。"其中,"阴阳、四时、八位、十二度、二十四节"便是天文历法的内容,阴阳家将之与政治兴衰联系起来,目的在于"使人拘而多畏",达到"顺之者昌,逆之者不死则亡",合于天道的政治秩序。司马谈论道家治术,也以"因阴阳之大顺"总领此派纲要,"道家……其为术也,因阴阳之大顺,采儒墨之善,撮名法之要,与时迁移,应物变化,立俗施事,无所不宜。指约而易操,事少而功多。"换言之,"因阴阳之大顺"即是治术的最高准则,汉初盛行黄老道家、重视天道思想可见一斑。

3. 兵学与天道

战国以后兴起的天道思想,是在当时天文历学和科技发展的基础上出现的。然而天道思想的风行,与战争有着不可分割的联系。因为战争需要更精确的天文星占技术提供天象,测定方位,以掌握攻守的先机,战国兵事频繁发生,使得人们疲于战事,而尽快取得战争的胜利,是人们共同的期待。兵家辈出,研究"天道"的知识技术,也相继发达。

---

① 李零:《式与中国古代的宇宙模式》,《中国文化》1991年第4期。

《汉志·兵书略》将兵书分为四类，"兵权谋""兵形势""兵阴阳""兵技巧"，其中，"兵阴阳"即是"天道"在兵学中的应用。《汉志》对"兵阴阳"的定义是："阴阳者，顺时而发，推刑德、随斗击、因五胜，假鬼神而为助者也。"所谓"推刑德""随斗击""因五胜"都是属于数术（王先谦《补注》），这些数术是由天文星占家操作，通过仪器的测度推衍行事吉凶，供军事将领作为数术战略的参考。"顺时而发"，这里的"时"就是天时之时，与帛书中的"时"具有相同的含义，即"天道"。《淮南子·兵略》说："明于奇赉、阴阳、刑德、五行、望气、侯气、龟策、机祥，此善为天道者也。"这里的"天道"指的是奇赉、阴阳、刑德等"数术"的总称。奇赉、刑德、五行在《汉志》都被列于"数术略"（按：《汉志》"奇赉"作"奇胲"），"数术者，皆明堂羲和史卜之职也。……六国时楚有甘公、魏有石申夫。"羲和史卜是天文星占家，在古代是一种很高的职位，《史记·天官书》被称之为"传天数者"。《天官书》有："田氏篡齐，三家分晋，并为魏国。争于攻取，兵革更起，城邑数屠。因以饥馑疾疫焦苦，臣主共忧患，其察机祥、候星气犹急。"可见天文星占术与战争是密不可分的，兵学中的"天道"，就是透过阴阳数术而表现的。

有关《汉志·兵书略》所著录"兵阴阳"类的典籍今多不传，银雀山汉简《地典》的出土弥补了这个缺憾。根据竹简整理小组的说明，认定以黄帝与其臣子地典化形式写成的竹简内容，就是《汉志·兵书略》兵阴阳类著录的《地典》。① 从竹简的内容可以看出阴阳刑德术受到重视的程度。同墓出土的还有《天地八风五行客主五音之居》，此书是以风角五音推行用兵的主客胜负，学者认为也是属于兵阴阳之类。② 而且此墓出土兵书与阴阳数术的数量相当可观，更说明了当时此类书发达的情况。③ 研究者指出，银雀山汉墓是汉武帝初年的墓葬，竹书估计是文、景至武帝初期这段时间内抄写成的。④ 依照合理的推测，至少在战国末年至秦汉之际，兵书以及阴阳数术类的书籍就已经非常流行。⑤ 这从马王堆出土帛书以及阜阳出土汉简中也有一定数量的阴阳数术作品可以得到印证。1973 的年湖南长沙马王堆三号汉墓出土的帛书，大部

---

① 《银雀山汉墓竹简》第一辑《银雀山汉墓竹简情况简介》，北京：文物出版社 1985 年版，第 12 页。
② 李零：《中国方术考》，北京：东方出版社 2000 年版，第 56 页。
③ 罗福颐提到，"现根据已整理出的竹简，只《晏子》一书不是兵书。"《银雀山汉墓竹简》第一辑《银雀山汉墓竹简情况简介》，北京：文物出版社 1985 年版，第 34 页。
④ 《银雀山汉墓竹简》第一辑《银雀山汉墓竹简情况简介》，北京：文物出版社 1985 年版，第 21 页。
⑤ 许获：《略谈临沂银雀山汉墓出土的古代兵书残简》，《文物》1974 年第 2 期。

分是失传的古书。当中有许多被学者认为是兵阴阳的作品,如《刑德》甲乙丙篇,《五星占》以及《天文气象杂占》。① 魏启鹏认为这些兵阴阳的作品与战国时期天文学发达以来的累积有关,他说:"战国中期以后,随着天文学的发达和政治、军事的紧迫需要,候星之术在兵阴阳家中已经占有不可忽视的重要地位。"说明了兵书与讲阴阳数术的兵阴阳作品在战国中期以后流行的趋势。

兵学中的"天道",后来被阴阳家以及黄老学者用于论政,将数术的"天道"提升为宇宙万物的最高指导原则,人要与天地相参,才能真正掌握宇宙天地无穷运转的奥秘,这就是阴阳家、黄老学者所谓的"天道"思想。

(二)黄帝文化与天道思想

1. 黄帝文化与天道思想

黄帝的传说发端于天道的神格化,黄帝即"天道"。② 这是黄帝的本初之义,而后黄帝文化逐步发展,其与天道思想同步承载着中国文化的传统根基。

(1)黄帝与天文历数

> 昔者黄宗质始好信,作自为象(像),方四面,傅一心。四达自中,前参后参,左参右参,践立(位)履参,是以能为天下宗。(《十大经·立命》)

按:李零以为与式法有关。

> 黄帝曰:"芒芒昧昧,因天之威,与元同气。"(《吕览·应同》)(《淮南子·泰族》《缪称》:"因天之威"作"从天之道")
>
> 黄帝生阴阳。(《淮南子·泰族》)
>
> 何谓五星?……中央,土也,其帝黄帝,其佐后土,执绳而治四方。(《淮南子·天文》)
>
> 黄帝考订星历,建立五行,起消息,正闰余。(《史记·历书》)
>
> 鬼臾区对曰:"黄帝得宝鼎神策,是岁己卯朔旦冬至,得天之纪,终而复始。于是黄帝迎日推策,后率二十岁,复朔旦冬至。凡二十推,三百八

---

① 篇题系根据《马王堆汉墓文物综述》,《马王堆汉墓文物》,长沙:湖南出版社1992年版,第9~10页。顾铁符认为《天文气象杂占》是兵阴阳的书,与《刑德》用于军事占验的性质相同。顾铁符:《马王堆帛书〈天文气象杂占〉内容简述》,《文物》1978年第2期。又收录于《中国古代天文文物论集》,更名《马王堆帛书〈云气彗星图〉研究》,北京:文物出版社1989年版,第35~45页。

② 张增田:《黄老治道及其实践》,广州:中山大学出版社2005年版,第165页。

十年。黄帝倿登于天。"(《史记·封禅书》)

(2)黄帝与兵阴阳

"[黄帝南伐]赤帝,[至于□□],战于反山之原,右阴,顺术,倍(背)动,大咸(灭)有之。……已胜四帝,大有天下,……以利天下,天下四面归之。"(竹简《孙子兵法·黄帝伐赤帝》)

按:四帝以青、赤、白、黑配四方。

黄帝作剑,以陈(阵)象之。(竹简《孙膑兵法·势备》)

按:《太白阴经》卷六阵图总序:"黄帝设八阵之形"。

梁惠王问尉缭子曰:"黄帝刑德,可以百胜,有之乎?"
尉缭子对曰:"刑以伐之,德以守之,非所谓天官、时日、阴阳、向背也。黄帝者,人事而已矣。"(《尉缭子·天官》)

按:《尉缭子》是一部兵书。

太公曰:"凡兵之道,莫过于一。一者,能独来独往。黄帝曰:'一者,阶于道,几于神'。用之在于机,显之在于势,成之在于君。……"(《六韬·文韬》)

按:此黄帝有道家色彩。

"黄帝所以败蚩尤氏"使用新武器"轴旋短冲矛戟扶须",此种武器可以"败步骑"。(《六韬·虎韬》)

按:此是名家托名黄帝叙述发明之事。

败高生为德下死为刑四两顺生,此胃(谓)黄帝之胜经,黄帝召地典而问焉……(编号473 竹简《地典》)

按：内容似黄帝刑德。

　　釜法此黄帝见敌不叚(暇)焯(灼)龟而卜□……(编号1357竹简《天地八风五行客主五音之居》)

按：认为釜占法是黄帝发明。

　　古史传说中神农之世不以刑罚治天下，到黄帝时，由于变乱，纷争乍起，为匡乱世，才"内行刀锯，外用甲兵"(《商君书·画策》)，所以，黄帝具有战神的形象，阪泉之战，平蚩尤即此，孙武兵法中也有专门《黄帝伐赤帝》一篇，这反映在争霸的战国时期，兵事的重要性。

(3)黄帝与理法(刑名)

　　黄帝之治也，置法而不变，使民安其法者也。(《类聚》五十四引《申子》)

　　黄帝问力黑……天下有成法可以正民者？力黑曰：然。昔天地既成，正若有名，合而有刑(形)，□以守一名。……一之理，施之四海……(帛书《黄帝四经·十大经·成法》)

　　黄帝之治天下也，其民不引而来，不推而往，不使而成，不禁而止。故所谓仁义礼乐者，皆出于法，……法者，天下之至道也。(《管子·任法》)

按：此篇提升"法"的地位于"至道"境界，属于黄老道家思想。

　　盖闻黄帝合而不死，名察度验……(《史记·历书》)
　　臣闻《黄帝理法》曰："垒壁已具，行不由路，谓之奸人，奸人者杀。"(《说苑·指武》)

阴阳家及其黄老道家引天道数术立说，天道思想发展臻于至盛，黄老道家用心于"道生法"，阴阳家用心于月令、玄宫，至阴阳五行说完成于邹衍，以文明始于黄帝，遂将黄帝地位与天道思想推之至极。

### (4)黄帝文化与天道思想

魏启鹏提到托名为黄帝的原因,认为黄帝与天文历法、战争有密切关系。①《史记·历书》:"太史公曰:神农以前尚矣。盖黄帝考定星历,建立五行,起消息,正闰余,于是有天地神祇物类之官,是谓五官,各司其序,不相乱也。"传说中的黄帝与天文历法有如此重要的关系,所以,托名黄帝,一方面反映了这个学派的形成与天文学、历算学的发展有悠久的历史渊源;一方面表明这个学派对"守时以行"的重视。② 从以上的列举中可以看出,这是很正确的看法。从另一个角度来说,天文历数与兵法基本上属于"数术方技",战国时代有许多创制发明,大多托名黄帝,以黄帝君臣对话的形式,形成一类托名黄帝的数术方技书,根据《汉志》所载秦汉以来托名黄帝的书有:

  诸子略 道家四种七十八篇,阴阳家一种二十篇,小说家一种四十篇。

  兵书略 兵阴阳一种十六篇。

  数术略 五种九十四卷又三十三篇。

  方技略 九种一百六十六卷。

以上所列,可以清楚说明托名现象的分布情况。李零进一步主张黄帝之言基本上与数术方技有关,托名黄帝主要讲发明:"(《世本》)《作》讲发明,和帝系集中于黄帝是同步趋势。这些'某作某'的短语是战国秦汉时期,以黄帝君臣对问为形式的大批技术书的叙事母题。"③根据这种说法,我们看到托名黄帝讲发明的相关著作,在稷下的例子也很多,如《管子》及《孙子》。《管子·五行》:黄帝"作五声","立五行","以正天时。五官以正人位"。《任法》:"黄帝之治也,置法而不变。"《轻重戊》:"黄帝作钻遂生火。"《桓公问》:"黄帝立明台之议。"此外,《孙子》的"黄帝胜四帝"故事,也是依托黄帝讲发明,同时它也是现今所见依托黄帝最早的资料。据李零的说法,《孙子》是齐威王和威王以后,由稷下学士整理而成。齐威王祖述黄帝,与稷下著作托名黄帝讲发明,应该是可以联系起来的。至于为什么齐威王时会产生托名黄帝讲发明,我们以为跟齐威王与魏惠王的徐州相王之事有关。

---

① 魏启鹏:《黄帝四经思想探源》,原载《中国哲学》第4辑,北京:三联书店1980年版。
② 魏启鹏:《黄帝四经思想探源》,原载《中国哲学》帝4辑,北京:三联书店1980年版。
③ 李零:《李零自选集》,桂林:广西师范大学出版社1998年版,第300页。

齐威王二十四年(公元前334年)与魏惠王徐州相王,打破楚独称王的局面,"于是齐最强于诸侯,自称为王,以令天下。"(《史记·田齐世家》)这时期也正是天文学家甘德、石申发现五星(邵雍《皇极经世》)、采行四分历新制的"历法确立时期"(陈遵妫《中国天文学史》)。石申是魏人,甘德依《史记》说法是齐人,他们制定的新历法,也为齐、魏相王改元更始提供最好的服务,《史记·历书》说:"王者易姓受命,必慎始初。改正朔、易服色、推本天元、顺承厥意。"威王制器铭文《陈侯因(上次下月)敦铭文》祖述黄帝,与改元更始自立为王的行为相合来看,则祖述黄帝的声明确可以使历法新制的实行,更加具有放诸四海皆准的正当性。如果这个联系是正确的,由此可以推论稷下重视数术,与道家、阴阳家重视天道思想,并托为黄帝之言,为的是贯彻威王祖述黄帝的一统雄心,同时在文化上形成以黄帝为中心的汇归趋势。

2. 帝王术与天道

战国中期以后,六国相王时代来临(公元前322年),战国晚期之初,齐、秦进一步约称东、西帝(公元前288年),虽然由于种种原因最后未果,但由霸而王、由王而帝的时代趋势已经形成,这一时期也正是稷下黄老道家热烈讨论如何以天道思想,设计一套天、地、人相参的大法,以供君王成就"帝王之道"的时代。① 可以说,战国中期以后天道思想的兴起,与诸侯由王而称帝的趋势是同步的,因为黄老道家将原初的天道知识从具体的星辰运行、四季推移,推衍抽象成为"宇宙的普遍性和抽象性",将"天道"与人间吉凶灾祥联系起来,把"本来作为时日的规则成了宇宙秩序"②,执道者根据天道以制定的刑名法术,其根源性因此得以确立,如此,作为"生法"的执道者(帛书《黄帝四经》称人君为执道者,《经法·道法》:"故执道者,生法而弗敢犯也。"),如果能够体察天道,并依道而为,即可成为人事主宰,成就帝王之道。帛书《黄帝四经》中说的"帝王之道"就是这种思维逻辑的典型:"是以守天地之极,与天俱见,尽□于四极之中,执六枋(柄)以令天下,审三名以为万事□,察逆顺以观于霸月(霸)王危亡之理,知虚实动静之所为,达于名实[相]应,尽知请(情)伪而不惑,然后帝王之道成。"(《经法·论》)

此后,探索天道的学说包括阴阳学说及五行学说,一方面从"解释世界的

---

① 顾颉刚曾考证《王度记》《周官》,以及明堂、封禅、巡授、五等爵等典礼,都是稷下先生为筹划建立统一帝国的作品。其说为学界普遍接受。文见《"周公制礼"的传说和〈周官〉一书的出现》,《文史》第六辑,第1~40页。

② 葛兆光:《七世纪前中国的知识、思想与信仰世界》,上海:复旦大学出版社1998年版,第234页。

本质、万物的生成和探索宇宙变化发展的规律"发展,一方面也为帝制文化的天人相应作实务的设计。① 最终天道思想通过阴阳与五行学说合流,完备了系统理论,实现这个大工程的人学界都推邹衍,但也有学者指出《管子》中的《幼官》《四时》《五行》《轻重已》,已经具有了阴阳合流的雏形。但无论如何,这些成果都是在稷下学宫完成的。因为,稷下学宫重视数术,数术是研究天文历算,作为君王奉正朔和军事用途,是当时先进的知识领域,慎到、田骈等以此新知识转化为天道思想,推天道以明人事,为君人南面之术开启了以天道治国的可能;帛书《黄帝四经》继承并为"道生法"找寻根源,提出"帝王之道";《幼官》《四时》《五行》《轻重已》的作者进一步结合阴阳五行学说,使天人相应设计趋于系统化;最终由邹衍完成阴阳五行学说系统理论,为帝制活动创造了文化价值。李零认为,阴阳五行学说之所以在战国秦汉时代特别流行,有特殊的时代因素,尤其是重视数术的稷下学宫提供了重要的发展背景。② 他指出,数术中的式法应该就是启发阴阳五行学说的重要媒介:"式法模拟天象,模拟历数,目的是想创造一种可以自行运作的系统,以代替实际的天象观察和历数的推算。……战国秦汉时期的阴阳五行学说就是以式法为背景而形成的。它的特点是符号化和格式化,适合于从任何一点做无穷推衍。所以,这种思维模式一旦出现,很快便渗透于中国所有的实用知识,成为囊括其各分支的知识网络和做一切相关分析的逻辑工具。它对中国的科学技术、宇宙理论和哲学思想,无论从好的方面讲还是坏的方面讲,都有深远的影响。"③ 此后,由天道数术衍生而来的阴阳五行学说,在邹衍之后已经成为"学者所共术"(《史记·孟荀列传》),接着,《吕览·十二纪》《礼记·月令》以及汉代的《淮南子》《春秋繁露》,也都可以看到阴阳五行系统思维模式的影响轨迹。

帛书《黄帝四经》中帝王与天道之关系,是通过"黄宗"即"黄帝之庙"即"明堂"的形式来实现的。"明堂"的整体形态就是一个宇宙中心原型或太阳形态,而天子居中宫,当斗位,周行十二月,以示天时,就是天子依天道规则以成治国之法。

总之,战国的天道思想,从数术之学衍生,发展成宇宙秩序,成为刑名法术的价值根源,以完成一统天下的帝王之道作为系统理论的最终目标。其学

---

① 白奚:《稷下学研究》,北京:三联书店1998年版,第245~249页。
② 李零:《李零自选集》,桂林:广西师范大学出版社1998年版,第46~47页。
③ 李零:《中国方术考》,北京:东方出版社2001年版,第41、40页。

术发展的进程,也与因应时势、合于世用有密切关系。

## 二、帛书《黄帝四经》的思想

帛书《黄帝四经》中有许多概念,如"道""理""法""刑名""阴阳""时"等等,这些基本的显而易见的词透露出了帛书思想内容。然而,还有一些词或词组是隐性的,是研究帛书《黄帝四经》的人要么突出介绍而忽略其他,要么就是忽而略之处理的,如天道、老子、数术、神明等。这些概念的意义、地位有很深的挖掘空间,且它们相互之间存在着很紧密的联系,如果不能准确地把握,就会对帛书《黄帝四经》的理解造成偏颇,因为这些概念构成了帛书《黄帝四经》的思想全貌,且对帛书的定位和名称、年代、产地的判断都是至关重要的。

帛书《黄帝四经》中概念很多,但不是所有的概念都是重要的,而且有一些概念在某一范畴内是同义或从属关系。如"天之道""天地之道"便是与"天"与"道"有很深的关系的。

(1)天道:由于"道"的无法把握,所以退而求其次,"天道"的运行却是人们能够感知的,"天道"作为"道"的形而下的载体,其阴阳逆顺之变、"环周"的特性,清晰地呈现在人们眼前,因此执道者(黄帝、君主、圣人)便依天道之运行规律组织农事、战事,施行刑德赏罚之功等人间政事,则必然会取得成功。

(2)"道":"道"在帛书《黄帝四经》中具有终极性本体特征,地位是极其重要的。由于道的模糊性、整体性、根源性等特性,因此使人无法感知和把握。在帛书中它的终极本源性使万物离开道便不能存在,它是帛书中其他如"天道""法""理"等的来处,又是其归宿。更重要的"道"是它们运行的平台,没有"道"便无可保障,其他的依道而行,便是"道"的外在体现。

(3)"理":天道、数等都是变化的,但其后面有一个长期不变的东西就是"理"。"道"是万物的总根源,而"理"是"道"在万物中的分化,是各物的内在本质的规定性。"理"是沟通"道""天道"与万事万物的内在纽带。

(4)阴阳刑德:阴阳是万物的成因也是沟通万物的关键。阴阳存在于道与万物之中,也是道与万物的基质。如《系辞》有:"一阴一阳之谓道。"道中自有阴阳,阴阳的和谐运动同时就是道的表现,微观以理,宏观以天道和万物。

(5)刑(形)名与法:刑(形)名说主要目的是"正名",即名实相符,循名责实;法,有法度和刑罚两层含义,帛书《黄帝四经》以法度为论述主对象。帛

书主要是以"道生法"来展开论述的,法获得了"道"即天道和最高道境的支持,所以法完成了天道与人道的协调,这是帛书很有特色的一点。

(6)兵学思想:帛书《黄帝四经》的兵学思想主要是为解决"天下大争"的现状,依据一定的用兵原则,达到天下大势和实现"天下服"的帝王之道,基本上是配合"(天)正名以作"而设计的理论。

(7)时:在帛书《黄帝四经》中是作为人主农事、人事施政的重要依据,此思想是源于作为农业为国事基础的最基本思路,是对"天道"信仰的最一般表现,而将某种要求或具体方法、手段从农业领域提出,投诸国家的管理活动,是一种从个别到一般的思维规则。

(一)天道或天地之道

陈来先生曾将春秋时代的"天道"观念归纳为三种:第一种是宗教的命运式的理解;第二种是继承周书中道德之天的用法;第三种是对"天道"的自然主义理解。① 而春秋时代的"天道"思想具有承上启下的作用。首先,它是承继了西周时的"天道"思想。其次,战国及以后的"天道"思想,在克服了其神秘主义成分基础上,发挥了它科学的一面。这里有必要对陈来先生的三种"天道"观进行解释:所谓的宗教的命运式的理解,是指在人们观念中认为"天"具有赏善伐恶的功能;而道德之天是指天的赏善伐恶的能力被天的知吉凶的能力所取代,且由日月星辰的运行可以窥知人事的祸福,即天道与人事的联系主要是通过德来实现的;对"天道"的自然主义理解是指,人们对天的信仰发生了新的变化,天的道德意义减退,自然特点增强。而这里的自然之天是与自然天神有本质区别的,这个天不再具有自由意志,不再是善恶无常、随意而为的天神,他是一个虽还有分辨善恶的能力,但这时善恶的判断是有节有度、有章可循的。循的依据就是天体的运行规律,即自然的日月星辰的运行规律。这时对天体运行规律并不是简单的"观天象,以定吉凶",而是有了哲理性的思考,神的人格特点让位于自然特点,主要表现就是天道与人事的联系是通过象与数来实现的。

帛书《黄帝四经》思想主旨,由于"道"的模糊性、不可感知的特点,所以主要是以"天道"为着眼点,援天道之运行规律以明人事之理,进而以理治国。这是上述陈来先生对"天道"观念的第三种概括。在帛书《黄帝四经》中"天"是自然之天,而天体运行规律是用"天道"来概括的。春秋时期,人们研究天道,大约有三个流派:一个是史墨为代表的推演周易卦爻的方式来说明天道;

---

① 陈来:《古代思想文化的世界》,北京:三联书店2002年版,第62~66页。

一个是郑之裨灶、周之苌弘为代表的用占星术推断天道，史墨亦通此术。以上两类迷信色彩很浓，称不上哲学方法。第三个流派以邓曼、伍子胥为代表，以天道环周的哲学之思，来推演天道。① 而帛书《黄帝四经》的"天道"环周的特点很明显。

帛书《黄帝四经》中"天道"的特点：

1. 循环性

"天道"的循环性就是帛书说的"天稽环周"（《十大经·姓争》），也是老子说的"周行而不殆"（《道德经·第二十五章》）。周，圆周，环绕之意。周行、环周，指的是循环往复的运行。天道的这一特征在大千世界中对人类影响最大的周期性变化物象就是太阳，古人甚至将日与天等同看待，"天，谓日也。"（《礼记·王制》）。太阳朝出夕落，每天恒定地运行于天地之间，造成白昼和黑夜更替。太阳自东向西运行于天上，循环不已；夜晚自西向东运行于地下，太阳的完整运行就构成了一个封闭的圆形轨道。所以，太阳每天恒定的升起和隐落决定了人类活动的基本规律，进而，太阳"信出信入"日复一日的循环往复就成为人类最易感知的最明显的周期表象。还有月亮，由于其与地球和太阳的关系，最初人类的把握还是觉得它是一个神秘的存在，但其盈亏现象还是有规律可循的，虽然月的盈亏经历的时间较长。《汉书·律历志下》有"死霸（魄），朔也。生霸，望也"。因此，中国古书有"月信生信死"，实际就是月的一生一死即一个完整的朔望月，它也是以循环的态势表现的。人们最初对天道的认识就是通过日月的表象来把握的，并与天文学、历算学、物候学等的巨大发展有密切关系。随着人类认识和思维的不断进步，这种表象性的表述就上升到了"度之稽""数之稽"对表象背后存在的支配性恒定法则的高度概括。这正是帛书《黄帝四经》的表述方式，《经法·论约》："日月星辰有数，天地之纪也。""周迁动作，天为之稽。天道路不远，入与处，出与反。"《十大经·立命》：黄帝"践位履参"，"数日、历月、计岁，以当日月之行。吾允地广裕，吾类天大明"。《经法·四度》："极而反，盛而衰，天地之道路也，人之理也。逆顺同道路而异理，审知逆顺，是谓道纪。"春秋战国时期天文学比较发达，已有专门的星象专家，对星辰的认识也已由观其象进入到测其位的阶段，完成这一划时代的转变的基础就是对天道循环往复运行内在法则的认识和把握，即为"天地之纪也"。还有就是对四季更替的循环性把握，《经法·论约》："四时有度。"《经法·四度》："日月星辰之期，四时之度，动静之

---

① 魏启鹏：《黄帝四经思想原》，原载《中国哲学》第四辑，北京：三联书店1980年版。

位,外内之处,天之稽也。"《经法·国次》:"天地无私,四时不息。"帛书《黄帝四经》中天道环周的思想,是抛弃了西周以来的"天命"思想,对自然界和人类社会的变化掌握一定规律后的认识成果。它要求君王在掌握这个公正、期信、公平的循环往复的天道基础上,去进行农事,如"毋乱民功,毋逆天时,然则五谷穮熟,民乃蕃滋。君臣上下,交得其志,天因而成之。"(《十大经·观》)还有兵事"若此者,战胜不报,取地不反。战胜于外,福生于内,用力甚少,名声章明,顺之至也。"(《十大经·顺道》)"天固有夺有予",应当取予的而不取,"弗脚踏实地,反随以殃。"(《十大经·兵容》)还有政事,"天制寒暑,地制高下,人制取予。取予当,立为口王。取予不当,流之死亡。天有环刑,反受其殃。"(《称》)而政事中的刑德也同样是天稽环周的表现,"天德皇皇,非刑不行。穆穆天刑,非德必倾。刑德相养,逆顺若成。刑晦而德明,刑阴而德阳,刑微而德章。其明者以为法,而微道是行。明明至微,时返以为机;天道环于人,反为之客。静作得时,天地与之。争不衰,时静不静,国家不定。可作不作,天稽环周,人反为之客。""静作失时,天地夺之。"(《十大经·姓争》)只有真正掌握和运用好了天道环周的规律性,在适当的时机,做出正确的判断,就会无往而不利了。

科学家卡普拉认为"天道"作为统一具体事物的实在,是把世界看成一个不断流动和变化的过程及其循环性,而阴阳两极就是循环的结构。他说:"中国哲学家们把实在看作一个连续的流动的变化过程——它的终极元素他们称之为'天道'。按照他们的看法,我们观察其一切现象并参与其中的这个宇宙过程,实际上是动态的。'天道'的基本特征是永不止息的循环性,自然界中一切演化,包括物理世界以及心理的和社会领域的演化,都表现着循环的图像。中国人引进极性相反的阴和阳,给这一循环思想一个明确的结构,用两极规定变化的循环;阳极生阴,阴极生阳。"①

2. 整体性

"天道"或"天地之道"的整体性包括对立统一性和类推性。天与地本就是对立的,一上一下,一阴一阳,但二者又是一体的,中国人说天就包括地在内,天地合成一个完整的自然,而人来自于自然又回归自然,人顶天立地,是"万物之灵",所以天、地、人三才变为了天人合一。因为天地是不可分的,有天就有地,有地则必定有天。天发挥天的特性,地发挥地的特性,人感知并理性地整合天地的特性,使天地人成为一个整体和谐的大系统。

---

① 转引自董光壁《当代新道家》,北京:华夏出版社1991年版,第108页。

夫天有恒干,地有恒常。合□□常,是以有晦有明,有阴有阳。夫地有山有泽,有黑有白,有美有亚(恶)。地俗德以静,而天正名以作。静作相养,德疟(虐)相成。两若有名,相与则成。(《十大经·果童》)

夫天地之道,寒湼(热)燥湿,不能并立。刚柔阴阳,固不两行。两相养,时相成。居则有法,动作循名,其事若易成。(《十大经·姓争》)

天地之道,有左有右,有牝有牡。(《称》)

天与地给予人的直观的表象是对立的,天有晦明与阴阳,地有山泽、黑白、美丑;天地之道的寒热燥湿、刚柔阴阳、左右牝牡都是对立的存在,然而帛书《黄帝四经》并不是要向人们展示这些感性和理性的认识成果,而主要是为了突出表现对立现象背后所具有的统一和不变的"恒干"和"恒常"。

原本,循环往复的天道,在人们的心目中已然代替了以往的上帝、鬼神、先祖的至高至圣的地位,它就是一个在天地之间、四海之内周流循转的大圆环,它是高深玄远的,但又是可以效法的,君王"执道"就是要把握这个大圆环。而形象思维发展为抽象思维,就是天道从这种圆环式变为了"道"。

帛书《黄帝四经》中关于"天道"的论证,不是单纯地表述某种自然观,而主要目的是将人事与天道联系起来,并主张人事效法天道。这为黄老道家主张"无为而治""刑德兼用"等政治谋略提供理论上的支撑。

(二)道

按张岱年先生的解释,"道"从它的本义来讲指的是路(way),《说文解字》说:"道,所行道也,一达谓之道。"①"道"在自然哲学意义上实际表达的是对宇宙万物发展变化规律的体认,这是道之为道的根本所在。这一观念不仅表现在道家的哲学中,而且也代表了整个中国哲学的一种精神。也有的论者把它看作是中华道统精神的最初源头。②"道"从字面来理解,其首先是一个表示具体对象名称的生活概念,而到道家的表述时,就上升为了一个抽象的最高范畴和根本的哲学概念,无论是老子还是庄子抑或是帛书《黄帝四经》都遵循了这一理念。下面就帛书《黄帝四经》的"道"进行简要分析。

帛书《黄帝四经》专门单立了一篇《道原》,其中对"道"本体、功能等做了

---

① 张岱年:《中国古典哲学概念范畴要论》,北京:中国社会科学出版社1987年版,第23~24页。

② 蔡方鹿:《中华道统思想发展史》,成都:四川人民出版社2003年版,第123页。

全面的论述。用意便是为其他各章依天道行农事、战事、论赏罚、刑德、功过等与道相关者提供终极根源。本节论"道"主要以帛书《黄帝四经·道原》为主,其他各篇为佐证论述。

1. 道的性质

(1) 本源性

帛书《黄帝四经》将"道"视为自然界天地万物发生的本源,认为万物都从"道"这里产生和开始,而"道"在阴阳未定、天地没形成时就已经存在了。

> 虚无刑(形),其裻冥冥,万物之所从生。(《经法·道法》)
> 无形无名,先天地生。(《十大经·行守》)

这些论点与《老子》:"有物混成,先天地生。寂兮!寥兮!独立而不改,周行而不殆,可以为天下母。"(《道德经·二十五章》)《庄子》:"自本自根,未有天地,自古以固存。"(《庄子·大宗师》)对与"道"所具有的先在性,以及生万物、为天下母的本源性特质看法极其相近。

"道"生万物的过程是从无到有、由虚而实的生成过程。

> 群群□□□□□□□为一囷,无晦无明,未有阴阳。阴阳未定,吾未有以名。今始判为两,分为阴阳。离为四[时],□□□□□□□□□因以为常,其明者以为法而微道是行。行法循□□□牝牡,牝牡相求,会刚与柔。柔刚相成,牝牡若刑(形)。下会于地,上会于天。得天之微,时若□□□□□□□□寺(待)地气之发也,乃梦(萌)者梦(萌)而兹(孳)者兹(孳),天因而成之。弗因则不成,[弗]养则不生。

以上所述是"道"生万物的特质,体现的是本源论的思路,道与万物是生成与被生成的关系;而"万物得之以生"却是一种决定性和规定性的描述,也就是说万物能否生成或成为什么样是由道所决定的。万物只有获得道的规定性,才能够进入现象界。

> 一度不变,能适规(蚑)行侥(蛲)。鸟得而蜚(飞),鱼得而流(游),兽得而走。万物得之以生,百事得之以成。(《道原》)

道就像人类的基因,自始至终都在决定着万物的禀赋和万物为万物自己的状态,只要不是以道的原初状态存在,就要受道的规定。

黑格尔说过:"什么是至高无上的和一切事物的起源,就是虚、无,惚恍不定。这也就名为'道'或理。当希腊人说绝对是最高的本质的时候,一切的规定都被取消了。在纯粹抽象的本质中,除了只在一个肯定的形式下表示那同一的否定外,毫无表示。"①

(2)模糊性

"道体"具有模糊性:

> 恒无之初,迵同大(太)虚。虚同为一,恒一而止。湿湿梦梦,未有明晦。神微周盈,精静不(熙)。古(故)未有以,万物莫以。古(故)无有刑(形),大迵无名。(《道原》)

> 精微之所不能至,稽极之所不能过。故唯圣人能察无刑(形),能听无[声]。知虚之实,后能大(太)虚。(《道原》)

以上这两段描写"道"是无形、无名的,它无始无终、无形无象、无根无据、渺渺茫茫、混混沌沌,不可感知,不能被人的感官所把握。正是"道"无形、虚同为一,才能够衍生万物。

在《老子》和《庄子》的思想体系中,作为宇宙本源的"道"也是混同于混沌的。而帛书《黄帝四经》的"道"在承继了《老子》《庄子》"道"的模糊性之上,把握或更多关注的是"道"的二律背反的有且无的特质。

(3)恒存性

道无端始却有原有应,万物得之以生,道弗为益少,万物皆反,道弗为益多。道在给予万物的规定属性的过程中,不会造成自身任何的变化。不会因给予而少,也不会因万物归附而多,所以道又是恒存的。帛书在表现道在时间和空间上的无穷性以及恒存性,与《老子》"绵绵若存,用之不勤"(《道德经·第五十五章》)的意思是极相近的。

> 天地阴阳,[四]时日月,星辰云气,规(蚑)行侥(蛲)重[动],戴根之徒,皆取生,道弗为益少;皆反焉,道弗为益多。(《道原》)

> 道无始而有应。其未来也,无之;其已来,如之。(《称》)

> 道有原而无端,用者实,弗用者蘁。合之而涅于美,循之而有常。

---

① [德]黑格尔:《哲学史讲演录》(第一卷),北京:商务印书馆1983年版,第129页。

(《十大经·前道》)

人皆以之,莫知其名。人皆用之,莫见其刑(形)。(《道原》)

道的恒存性决定了道自身无所谓生无所谓灭,所以也就可以成为万物的本源和万物的归处。

对宇宙或"道"的认识,并不是人们最初的思考基点,应该是人的思维和科学等其他条件有所具备时,才能思考出所以然的结果,这也是人类思维的一个特点。以一贯的人类认识路径看,人应该是从形象思维慢慢跟进到抽象思维,而对于"天道"的可感知性、具象性特点看,人们更擅于思考"天道",而"道"是人的思维发展到一定水平后逆推的结果。张增田先生认为老子的"道"就是这样得到的。而人们最初对宇宙生成及其图式的看法,将是人的思维从"天道"抽象至"道"的主要思考路径。

2. 神明与一

《经法·名理》:"道者,神明之原也。"《十大经·成法》:"一者,道其本也。"神明与一,究竟与道有着怎样的关系,"一"即为"道"还是道落实到万物的别称? 神或神明与道又有着怎样的关系? 对这些问题的探讨主要还是针对帛书中道的思维特色。

(1) 神与神明

在帛书《黄帝四经》中,有关于神与神明的说法,从其对神、神明的描写来看,神与神明应该与道家的主题"道"有着很深的关系。《经法·名理》有:

> 道者,神明之原也。神明者,处于度之内而见于度之外者也。处于度之[内]者,不言而信。见于度之外者,言而不可易也。处于度之内者,静而不可移也。见于度之外者,动而□不可化也。动而静而不移,动而不化,故曰神。神明者,见知之稽也。

以上首句就阐明了"道"与"神明"的关系,"道"是"神明"的本原。而末句讲"神明"是见知之稽,文中并没有明确说明"见知"的对象,但表明了"见知"的目的是根据"神明"正确认知祸福死生变化。学者对"神明"的解释是仁者见仁智者见智,看法各有不同,但又有所相通。

张岱年先生曾说:"在古代道家哲学中,所谓神,所谓精神,所谓神明,是有更深一层的意义。不仅指人的精神,而是指天地的一种状态,自然界的一种奇异的作用。"①余明光先生释为"人的精神",②陈鼓应先生释为"道的神妙作用",③钟肇鹏把"神明"释为"精神智慧",它成为人们认识能力的源泉和标准。④ 而张增田先生认为以上对"神明"的解说,容易导致对"神明"一词作一般的笼统的理解。在单独使用的情况下,"神明"可以做以上解释,但在对《经法·名理》这段解释时,"神明"却特指阴阳。"神明"由道所派生,存现于事物度之内外,与阴阳有着紧密联系。因为阴阳是沟通道与物的关键要素,在参与道派生万物的过程中为万物所复制和体现。没有阴阳,道之源就不能导出万物之流,万物也无法化变。"神明"与物之度共存,只要掌握住阴阳即能范天围地而通于神明。⑤ 以上解释均有可取之处,也都各有道理,但从黄老之"道"论的角度和帛书《黄帝四经》本义来看,把神与神明解释为人的精神智慧和道的神妙作用更恰当。

在帛书《黄帝四经》的《道原》中有关于对"道"的阐述:"精微之所不能至,稽极之所不能过。"但是,通过圣人"察稽知极"的功夫,"通天地之精,通同而无间,周袭而不盈。服此道者,是胃(谓)能精。"此处"精"指精微,所谓"服此道,是谓能精"是指圣人以智慧达到通同天地精微的境界。《经法·论》中也有类似的论说:"素则精,精则神。至神之极。[见]知不惑。"由此可知,帛书《黄帝四经》中的神与神明,不仅仅只具有"道"的神妙作用(天地之精)之意,还包含有"服道""能精""通同"天地之精的圣人智慧。但是这种圣人智慧(神明),并不能单一解释为人的认识能力和知识的根据,因为"道"并不是认识对象,而是一种境界,它更重要的是与天地自然通同、交融的神妙智慧呈现的这种道境。

从以上分析可以得出,神与神明有两层含义:第一层指人通过对"度"的操作运用,与天地自然取得某种和谐,这主要是通过人的精神智慧来呈现;第二层指最终天地与人达到交融无间、通同和谐的关系,而"道"的神妙作用交融影响于万物,呈现了"道"的神妙境界。

总之,神明是圣人见知"道"的智慧,"道"虽"莫之能见",它是通过天道度数和阴阳化变,与圣人的智慧(神明)相通,呈现"道"的神妙作用。

---

① 张岱年:《中国古典哲学概念范畴要论》,北京:中国社会科学出版社1987年版,第105页。
② 余明光:《黄帝四经今注今译》,哈尔滨:黑龙江人民出版社1989年版,第79页。
③ 陈鼓应:《黄帝四经今注今译》,北京:商务印书馆2007年版,第234页。
④ 钟肇鹏:《汉初黄老学派》,收于任继愈主编《中国哲学发展史》秦汉篇,北京:人民出版社1985年版,第109页。
⑤ 张增田:《黄老治道及其实践》,广州:中山大学出版社2005年版,第82~83页。

(2) 一

有学者认为帛书《黄帝四经》中的"一"就是"道",理由是《老子》中有:"道生一"(《道德经·四十二章》)而帛书《黄帝四经》中"一"具有"道"的独立不偶,绝对无二,是宇宙发生的根本,又是宇宙赖以存在的普遍规律的性质。① 但从《十大经·成法》整篇的叙述中可以发现,"道"与"一"并不完全同义,二者还是有略微区别的。"昔天地既成,正若有名,合若有刑(形),□以守一名。上捡之天,下施之四海。吾闻天下成法,故曰不多,一言而止,循名复一,民无乱纪。"(《十大经·成法》)"一名""一言"在此指制定刑名的总法则,掌握了这个法则,就可以发挥刑名的功效。

"一以驺化,少以知多。"这里"一"是开始,从数的角度看,即为数之始。

"万物之多,皆阅一空。"从宇宙化生万物观点说明,有形万物虽多,但都出于一空(孔)。

从以上叙述可以得出:"一"是数之始,是有形万物之初,为刑名的总法则。"一"的特性本于"道","一"是"道"在万物中的称号,"道"无端始无形无象,而"一"可趋化为有形有象的现象界的万物。这种说法在《成法》的最后总结和其他道家黄老作品中都可见:

罢(彼)必正人也,乃能操正以正奇,握一以知多,除民之所害,而寺(持)民之所宜。糅(总)凡守一,与天地同极,乃可以知天地之祸福。(《十大经·成法》)

夫为一而不化。得道之本,握少以知多;得事之要,操正以政(正)畸(奇)。……抱道执度,天下可一也。(《道原》)

"泰初有无,无以无名;一之所起,有一而未形。物得以生,谓之德。"(《庄子·天地》)郭象注:"一者,有之初,至妙者也,至妙,故未有物理之形耳。"

道始于一。(《淮南子·天文》)

道者一立而万物生矣。(《淮南子·原道》)

万物同出于一,……一也者,万物之本也。(《淮南子·诠言》)

一者,道其本也。(《十大经·成法》)

一者其号也。(《道原》)

---

① 钟肇鹏:《汉初黄老学派》,收于任继愈主编《中国哲学发展史》(秦汉篇),北京:人民出版社1985年版,第107页。

以上可以看出,"道"与"一"并不是完全相同的,"一"是"道"在形名之学中的代言,是为道之无可命名而出现的,就像《老子》中"强为之名曰大"一样。

下面从"一"的原初本义来看是否"一"与"道"同义。"一,唯初太极,道立于一。造分天地,化成万物。"在这段文字中,"极"是一个关键字,《说文》中许慎以"极"训"一"。(极、一两字古音近通假,所以"太一"又称"太极"。)那么,极是什么呢?极,是古代测时的圭表。而圭表是根据日影变化测定季节、推算历法的工具。最早的圭表是所谓的"建木"(建、极二字一音之转,所以"建木"即是"极木"),即立一根长木于地面,测其影而定时,这木表就称作"极",也就是"丨"(即"一");又称"仪"(与"一"同音)。《说文》:"仪,度也。"度,即度圭,《周礼》记作"土圭"。土圭,是古老的计时仪器,是一种构造简单、直立的地上杆子,用以观察太阳光投射的杆影,通过杆影移动规律、影的长短,以定冬至、夏至日。所以许慎据古文家言,训"一"为"极",并以之作为观天"道",即天体运行轨道(赤道、黄道)和主生万物的尺度。老子说:"侯王得一以为天下正。"(《道德经·三十九章》)此处所说的"一"即"仪",正是表度之意。①

而帛书《黄帝四经》取"一"为"道"之称名,正是体现了"一"的表度之义,并以"一"作为观天"道"运行轨道和主生万物的标尺。

帛书《黄帝四经》通过"一"与"神",呈现"道"在天地万物间的作用,同时也表现圣人参同天地以治国的智慧。《文子·自然》:"夫道者……变化无常,得一之原,以应无方,是谓神明。"正是说明"道"与"一"、神之间微妙的关系。从道体来看,神明、"一"不等于"道",但从道境来说,道是通过"一"与神明来呈现道境的。

(三)理

帛书《黄帝四经》四篇,除了《道原》篇没有谈及"理",其余三篇都有所涉猎,其中最为集中和全面的是《经法》篇。《经法》篇的"理"有道之理、天之理、名理、人事之理。而"道"与"天"在帛书《黄帝四经》中虽不是完全同义的,但二者意义极相近,所以接下来分别论述天理、名理、人事之理。

1. 天理

中国古代思想家一直以来对"天"多所谈及,并有着各种各样的理解,如冯友兰将"天"分为五种,即物质之天、主宰之天或意志之天、运命之天、自然

---

① 以上转述何新《诸神的起源》,北京:时事出版社 2002 年版,第 404、260 页。

之天、义理之天或道德之天。在帛书《黄帝四经》中,从天理的论述来看,主要是自然之天和义理或道德之天。

"天理"与"天道"二者基本在一个层面,二者都是以"道"为本原,但具体讲,"天道"强调总体,是宏观的概括,"天理"是内在的分化,是微观的总结。

天理又称为天地之理,常与天地之道并提。

> 始于文而卒于武,天地之道也。四时有度,天地之李(理)也。日月星晨(辰)有数,天地之纪也。三时成功,一时刑杀,天地之道也。四时而定,不爽不代(忒),常有法式,□□□□。一立一废,一生一杀,四时代正,冬(终)而复始。(《经法·论约》)

以上所述可看出,天地之理的内容包括"四时有度""日月星辰有数",而"度""数"恰是天地之道的表现形式。而且天地之道与天地之理,又是循环终始,常有法式,其规律是可依可循的。

逆顺合宜谓之天理:

> 明以正者,天之道也;适者,天度也;信者,天之期也;极而[反]者,天之生(性)也;必者,天之命也;[顺正者,天之稽也;有常]者,天之所以为物命也;此之胃(谓)七法。七法各当其名,胃(谓)之物。物各[合于道者],胃(谓)之理。理之所在,谓之[顺]。物有不合于道者,胃(谓)之失理。失理之所在,胃(谓)之逆。逆顺各有命也,则存亡兴坏可知[也]。(《经法·论》)

对物各自契合于"道"(这里是"天道")的实践现象的概括即是"理"或者得理,而"理"之所存就是"顺",顺指顺天道而动。相反,物有不契合"道"的情况存在,这就是"失理","理"之不存就是"逆"。在实际的生活中,逆顺是易于把握和观察的,所以据于此就可以了解事物的"存亡兴坏",如此反推,自然可以推知"道"在现实生活中发挥功效的具体情况。

> 执道循理,必从本始,顺为经纪,禁伐当罪,必中天理。(《经法·四度》)

在帛书《黄帝四经》中,有很多与"天道""天理"关系密切的词语,如天诛、天罚、天刑、天当、天极、天功等。不依循天道、合乎天理的将受天刑、天诛、天罚；将天道、天理贯彻到底且适当的，就是尽天极、天功的。从正反两个方面强调了法天道的重要性。

2. 人事之理

上述是天理亦即天地之理，而人始终是以天地为伴的，"夫民仰天而生，恃地而食，以天为父，以地为母"（《十大经·果童》），人不能离开天地而存，天地离开人也便失去其鲜活。"天、地、人"此"三才"不仅是古代思想家重视的，也是帛书《黄帝四经》所关注的。

在帛书《黄帝四经》中有一段关于天地生成的论述，其中涉及天地与人的关系。"黄帝曰：群群（混混）[沌沌，窈窈冥冥]，为一囷。无晦无明，未有阴阳。阴阳未定，吾未有以名。今始判为两，分为阴阳，离为四[时]，[刚柔相成，万物乃生，德虐之行]，因以为常。其明者以为法，而微道是行。行法循[道]，[是为]牝牡，牝牡相求，会刚与柔。柔刚相成，牝牡若刑（形）。下会于地，上会于天。得天之微，若时[者时而恒者恒，地因而养之]；寺（待）地气之发也，乃梦（萌）者梦（萌）而兹（孳）者兹（孳），天因而成之。弗因则不成，[弗]养则不生。夫民之生也，规规生（性）食与继。不会不继，无与守地；不食不人，无与守天。"（《十大经·观》）以上从生成论角度，是先有天地，而后有人类。在《十大经·姓争》中也有"天地[已]成，黔首乃生"。具体说就是人是由阴阳之气而成，"分为阴阳，离为四[时]，[刚柔相成，万物乃生]"，"阴阳备物，化变乃生"（《十大经·果童》）。而天地是更广大意义上的阴阳，万物一旦产生，必须依据天地的规律运行。在"天、地、人"的三者关系中，"天时""地利"对"人事"影响是至关重要的，或者说是具有决定作用的。所以，在人的世界里，对于普通大众，只要依循自然规律，便可以相安无事。而对于统治者则要从大处着手。

"故王者不以幸[倖]治国，治国故有前道：上知天时，下知地利，中知人事。"（《十大经·前道》）"王天下者之道，有天焉，有地焉，有人焉，三者参用之，[然后]而有天下矣。为人主，南面而立（莅）。臣肃敬，不敢蔽其主。下比顺，不敢蔽其上。万民和辑而乐为其主上用，地广人众兵强，天下无敌。"（《经法·六分》）准确认识和把握三者之间的关系，即以"天时""地利"之客观的静态与具体运用中"人事"的动态结合，实现治国的根本之法，也就是人事之理要合于天地之道。因为人事之理本就寓于天地之道中，"极而反，盛而衰，天地之道也，人之李（理）也。"（《经法·四度》）天地之道以极而反、盛而衰为规律，人事之理也有此规律，"道"是统合万物的，而人是"道"之中一个别之物,普遍与个别虽不是同一的,但个别包含在普遍之中,所以个别之理含于普遍之理之中。"物各[合于道者],胃(谓)之理。理之所在,谓之[顺]。物有不合于道者,胃(谓)之失理。失理之所在,胃(谓)之逆。(《经法·论》)""[人]事之理也,逆顺是守。……顺则生,理则成,逆则死,失□□名。"(《经法·论约》)合道即得理,得理则顺,顺则生;反之,不合道即失理,失理则逆,逆则死。可见行事依理是非常重要的。

3. 名理

名理,"名"指名称、概念;"理"指事物的条理、准则。中国哲学中的名理一词,一般是指概念、判断、推理的逻辑思维,与"逻辑"的意思相当。在帛书《黄帝四经》中专门有一篇《经法·名理》,其中提出"审察名理""循名究理"等观点,金春峰先生认为此处名理是指社会、政治的是非公平,做到"是非有分,以法断之;虚静谨听,以法为符。与刑(形)名、法有关,不是逻辑学意义上的名理。"①

> 审察名理冬(终)始,是胃(谓)厩(究)理。唯公无私,见知不惑,乃知奋起。故执道者之观于天下□见正道循理,能与(举)曲直,能与(举)冬(终)始。故能循名就厩(究)理。刑(形)名出声,声实调合,祸材废立。如景(影)之隋(随)刑(形),如向(响)之隋(随)声,如衡之不臧(藏)重与轻。故唯执道能虚静公正,乃见□□,乃得名理之诚。(《经法·名理》)

上述关于名理与刑(形)名、法的根源性逻辑关系如下:

名理之诚(唯公无私)→刑(形)名(举物之终始)→法(断是非曲直)

名理即循名究理,它是执道者定刑(形)名、执法的依据,得名理之诚即得名理之实。公正无私、虚静,是执道者循名究理的大原则。循名究理可分为两部分:一是举物之终始,即定刑(形)名;二是刑(形)名已定,物自为正,然后以法断是非曲直。

(四)阴阳刑德理论

1. 阴阳

"阴阳"二字的原意指物体之于日光的向背,即所谓向日为阳,背日为阴

---

① 金春峰:《汉代思想史》,北京:中国社会科学出版社1997年版,第43~44页。

或者日出为阳,云覆为阴。它们各自与黑暗和光明有关。① "阳"字在甲骨文中就已出现,意指太阳能够照射到的地方。"阴"字在甲骨文未见,但作为一种与阳相对应的自然现象,阴的观念应该是有的。② 对于阴阳观念,它直接起源于上古对太阳神的崇拜。③ 之后人们对自然地理现象长期观察而形成引申的"阴阳"概念。

(1)万物生成的本源

帛书《黄帝四经》认为阴阳是由"道"派生的,而阴阳是指客观存在的质料或要素,它源自未成具体事物的混沌一气(《十大经·观》说的"一囷",《道原》描述为"湿湿梦梦,未有明晦。"),阴阳分化,天地万物始生成:"阴阳备,物化变乃生。"(《十大经·果童》)在《十大经·观》一中,提出了道生阴阳二气、阴阳二气构成万物的宇宙生成图式:

> 黄帝曰:群群□□□□□为一囷,无晦无明,未有阴阳,阴阳未定,吾未有以名。今始判为两,分为阴阳。离为四[时]……柔刚相成,牝牡若刑(形)。

从混沌未明的气,继而分为阴阳("判为两"之"两"即指阴阳二气),阴阳二气又产生了四季的变化,并构成了万物。所谓"柔刚相成,牝牡若刑(形)",就是说阴阳二气构成万物,这是从宇宙发生论来说的。可见,帛书《黄帝四经》中的宇宙生成图式即:道——阴阳——万物。阴阳二气以气的形态存在于天地之间,二气交感而产生万物。"下会于地,上会于天。得天之微,时若□□□□□□□□,寺(待)地气之发也,乃梦(萌)者梦(萌)而兹(孳)者兹(孳),天因而成之。"(《十大经·观》)从万物繁衍的角度来看,阴阳生物是通过牝牡、刚柔等具备阴阳实体的事物,经过相求、相会,达到生物的目的。

(2)阴阳的辩证关系

在中国哲学思想中,阴阳对立统一又可相互转化,并在相互消长中最后达到平衡,这在帛书《黄帝四经》中也有体现:

---

① [英]李约瑟著,陈立夫等译:《中国古代科学思想史》,南昌:江西人民出版社1999年版,第344页。

② 黎子耀先生认为,甲骨文中"阳、冰最为习见"。"冰即为阴","改冰为阴",取义于《诗经·七月》篇中的凌阴,阴为冰窖,请参阅黎子耀《阴阳五行思想与〈周易〉》,载《杭州大学学报》1979年第12期。

③ 何新:《诸神的起源》,北京:时事出版社2002年版,第299页。

夫天地之道,寒涅(热)燥湿,不能并立,刚柔阴阳,固不两行。(《十大经·姓争》)

天地之道,有左有右,有牝有牡。(《称》)

自然界、社会、人身,世间处处存在着阴阳对立的两种势力,"凡论必以阴阳[明]大义。天阳地阴,春阳秋阴,夏阳冬阴,昼阳夜阴。大国阳,小国阴;重国阳,轻国阴。有事阳而无事阴,信(伸)者阳而屈者阴。主阳臣阴,上阳下阴,男阳[女阴,父]阳[子]阴,兄阳弟阴,长阳少[阴],贵[阳]贱阴,达阳穷阴。(娶)妇姓(生)子阳,有丧阴。制人者,制于人者阴。客阳主人阴。师阳役阴。取阳言阳黑(默)阴。予阳受阴。"(《称》)阴阳及其相类于阴阳对立的事物在现象界是普遍存在的。

观天于上,视地于下,而稽之男女。夫天有榦,地有恒常。合□□常,是以有晦有明,有阴有阳。夫地有山有泽,有黑有白,有美有亚(恶)。地俗德以静,而天正名以作。静作相养,德疟(虐)相成。两若有名,相与则成。阴阳备,物化变乃生。(《十大经·果童》)

晦明、阴阳、山泽、黑白、美恶、动静、左右、牝牡、刚柔、男女,这些事物相互对立,然而又是相互统一的。万事万物莫不如此,事物的发展是由于"阴阳"两种力量的彼此消长与转化而造成的,"绝而复属,亡而复存,孰知其神。死而复生,以祸为福,孰知其极。反索之无刑(形),故知祸福之所丛生。应化之道,平衡而止。"(《经法·道法》)"不险则不可平,不堪则不可正。观天于上,视地于下,而稽之男女,是以有晦有明,有阴有阳。夫地有山有泽,有黑有白,有美有亚(恶)。地俗德以静。而天正名以作。静作相养,德疟(虐)相成。两若有名,相与相成。"(《十大经·果童》)阴阳两种力量的相互转化推动了事物的发展,"极阳以杀,极阴以生。是胃(谓)逆阴阳之命。极阳杀于外,极阴生于内。已逆阴阳。有(又)逆其立。……极而反,盛而衰,大地之道也,人之李(理)也。"(《经法·四度》)使其"亡而复存,死而复生",使其经历了一个从平衡到不平衡,又到平衡的发展过程,也就是"应化之道,平衡而止","阴阳备物,化变乃生。"(《十六经·姓争》)

(3)天地阴阳等与政治人伦联系,成为普遍原理或价值

帛书《黄帝四经》是以"诸阳者法天""诸阴者法地",把天地阴阳与政治人伦等联系在一起进行延伸或比附。由于阴阳学说具有极大的包容性,它几

乎可以无所不包,世间的一切事物都可以分为阴阳。从阴阳消长来说,它可以解释时空内的一切变化,表征一切事物的物理以至伦理的相反相成的属性;从时间上来说,它可以大到宇宙轮回,可以由四时推至每一个农事节气,小到可以细分到十二干支;从空间系统而言,它可以由四面八方推至宇宙六合等等。总之,它可以在各方面无限地延伸、比附,因而便于发挥、扩展。

如帛书中《称》篇便是如此:

凡论必以阴阳明大义。天阳地阴,春阳秋阴,夏阳冬阴,昼阳夜阴。大国阳,小国阴。重国阳,轻国阴。有事阳而无事阴。伸者阳而屈者阴。主阳臣阴。上阳下阴。男阳女阴,父阳子阴。兄阳弟阴。长阳短阴。贵阳贱阴。达阳穷阴。娶妇生子阳,有丧阴。制人者阳,制于人者阴。客阳主人阴。师阳役阴。言阳默阴。予阳受阴。诸阳者法天,……诸阴者法地,地之德安徐正静,柔节先定,善予不争。

### 《称》"阴阳□义"表①

| 阳 | 阴 | 阳 | 阴 | 分类 |
|---|---|---|---|---|
| 天 | 地 | 春 | 秋 | 自然界 |
| 夏 | 冬 | 昼 | 夜 | |
| 大国 | 小国 | 重国 | 轻国 | 国家 |
| 有事 | 无事 | 信(伸)者 | 屈者 | |
| 主 | 臣 | 上 | 下 | 君臣 |
| 男 | [女] | [父] | [子] | 伦常 |
| 兄 | 弟 | 长 | 少 | |
| 贵 | 贱 | 达 | 穷 | 风俗 |
| 取(娶)姓(生)子 | 有丧 | | | |
| 制人者 | 制于人者 | 客 | 主人 | 军事 |
| 师 | 役 | | | |
| 言 | 黑(默) | 予 | 受 | 施政 |

---

① 表格设计形式参考英国学者雷敦和(龢)de《<黄帝四经>中的阴阳学说》,收于艾兰、汪涛、范毓周主编《中国古代思维模式与阴阳五行说探源》,江苏:江苏古籍出版社1998年版,第351~352页。英国学者葛瑞汉以《称》此段为"我们所知的最早的表格",见《阴阳与关联思维的本质》,同引自《中国古代思维模式与阴阳五行说探源》,第1~58页。

帛书《黄帝四经》直接继承了阴阳的自然观,并将它引入社会的领域,使其具有了社会的属性,从而为自己的治国方略服务,即"阴阳刑德"的理论。

2. 刑德

刑德是与阴阳概念有关的一种择日之术,如《汉志·数术略》五行类有《刑德》七类,可惜此书已经亡佚。在数术之学中,"刑德"是按历日干支推定的阴阳祸福。如《大戴礼·四代》"阳曰德,阴曰刑",《太公》佚文"人主举事善,则天应之以德;恶,则天应之以刑"(《五行大义》卷二《论德》引),都是这一术语的基本含义。从"阴阳"概念派生,"刑德"一词有多种用法,如《淮南子·天文》以"日为德,月为刑",帛书《黄帝四经》之《十大经·观》以"春夏为德,秋冬为刑"(《管子·四时》也有类似的说法)。还有兵阴阳家:"顺时而发,推刑德,随斗击,因五胜,假鬼神而助之者。"(《汉志·兵书略》兵阴阳类小序)《淮南子·兵略》:"凡用太阴,左前刑,右背德。"这些就是以"刑德"表示阴阳向背,与主客攻守之势有关。《尉缭子·天官》:"黄帝刑德,可以百胜,有之乎?"从尉缭子回答的内容中可知,当时流行的刑德之书主要是与"天官、时日、阴阳、向背"有关,而且言刑德是托名黄帝的。

"刑德"之"刑"最初指刑罚。《尔雅·释诂》:"刑,法也。"主要指刑罚的意思。《国语·鲁语》:"大刑用甲兵,其次用斧钺,中刑用刀锯,其次用钻笮,薄刑用鞭扑,以威民也。故大者弃之原野,小者弃之市朝,五刑三次,是无隐也。"这里的"刑"不仅指"刑罚",还有征伐之意。在古人的思想中,最初本就是兵刑不分的。如《商君书·修权》:"刑者武也。"《画策》释曰:"内行刀锯,外用甲兵。"①

"刑德"之"德"最初与"得"同义。许慎《说文解字》:"得,行有所得也。"在殷人的观念里,也是此意,"德"的意思正是"行有所得""行有所获"。到了西周,"德"的观念就发生变化了。金文"德"字比甲骨文多了"心",正是这个"心"字,使得"德"的意思不仅仅指行为的结果,还具有了人心向背的含义。②

帛书《黄帝四经》中"刑"指刑罚治理,还有诛伐之意。"德"是原初意义的延伸,既指人的内在品质又指治理手段即德政,正如金春峰先生所说,帛书之"德"其部分内容与儒家之德治相同。③而余明光先生认为"黄学既重刑德并用,法治是属于刑的,没有法治当然就更没有德治,从这个意义上说法治又

---

① 关于古代中国"兵刑不分"的详细论述可参阅钱钟书《管锥编》(一),北京:中华书局1986年版,第285页;梁治平:《寻求自然秩序的和谐》,北京:中国政法大学出版社2002年版,第36、37页。
② 李光灿、孙国华主编:《中国法律思想通史》(一),太原:山西人民出版社1996年版,第81页。
③ 金春峰:《论〈黄老帛书〉的主要思想》,《求索》1986年第2期。

是德治的基础,也是'清静无为'的基础。"①这里的意思是"法"是刑与德的中介。而吴光先生则不同,他认为:"帛书中所说的刑德,也就是统治阶级用以统治人民的政治法律制度(刑)和伦理道德原则(德)。"②这里把"刑"等同于法,而"德"为伦理范畴。《十大经·姓争》:"凡谌之极,在刑与德。"意思是刑与德、诛伐与文教并用,便是伐正、平定叛乱的准则。帛书《黄帝四经》认为君主应该这样来治理国家:"一年从其俗,二年用其德,三年而民有得,四年而发号令,[五年而以刑正,六年而]民畏敬,七年而可以正(征)。"(《经法·君正》)关于刑德,即认为"德"当先于"刑"。而统治者的"德"要具有如下的特质:"……无父之行,不得子之用;无母之德,不能尽民之力。父母之行备,则天地之德也。"德即父之品行、母之品德的天地间之大德。这里的字面之意,德当为伦理道德原则,但是《经法·君正》中是先用德,而后为有得。不管怎样,帛书《黄帝四经》中关于"刑德",还是将二者用辩证的态度来对待。在《十大经·姓争》里,把"刑"与"德"二者喻如日月:"刑德皇皇,日月相望,以明其当。"刑罚与德教都是光明正大的,它们就像太阳和月亮一样,照耀大地、两相对映、配合恰当、缺一不可。接下来作者又对"刑"与"德"的辩证关系进一步论述:"望失其当,环视其央(殃),天德皇皇,非刑不行,缪(穆)缪(穆)天刑,非德必顷(倾)。刑德相养。逆顺若成。"(《十六经·姓争》)上天的美德虽然光明正大,但是没有刑罚的配合,就"不行";郑重严肃的刑罚,如果没有德教的配合,国家就"必顷(倾)",刑罚和德教是"相养"的相互配合、互相补充的,所以是"逆"还是"顺"就可据此确定。

　　刑德理论是黄老学调和儒法的集中表现,而阴阳消长则为刑德理论提供了天道观方面的依据。帛书《黄帝四经》认为,为政所以要刑德相辅并用,是因为人事必须符合天道。而天道是有阴有阳,因此为政就要有刑有德,《十大经·姓争》有"刑阴而德阳"。刑与德的施行必须顺应阴阳运行的秩序,具体的做法是使刑德与四时相配,《十大经·观》提出"春夏为德,秋冬为刑,先德后刑以养生"的主张,春夏两季阳气上升,是万物萌发生长、兴奋旺盛的时候,所以宜施行德政;而秋冬两季阳气下降,阴气上升,万物凝聚肃杀凋萎,宜施行的刑政;又因为四时之序经法是春夏在先秋冬在后,所以要德政教化在先,刑政处罚在后,这就是"顺于天"。《经法·亡论》有"三时成功,一时刑杀,天地之道也。"其实与上述(春夏为德,秋冬为刑)是同义,有学者认为是帛书

---

① 余明光:《黄帝四经与黄老思想》,哈尔滨:黑龙江人民出版社1989年版,第35页。
② 吴光:《黄老之学通论》,杭州:浙江人民出版社1986年版,第148页。

"其用意显然是更加强化'德'的作用,使'德'在与'刑'的比量上占有优势。"①其实在此不必做细致的划分,因为在帛书中对于刑德只是先后、明晦的考量,并没有孰轻孰重之分。而关于阴阳的一生一杀、一立一废、一荣一枯是一个连续的过程,并无绝对分明的界限,可以多样地把握(两时或三时)。

阴阳刑德的理论是黄老学对古代政治哲学理论的一个重要贡献,它是对阴阳学吸收整合的成果。帛书《黄帝四经》的作者正是从天道之阴阳和自然界中阴阳协调配合的规律中悟出的刑德理论,并本着人道依天道或推天道以明人事,将阴阳思想运用于社会伦理范畴,以论证人伦秩序的必然性和合理性。

3. 帛书《黄帝四经》的阴阳刑德思想

帛书《黄帝四经》的刑德观念并不是单纯的刑德说,而是阴阳刑德思想。其阴阳、四时等学说是为论证刑德而设的。

如前所述的只要是对立的事物或者行为都可以用"阴阳"解释、演绎,帛书《黄帝四经》也是将"刑""德"视为对立范畴,进而用"阴阳"观念和思维模式来阐述与论证二者的关系。《十大经·姓争》:"刑晦而德明,刑阴而德阳,刑微而德章(彰)。"《十大经·观》有对"刑隐德彰"的描述:"[德虐之行],因以为常,其明者以为法,而微道是行,行法循□□牝牡相求,会刚与柔。"在古文献中明者为进取,微者要隐遁。《国语·越语下》:"天道皇皇,日月为常。明者以为法,微者则是行。"韦昭注:"明谓日月盛满也,微谓亏损薄食也。法具明者以进取,行其微时以隐遁。"《鹖冠子·世兵》亦曰:"明者为法,微道是行。"在作者看来,上述刑与德是对立的,刑为阴,须隐晦;德为阳,须昭彰。接下来作者依据阴阳之二气相互依存、相互转化特点来论证"刑德"相互依存的关系,提出了"赢阴布德""宿阳修刑"的理论。

"阴阳"在万物化生过程中,既是万物的质的存在,又是万物化生的动力,因为阴阳化变产生万物。所以万物便都毫不例外地具有阴阳之质和阴阳之性。而刑德是依阴阳而划分,具有阴阳之质和阴阳之性,所以任何一方被贬抑或摒弃都将取消另一方存在的前提和条件,故帛书《黄帝四经》以"天德皇皇,非刑不行,穆穆天刑,非德必倾"来强调刑与德的不可或缺性。在帛书作者看来,德刑关涉着国家管理者凭依国家的名义和力量如何执掌生杀大权的问题,刑德施用不合时宜就会造成生杀不当,而"生杀不当谓之暴","[暴]则失人","失人则疾",最终妨害民的"食"与"继",使国家的管理活动归于失

---

① 崔永东:《帛书〈黄帝四经〉中的阴阳刑德思想初探》,《中国哲学史》1998年第4期。

败。"时若□□□□□□□□寺(侍)地气之发也,乃梦(萌)者梦(萌)而兹(滋)兹(滋),天因而成之,弗因则在成,[弗]养则不生,夫民之生也规生食与继。不会不继,无与守地;不食不人,无与守天,是□□赢阴布德,□□□□□民功者,所以食之也。宿阳修刑。童(重)阴□长,夜气闭地绳(孕)者,[所]以继之也,不靡不黑,而正之以刑与德。"(《十六经·观》)刑与德是相辅相成的,但二者还是有先有后,有轻有重的。《十大经》的作者是主张"先德而后刑"的,《观》写道:"不靡不黑,而正之以刑与德。春夏为德,秋冬为刑。先德后刑以养生。"《姓争》也说:"刑晦而德明,刑阴而德阳,刑微而德章(彰)。其明者以为法,而微道是行。"这种说法,表示了"先德"或者说重德的思想。最好是讲德,不得已则用刑:"若夫人事则无常,过极失当,变故易常,德则无有,昔(措)刑不当,居则无法,动作爽名,是以僇受其刑。"(《姓争》)对于德和刑的态度,在其他篇中也有反映,如《雌雄节》中有"德积者昌",《兵容》中有"刑法不人,兵不可成"等即是。刑不能乱用,这个思想在《经法》中更为明显,其《亡论》说:"大杀服民。僇(戮)降人,刑无罪,过(祸)皆反自及也。"滥用刑杀,要自食其果! 又把"妄杀贤""杀服民""刑无罪"称为"三不辜","一国而服(备)三不辜者死",都说明刑杀不能滥用。

关于"刑德"帛书《黄帝四经》一直是以"阴阳"来论证的,但并不是机械的对应,如《经法·四度》提出:"极阳以杀,极阴以生,是谓逆阴阳之命。极阳杀于外,极阴生于内。已逆阴阳,又逆其位。大则亡国,小则身受其殃。"也就是说阴阳的转换或生杀是以达到极限为根本转折点的,但帛书中的刑德不是如此,其主张是在发展过程中就做好转换的准备。因为这样可以保证政治措施在变化中保持着顺畅和连续,而不至于发展到极致忽而转化而措手不及,因为事物或政务的发展何时达到极致是无法设定的。所以"赢阴布德"和"宿阳修刑"并不是指阴之盈满和阳之极盛时才可以施行实质意义上的德赏和刑罚,而是指在阴处强势而不是极致时就要布政施德,阳处主势时就要布政用刑了。

德治或法治本为儒法两家不同的政治主张,但帛书《黄帝四经》的作者却认为,仅仅用德治或法治就像四季只有春夏或只有秋冬一样,都是不合理的,只有二者并用才合于天道。《十大经·观》认为,刑德与四时是相配的:"春夏为德,秋冬为刑。先德后刑以养生。"只有"先德后刑"才是"顺于天"的。因为自然界是"赢阴布德,宿阳修刑"的,即秋冬结束阴气发展到极盛时,阳气就开始萌发,此时正是万物萌生的时候,因此就应该相应地布施仁德;而当春夏之尽,阳气停止,阴气生发时,在这种万物由盛而衰的时候,就应该施行刑罚。这一论述虽然具有机械牵强之处,但作者看到儒家一味施行仁德,却缺乏法制的制约,法家只强调严刑峻法而刻薄寡恩的弊端,将"仁""法"二者有机地结合起来,这在理论和实践上无疑都是具有重大意义的。

(五)刑(形)名与法

在帛书《黄帝四经》出土之前,人们虽然知道黄老学派是主张"刑名之学"的,但对其具体内容语焉不详,甚至有着许多误解。如过去有的人囿于司马迁所谓"申子之学本于黄老而主刑名"、韩非"喜刑名、法术之学,而其归本于黄老"(《老子韩非列传》)之说,以为"刑名"即指"法度",其实是一种曲解。刑名也作形名,原指形体(或实际)和名称,即讨论各种事物的名实关系的理论,其内容的广泛,不仅是法术,大凡天道、人事、政治、道德、制度等各种问题都是讨论对象。帛书《黄帝四经》的"刑名"理论,就是吸收了名家的"刑名之学",将它用于社会的道德秩序规范,同时也是法家治术的根本依据。帛书的"刑名"是以天道思想为根源,通过"理"的概念,将道与法接轨,以确立"法"的价值与地位,而形名又是从属于道的。

1.刑名

帛书《黄帝四经》借助"循名责实"这一思想,并将它与道论结合,形成审名断法的政治论。《经法·论约》:"执道者之观于天下也,必审观事之所始起,审其刑(形)名。刑(形)名已定,逆顺有立(位),死生有分,存亡兴坏有处。"而政治上的是非也就靠辨名实来判曲直:"秋稿(毫)成之,必有刑(形)名。刑(形)名立,则黑白之分已"(《经法·道法》);"观今之曲直,审其名以称断之"(《称》);"名实相应,尽知情伪不惑"(《经法·论》);"循名究理之所知,是必为福,非必为灾。是非有分,以法断之"(《经法·名理》)。这种通过析刑名判是非"以法断之"的观点:一方面借鉴了名家的综合名实的思想;另一方面则与法家的"刑名法术"接近,显示了黄老学的学术思想上融汇的痕迹。

然而,黄老道家之刑名与法家之刑名是有着本质区别的。道家之刑名是以天道思想为根源,通过"理",将道与法接轨,确立法的价值与地位。而法家的刑名则只是以法为手段,是一种刑罚法令的法。

帛书《黄帝四经》的刑名理论本于天道观。认为物之形是因天地阴阳气化而生,本来是无名的。等有了形后,才有了名。名与形的关系就是名与实的关系,二者是统一的,是相互依存的。"有物始□,建于地而洫(溢)于天,莫见其刑(形),大盈冬(终)天地之间而莫知其名。莫能见知,故有逆成,物乃下生,故有逆行。祸及其身。"(《经法·名理》)"有物将来,其刑(形)先之。建以其刑(形),名以其名。"(《称》)名是从属于形,有实才有名,名实相应才顺,名实不相应则生争。也就是说,刑名的规范是为了解决逆行生争的现象。"刑(形)名立,则黑白之分已。故执道者之观于天下□(也)。是故天下有事,无不自为刑(形)名声号矣。刑(形)名已立,声号已建,则无所逃迹匿正矣。公者明、至明者有功;至正者静,至静者圣。"(《经法·道法》)"刑(形)名已定,逆顺有立(位),死生有分,存亡兴坏有处。然后参之于天地之恒道,乃定祸福死生存亡兴坏之所在。"(《经法·论约》)物形生争,自然有立名的需要;事动有闻,则建名号以定位。(号,指名位。《国语·周语》:"号,名位也。")而现象界的"名"属于人文建制,其开展必要出于自然。刑名出于自然,而其必须还要以天道为法,"天建[八正以行七法]明以正者,天之道也。适者,天度也。信者,天之期也。极而[反]者,天之生(性)也。必者,天之命也。□□□□□□□者,天之所以为物命也。此之胃(谓)七法。七法各当其名,胃(谓)之物。"(《经法·论》)事物之刑名若能符合天道七法,就像与宇宙秩序和谐,成为天地循环的一部分,行事就会像自然的定律。

帛书《黄帝四经》非常强调"审名察形"和"名实相应"。

　　名实相应则定,名实不相应则静(争)。(《经法·道》)
　　三名:一曰正名,一曰立(位)而偃,二曰倚名法而乱,三曰强主灭而无名。三名察则事有应矣。(《经法·论》)

三名以正名为根本。

　　[名]正者立,名奇者乱。正名不奇,奇名不立。(《十大经·前道》)
　　分之以其分,而万民不争。授之以其名,而万物自定。(《道原》)
　　谨守吾正名,毋失吾恒刑,以视(示)后人。(《十大经·正乱》)
　　动作循名,其事若易成。……动作爽名,是以僚受其刑。(《十大经·姓争》)

此处"奇名"即倚名。而倚名,不正当的名,即用名不当。而用名不当即倚名和无名是要遭天刑的。帛书强调行事要合于名实相应、名功相抱(孚),即使是强凌弱,事虽成,也会失去正当性而遭天刑。而最重要的还要合于天。既要合于道,还要掌握天时,"因天时,与之皆断。"(《十大经·兵容》)反之,过与不及,都有灾祸,功溢于天则有死刑,不及天则无名。

## 2. 法

法最初指刑罚,后来指体现以君主为代表的统治阶级的政策、法令,也有法度之意。帛书《黄帝四经》中的"法"是指刑罚与法度,而法度是主要的,刑罚只是法度的内容之一。

帛书《黄帝四经》首篇首句"道生法",即点出了"道"与"法"的关系。"道"是"法"的根源,"法"有着"道"所具有的性质,同时"法"又有其独立性。

> 道生法。法者,引得失以绳,而明曲直者殹(也)。故执道者,生法而弗敢犯殹(也),法立而弗敢废殹[也]。(《经法·道法》)

> 法度者,正之至也。而以法度治者,不可乱也。而生法度者,不可乱也。(《经法·君正》)

而这里的"道"有两重含义:一是指天道度数的天之道,透过天道度数定轻重度量(具体的法度)。"规之内曰员(圆),柜(矩)之内曰[方],□之曰正,水之曰平。尺寸之度曰小大短长。权衡之称曰轻重不爽,斗石之量曰小(少)多有数。八度者,用之稽也。"(《经法·四度》)这些具体实用的度量称为"法",即法度。"尺寸也,绳墨也,规矩也,衡石也,斗斛也,角量也,谓之法。"(《管子·七法》)而这些具体的法度的来源,是根据具体的天道度数,"古之为度量、轻重,生乎天道。"(《淮南子·天文》)"斗石已具,尺寸已陈,则无所逃其神。故曰:度量已具,则治而制之矣。……轻重不称,是胃(谓)失道。"(《经法·四度》)"阴阳,大制有六度,天为绳,地为准,春为规,夏为衡,秋为矩,冬为权。"(《淮南子·时则》)强调这些客观的度量的公正性、规范性,同时这也是"道"的性质。

一是指宇宙秩序的总源,如《道原》的"道",是不可见知的。由这样的"道"生出的法,也就具有了能够参天地的总法度(法则)的意义。(总法度)

> 天下成法,故曰不多,一言而止,循名复一。(《十大经·成法》)

> 日月星辰之期,四时之度,[动静]之立(位),外内之处,天之稽也。高[下]不敝(蔽)其刑(形),美亚(恶)不匿其请(情),地之稽也。君臣不失其立(位),士不失其处,任能毋过其所长,去私而立公,人之稽也。(《十大经·四度》)

> 天地有恒常,万民有恒事,贵贱有恒立(位),畜臣有恒道,使民有恒度。天地之恒常,四时、晦明、生杀、辐(柔)刚。万民之恒事,男农,女工。

贵贱之恒立(位),贤不宵(肖)不相放。畜臣之恒道,任能毋过其所长。使民之恒度,去私而立公。(《经法·道法》)

以上阐述是融合法天、法地、法人为"一"的总法度,这个"一",相当于《道原》所说的人主"抱道执度,天下可一也"所体现的道境。

"天执一,明[三,定]二,建八正,行七法……[天]定二以建八正,则四时有度,动静有立(位),而外内有处。……七法各当其名,胃(谓)之物。"这是从"道生法"的角度来说,接着,"物各[合于道者,]胃(谓)之理。理之所在,胃(谓)之[顺]。"意思是说,物以顺理为合道,推论下去,就是圣人参天地之恒道,因物之理(合于天理、名理、人事之理),所以能够达到"万举不失理,论天下而无遗筴"(《经法·论约》)的道境。帛书《黄帝四经》中《十大经·观》:"天道已既,地物乃备。散流相成,耳口(圣)人之事。"这是圣人法天道制法度。《道原》:"乃通天地之精,通同而无间,周袭而不盈。"则说明圣人服"道"以理万物,使万物与天地合一,展现周袭不盈的宇宙秩序。

帛书中的法度,以其根源于"道",强调其公正无私和规范性,同时,法度也有其独立性,"执道者,生法而弗敢犯殹(也),法立而弗敢废[也]。"(《经法·道法》)"法度者,正之至也。而以法度治者,不可乱也。而生法度者,不可乱也。精公无私而赏罚信,所以治也。"(《经法·君正》)生法者依然要遵守法的制约,不可凌驾于法度之上,以确保法的公正无私。而刑罚仅仅是法度的内容之一,在帛书中具体的法度还包括"知地宜,须时而树,节民力而使""赋敛有度""号令成俗""刑罚"等。

帛书《黄帝四经》以"道"为核心,无形无名的"道"派生万物并规定着万物的基质,决定各种事物的兴衰成败。世界上万事万物都是变化发展的,其形由天地阴阳化而生成,其名当确立起人文建制的作用。"道"与"刑名"的关系是:有道而后有万物,有万物而后有形名,有形名而后万物有黑白之分。可见,形名是从属于道的。而"道"与"法"的关系是:"法"是由"道"派生出来的。接下来用道产生的法来确立等级秩序,为使各阶层安于本位,即"天地有恒常,万民有恒事;贵贱有恒立(位),畜臣有恒道,使民有恒度。"(《经法·道法》)因此,国君只要抱道执度,顺道执法,名实相验,做到"应化之道,平衡而止","故执道者之观于天下也,无执也,无处也,无为也,无私也。"(《经法·道法》)也就是遵循无为而治,只有这样天下才能大治,这也正是黄老之学为人主谋道治国的关键所在。

## (六)兵学思想

在帛书《黄帝四经》中有很多关于用兵的思想,其中《经法》和《称》主要是以理论的形式阐发用兵之道,而《十大经》则是根据具体的黄帝征战事例言兵事的。兵事是不得已而为之的无奈之举,因为天下大争;然而在用兵之时,要遵守合天与正名的原则,以期实现文武并用、刑德相辅的治国理念。

### 1. 用兵的原因——争

(1)天下大争之势已成:

> 今天下大争,时至矣。(《十大经·五正》)
> 并兼天下。(《十大经·前道》)

既然天下大争之势是不可避免的了,那么最佳的办法就是积极应战:

> "夫作争者凶,不争[者]亦无以成功。"(《十大经·五正》《十大经·姓争》)

(2)从自然人性出发,争是出于本然,这就像天地形成之初,秩序尚未定,此时万物相争,氏族也彼此相争:

> 天地已定,规(蚑)侥(蟯)毕挣(争)。(《十大经·姓争》)
> 姓生已定,而適(敌)者生争。(《十大经·观》)

(3)争并不是随便而为,是要顺应天道秩序而争,还要合天时。因为圣人就是因天道秩序而用天德天刑,以为布制建极而定天下:

> 不谌不定。凡谌之极,在刑与德。刑德皇皇,日月相望,以明其当。(《十大经·观》《十大经·姓争》)

所以说,顺应天道秩序而争,便可享有昌盛之功,《十大经·姓争》有:"顺天者昌,逆天者亡。毋逆天道,则不失所守。"

争还要合天时:

> 不擅作事,以寺(待)逆节所穷。见地夺力,天逆其时,因而饬之,事

环(还)克之。若此者,单(战)朕(胜)不报,取地不反。(《十大经·顺道》)

一旦逆节违逆天时,穷尽恶行,则必遭天刑,还反受殃,此时讨伐者可以取得绝对的胜利。这就是说明因循天时而取得的"后伸"的战果。

逆节始生,慎毋[先]正,皮(彼)且自氏(抵)其刑。(《经法·论约》)

天有环(还)刑,反受其央(殃)。(《称》)

强调等待天时而动作,不要妄发先为。《十大经·五正》着重黄帝屈身自求以待时的过程,"黄帝于是辞其国大夫,上于博望之山,谈卧三年以自求也,单(战)才(哉)。"

(4)争要谨慎,不能意气用事:

宪敖(傲)骄居(倨),是胃(谓)雄节;□□共(恭)验(俭),是胃(谓)雌节。夫雄节者,涅之徒也。雌节者,兼之徒也。夫雄节以得,乃不为福,雌节以亡,必得将有赏。夫雄节而数得,是胃(谓)积英(殃),凶忧重至,几于死亡。(《十大经·雌雄节》)

骄洫(溢)好争,阴谋不羊(祥),刑于雄节,危于死亡。(《十大经·行守》)

慎勿争乎……怒者血气也,争者外脂肤也。怒若不发浸廪是为癕疽。后能去四者,枯骨何能争矣。(《十大经·五正》)

争如果不谨慎,就像怒气于胸不得不发,会流于血气、骄溢、用雄节。"去四者,枯骨何能争",四者,指血气脂肤。其意近似于《庄子·齐物论》的:"形固可使如槁木,而心固可使如死灰。"意思是取其内省,去除"成心",而不流于血气之争。

(5)争要以强为基础,不强则不能用争的形式:

[强生威,威]生惠(慧),惠(慧)生正……帝王者,执此道也。(《经法·论》)

文则明,武则强。……明则得天,强则行威。(《经法·四度》)

因天时,伐天毁,胃(谓)之武。(《经法·君正》)

"强则令,弱则德,敌则循绳而争。"(《称》)循绳,指按规矩。《称》总结了强、弱、均力的形势,认为"强则令"唯有强者才能令行天下。要成就帝王之道,就要超越均势成为强者。帝王所执之道,"强"为首要。同时,争"强"又与文武之道的武道联系在一起,以伐"天毁"为实务,这样"争"就有了充足的理论支持。

2. 用兵的原则

(1)为义、合天、正名的用兵原则

《十大经》有关于兵道的说法:

世兵道三:有为利者,有为义者,有行忿者。……所胃(谓)为义者,伐乱禁暴、起贤废不宵(肖),所胃(谓)义也。义者,众之所死也。(《十大经·本伐》)

耳口(圣)人举事也,阖(合)于天地,顺于民,羊(祥)于鬼神,使民同利,万夫赖之,所胃(谓)义也。(《十大经·前道》)

兵不刑天,兵不可动。不法地,兵不可昔(措)。刑法不人,兵不可成。

外内皆顺,命曰天当,功成而不废,后不奉(逢)央(殃)。(《经法·四度》)

小国得之以守其野,大国[得之以]并兼天下。(《十大经·前道》)

是故以一国伐(攻)天下,万乘[之]主□□希不自此始。(《十大经·本伐》)

以上说明"为义"之兵是为了伐乱禁暴,起贤废不肖。而为义的主旨是要"功合于天"的,用兵必须"合天",要参于天地、顺于民,还要达到名实相应、名功相符的"正名"要求,这样举事用兵才能成功。

《十大经·正乱》中有关于黄帝伐蚩尤的记载,具体描述黄帝擒杀蚩尤,使其受刑、令,"剥其□革以为干侯""劗(剪)其发而建之天""充其胃以为鞠""腐其骨肉,投之苦酭(醢)""屈其脊,使甘其""不死不生,悫(愨)为地桯"等。并以"帝曰:谨守吾正名,毋失吾恒刑,以视(示)后人",申明反义逆时、反义倍(背)宗的蚩尤(共工)的下场遭遇,以强化"正名"的决心。

(2) 对偃兵的态度

□□不执偃兵,不执用兵。兵者不得已而行。(《称》)

《称》提到偃兵与用兵。偃兵即息兵之意。偃兵之说,在战国时盛行。因为战国时期连年战争,不管是百姓还是君王都希望能够安居乐业而远离战事,因此息兵的想法时刻都有。《庄子·徐无鬼》:"(魏)武侯曰:吾欲爱民而为义偃兵。"《吕览·荡兵》:"有义兵而无偃兵。"《吕览》中《审应览》篇和《应言》篇记载了公孙龙说燕昭王、赵惠文王偃兵,是当时曾经有为义息兵,或为义用兵的讨论。执兵,即不一味地主张息兵,也不主张一味地用兵,"兵者不得已而行",所谓"不得已而行"就是不主动用兵,而被动情况下用兵,仍然要在尊重兵事的前提下,以为义、合天与正名为权衡,适时动作。

(3) 对天刑、逆节必用兵

《经法·论约》提到"天刑、逆节",二者是正名以伐的对象,也是用兵而无可厚非的对象。天刑、逆节基本上分为三类:一是主动征伐他人者:

不广(旷)其众,不以兵邾,不为乱首,不为宛(怨)谋(媒),不阴谋,不擅断疑,不谋削人之野,不谋劫人之宇。(《十大经·顺道》)

一是不重农事者:

毋阳窃,毋阴窃,毋土敝,毋故執,毋党别。阳窃者天夺[其光,阴窃]者土地芒(荒),土敝者天加之以兵,人執者流之四方,党别(者)□内相功(攻)。阳窃者疾,阴窃者几(饥),土敝者亡地,人執者失民,党别者乱,此胃(谓)五逆。五逆皆成,□□□□,□地之刚(纲),变故乱常,擅制更爽,心欲是行,身危有[殃,是]胃(谓)过极失当。(《经法·国次》)

一是乱政者:

臣不亲其主,下不亲其上,不族不亲其事,则内理逆矣。逆之所在,胃(谓)之死国,伐之。反此之胃(谓)顺之所在。(《经法·论》)

帛书《黄帝四经》中关于用兵的思想如此丰富,不仅与当时的政治历史背景关系重大,其与墓主的身份是位少将军也有很大的关系,根据墓葬的习惯,陪葬物多是墓主喜爱之物和当时的风俗习惯。在马王堆汉墓三号墓的随葬物中不仅有书籍四五十种,还有大量的兵器、兵书、军事地图和一顶乌纱帽为证。这顶乌纱帽汉代叫作武冠,是当时武官专用的帽子。另有T形帛画上的墓主形象是"冠大冠,带长剑"一副武将的气派。据史记载,吕后三年(公元前185年)原长沙国丞相轪侯利苍去世,其子轪侯利豨以长子身份继承了侯的爵位。因其尚未成年,于是中央政府决定由刘邦手下现任河内都尉彭越接任了丞相,而利豨担任长沙国的中尉。在利豨任职期间曾发生过南越国与长沙国之间的战争,利豨带兵参战。相持一年,最后南越国不战求和,利豨带兵返回首都。①

（七）时

在中国古代,"时"有三种含义:一是天文学上的时,这是指时间本身,即时令、天时、四时。一种是巫学意义上的时,指时定、命定。也就是说自然界中的日月星辰,风云雷雨等自然天象,往往能显示人间的祸福吉凶。圣人力求找到其间的联系,即用天象测人事。一是最高层次的文化哲学意义上的时,即时机、时势。时机之时,即人的活动存在的大氛围、大环境,指人的活动的一种机会、条件,这是中国古代"时"的最普遍的用法,体现了人的活动与宇宙自然相通一致;还指流逝,引申为衡量改变、测度事物变化的物理单位,即通常意义上的时间。在中国传统文化中,"时"的第三层含义是其主要义。在中国古代,"时"的意识是在与环境的协调、人事活动的经验总结中产生的。"时"包含着有外部环境推知的人事活动,如"天时""正逢其时"就是说人的某种活动与外部环境、情境适宜,环境或情境就是做某事的时机。这是最初的"时"的观念,主要指时机和机缘,重在体现人的活动与外部环境的协调。古人称这种协调为"时机""时势"。对于"时机""时势"古人是极其重视的。孔子有:"敬事而信,节用而爱人,使民以时"(《论语·学而》)、"不时,不食"(《论语·乡党》)等思想,主张节用、爱民都要顺时应时,甚至吃东西也要讲时,不合时宜则不能食。孟子也有"今夫麰麦,播种而耰之,其地同,树之时又同,浡然而生,至于日至之时,皆孰矣"(《孟子·告子上》)"天时不如地利,地利不如人和"(《孟子·公孙丑下》),不仅认为农业生产活动要符合时节、时机,而且连打仗也要讲天时,只有天时、地利与人和三者匹配,也就是三者达

---

① 以上转述傅举有《不朽之侯——马王堆考古大发现》,杭州:浙江文艺出版社2002年版,第56页。

到了最大的平衡和最佳的时机,战争才可获胜,三者缺一不可。

在帛书《黄帝四经》中,"时"的观念可谓是一个很重要的思想,它的含义包含着上述时的三层含义,其实质是以自然属性和社会属性两个方面展开的。就自然属性而言,它具有不以人的意志为转移的客观性、规律性,表现为一种恒常的状态,如四时的运行;就社会属性而言,它在具有客观性的同时,又受到活动主体——人的参与程度的影响。"时"的因素,还有现实性和可能性两种情况,可能性是潜在的"机",变成现实性还需要条件和过程。帛书《黄帝四经》强调对"时"的认识和把握,在于指导人遵循客观规律性,发挥主观能动性。其主要是通过两个概念表现出来的:一是表天道环境或宇宙自然的"天时";一是与天道相合的人事活动的主要组成"农时"。二者主要是通过"得时"与"失时"来展开论述的。

帛书《黄帝四经》把"天时"当作执政者统治活动成败的决定因素,这除了系于天道信仰和效法"四时"外,还与农业生产有着很深的关系。具体地说,帛书《黄帝四经》"因天时"而施治的主张,是顺天时而为农事经验的延展、推广和提升。

首先看帛书关于天时与农事活动的关系。《经法·论》有:"动静不时,种树失地之宜,[则天]地之道逆矣。"指明"时"在天地之道的范畴。《经法·君正》有:"人之本在地,地之本在宜,宜之本在时,时之用在民。"上述内容指出人生存的基本需求是土地、时宜、民力,而三者中"时"是中心。土地须在适时的时候才能很好地生长谷物,而民力也只有在适时的时候才能发挥其最大作用。三者中"时"不在人的意志支配范围之内,属于不可支配的资源,而土地、民力属于可支配的,人的意志是可以改变的。因此,要想获得农事活动的最大化收益,就要使土地、民力可支配的资源服从于"天时"的不可支配资源,这也就是古时以"时"颁布政令的内在依据。正是由于"天时"对农事的决定作用,而中国作为靠天吃饭的农业大国,其作为治国主体的人主,主要任务就是以"时"为核心调配农事资源,以求物质生产和人自身生产的双重发展,以及整个国家社会的和谐。

    是故为人主者,时挖三乐,毋乱民功,毋逆天时。然则五谷溜孰(熟),民[乃]蕃兹(滋)。君臣上下,交得其志。(《十大经·观》)

根据《马王堆汉墓帛书》(壹)本篇注[三一],此段与《国语·越语下》"四封之内,百姓之事,时节三乐,不乱民功,不逆天时,五谷稑熟,民乃蕃滋,君臣上

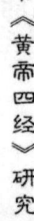

下,交得其志"含义相近。而"时挃三乐"即"时节三乐",意思即人主必须于春、夏、秋"三时成功"(《经法·论约》)的季节里对农业生产做出合理的安排,此即"并时以养民功",否则就是"乱民功""逆天时"。《经法·君正》也有类似说法:"苟事,节赋敛,毋夺民时,治之安。"(苟上似脱一"省"字。① "苟事"上似脱一字,注家补作"毋"或"省",②与节赋敛成对文)要求统治者采取适度的赋税制度让百姓能够劳有所得,以刺激他们从事农业生产的积极性;"毋夺民时"可以确保地之宜和民之力合于"天时"。帛书中,将这种农事以时的说法,转移或复制到施政上,要"毋逆天时",主张在施政过程中,应尽力避免人事与外境的违逆和不称。即要"得时"而毋"失时"。

> 静作得时,天地与之。静作失时,天地夺之。(《十大经·姓争》)
> 时若可行,亟应勿言。[时]若未可,涂其门,毋见其端。(《称》)
> 勿先天成,毋非时而荣。先天成则毁,非时而荣则不果。(《称》)
> 圣人正以待天,静以须人。……当天时,与之皆断。当断不断,反受其乱(《十大经·观》)

所谓"得时"就是统治者的为治行为与"天时"所呈现的态势相应时,事态就会向着正面的、积极的方向发展,也即当时;反之,就会走向反面,即"失时"或不当时。很显然帛书《黄帝四经》对"当时"是持肯定态度的,而"亟应"是对行为者既不先于时也不后于时的果断性的要求,是与"当天时,与之皆断。当断不断,反受其乱"最相应的。相反,不当时是帛书极力否定的,而"失时"的行为在帛书中大致有两种表现:一是"时赢而事绌";一是"时绌而事赢"。

> 其时赢而事绌,阴节复次,地尤复收。正名修刑,执(蛰)虫不出,雪霜复清,孟谷乃萧(肃),此材(灾)□生,如此者举事将不成。其时绌而事赢,阳节复次,地尤不收。正名施(弛)刑,执(蛰)虫发声,草苴复荣。已阳而有(又)阳,重时而无光。如此者举事将不行。(《十大经·观》)

"时赢而事绌"是指时过而事屈,即人事后于时;"时绌而事赢"是指时屈而事过,即人事先于时;二者都是帛书所否定的。也就是说人事必须绝对根据、围

---

① 马王堆汉墓帛书整理小组:《经法》,北京:文物出版社1976年版,第15页注㉖。
② 陈鼓应:《黄帝四经今注今译》,北京:商务印书馆2007年版,第125页注①。

绕天时来确定和施行,即随天时而动静,即"动之静之,民无不听,时也。"(《经法·君正》)。

帛书《黄帝四经》认为"时"在兵事上也是很重要的。"天固有夺有予""因天时,与之皆断""兵不刑天,兵不可动"(《十大经·兵容》)。该用兵时,一定要事有成功,成功之道在于掌握"时之反"。"明明至微,时反以为几(机)。天道环(还)于人,反为之客。……天稽环周,人反为之[客]。静坐得时,天地与之。静坐失时,天地夺之。"(《十大经·姓争》)"时反"指的是对天道循环复返规律的掌握,《国语·越语下》:"圣人之功,时为之庸。得时不成,天有还形。天节不远,五年复反。"韦昭注:"五年再闰,天数一终,故复反也。"参考韦昭以历数注"时之反",可知帛书《黄帝四经》"时反"也与历数有关。

## 小 结

以上的词语,在帛书《黄帝四经》中都有着重要的含义,且它们之间又有着很深的内在联系,构成了帛书完整的思想体系。在帛书《黄帝四经》中,"道"是一个贯穿始末的主线,而具体到各篇章中则有所改变。《经法》中与"道"关系密切的是"法";《十大经》关系密切的是"黄帝",因其"黄帝"所体现的本就是"天道";《称》的"道"具有指导世间人事的作用,这与"道"的引申义相一致。《道原》的"道"就是最本质、最原初的"道体"。而"天道"是"道"的反推和落在现象界的把握。在中国文化中,黄帝是创世主,是日神,是"天道"的最好象征,代表着无私、正义、公道、守信等规则,这是形象思维的最初发展。人类的思维再上一个台阶,进入到抽象思维,"道"便承载了黄帝的这一使命,成为世界的本源、规律的总则。而"理"是"道"的具象表现,是内质,是沟通"刑(形)名"[通过"道与理""理与刑(形)名""刑(形)名与法"的辩证思维模式]以确立"法"的正当性和价值根源。郭梨华先生提到:"'道'作为'法'的正当性根源……来自于'道'本身所具有的自然性,这一自然性就是与天文历法相关的度数,因此这一种'法'所强调的就不是德治中作为礼的辅助的刑罚,而是与度数相关,具有独立位置的'法'。"[①]帛书《黄帝四经》认为阴阳是由"道"派生的,而阴阳是指客观存在的质料或要素,它源自未成

---

① 郭梨华:《〈经法〉中"刑—名"思想探源》,《安徽大学学报》1998年第3期。

具体事物的混沌一气,万物都具有阴阳的属性,而二者是对立统一、相辅相成、相互依存的关系。帛书《黄帝四经》的作者正是从自然界阴阳协调配合的规律中悟出了刑德并用的道理,并把阴阳思想运用于社会伦理,以论证人伦秩序的必然性和合理性。兵学与"时"的观念本就是人事社会的活动,其运作也要依循道的法则。

战国中期以后天道思想发展到一定阶段,其与诸侯间由霸而王、由王而帝的政治趋势相一致。道家黄老学者将天道知识从具体的日月星辰的运行、四时的变化,推衍为道的普遍性和抽象性,将占验天道的数术与人事联系起来,成了天道环周终始循环的宇宙秩序。而黄帝之因天循道正是此意。执道者推天道以明人事,根据天道度数定法度,法的根源性得以确立,如此,作为生法的执道者,若能体察天道,遵循宇宙秩序而作为,即可成为人事的主宰。总之,帛书《黄帝四经》的思想主旨就是倡导以客观公正的天道规律为准绳,建立一套天地人相参的治国大法。

# 第六章 结 论

帛书《黄帝四经》是一部指导为政者"君人南面之术"的政论性著作,其字里行间透着数术语言和思维,并相信数术的原则原理和思维方式是重要的治国依据,换言之即以客观公正的天道理念为准则,建立一套天地人相参的治国大法。这是通过对帛书整体把握所得出的综合性结论。下面是相关的分论:

## 一、帛书《黄帝四经》非一人一时一地之作

这一观点在学术界已然占大多数。因为在中国古代,并没有单一作者的概念,学者的流动性也大。帛书《黄帝四经》应该说即如此。它有一个分属不同地区、不同时代的作者群,在帛书中有早期的古文献或口头流传的传说和格言警句,而这些作品有一个共同点即探讨人主为治之道。最后由一位有识之士根据当时社会现实的需要编辑成书。帛书的作者群当在以"楚"为中心的淮泗地区,而楚的疆域在战国时最广。作品出于稷下,因为帛书《黄帝四经》有丰富的天道思想,重视数术方技和兵学,又有托名黄帝的现象,这些都是稷下著作的主要特点。帛书《黄帝四经》大概成书于战国中期以后至战国晚期初这一时间段,理由是道家的哲理之思成为论说的时尚或各家论理不可避的话题。

## 二、帛书《黄帝四经》是南方黄老学的奠基之作,它吸收了各种思想精华但又表现着自己独到的眼光

帛书中将天道环周思想作为宇宙秩序,而这种思想最先流行于以楚国为中心的南方。因此,客观地来讲,帛书《黄帝四经》思想是发端于南方楚地的黄老学。南方楚地严格说是淮泗地区,淮泗地区有其特殊的地理(齐、楚、鲁、宋交会地)、军事(兵家必争之地)、文化(徐、越、齐、楚文化融汇,以天道思想为主)背景,所以战国中期以后的黄老著作,如帛书《四经》《鹖冠子》《管子》的作者都受此地文化荟萃的滋养,是一种必然。

帛书《黄帝四经》对黄帝的崇拜来自于古代宗教重天道的思维、政治统治方式来源于天地人一体的整体观念和上古政治模式，而其思想在《老子》"道论"的基础上，又表现出不同于以往老子道家的新风貌，其主要的区别就是帛书吸收了阴阳家思想中与天文、历算有关的内容，剔除了阴阳家思想中"牵于禁忌，泥于小数，舍人事而任鬼神"，"推刑德"却要"假鬼神而助"的弊病，追求依天道、顺阴阳的治国理念。它将《老子》的玄奥哲理转为治世之言，从而表现出一种着眼于现实的人文精神。这是黄老学区别于老子向社会性倾斜的表现，也是被汉初统治者采纳的最根本理由。西汉中期，儒学独尊，黄老学退出政治舞台，而其学说融通百家又保有自己学说特色的优点，被后世史学思想家们所吸收。

### 三、帛书《黄帝四经》的文字背后都与"天道"有着千丝万缕的联系

如"十大经"的"十大"即为太阳神黄帝的符号化，"黄帝四面"无论是与明堂有关还是与式盘有关，都是"天道"在人世的缩影，将黄帝还原，其即为宇宙的中心和太阳神的化身。还有如帛书中的"五正"与传本《鹖冠子》中五政说具体所指内容不同，但二者的治道法天道的指导思想却是一致的。

在帛书《黄帝四经》中，"道"是一个贯穿始末的主线，而"天道"是"道"的反推和落在现象界的把握。在中国文化中，黄帝是创世主，是日神，是"天道"的最好象征，代表着无私、正义、公道、守信等规则，这是形象思维的最初发展。人类的思维再上一个台阶，进入到抽象思维，"道"便承载了黄帝的这一使命，成为世界的本源、规律的总则。而"理"是"道"的具象表现，是内质，是沟通"刑（形）名"［通过"道与理""理与刑（形）名""刑（形）名与法"的辩证思维模式］以确立"法"的正当性和价值根源。作为生法的执道者，若能体察天道，遵循宇宙秩序而作为，即可成为人事的主宰。帛书《黄帝四经》认为阴阳是由"道"派生的，阴阳在天道数术中本就是常识，帛书中把天道的阴阳思想运用于社会伦理，以论证人伦秩序的必然性和合理性。兵与时是人类社会早期政治生活的基础，其运作一直都是依循天道法则。战国中期以后天道思想发展到一定阶段，与诸侯间由霸而王、由王而帝的政治趋势相一致。帛书将天道知识从具体的日月星辰的运行、四时的变化，推衍为道的普遍性和抽象性，将占验天道的数术与人事联系起来，为人君建立一套天地人相参的治国大法提供理论支持。

本书的创新之处：

1. 帛书文本研究中，对"十大经"的"十大"的解读，有着与以往不同的认

识,即"十大"是太阳神也就是黄帝,而黄帝的精神实质即为"天道"。

2.对帛书的思想研究方法的突破。以往研究帛书的思想,大多都是模式化地分割为几块,如军事思想、伦理思想、政治思想、哲学思想等,而本书采用以点带线、以线带面的方法,可以说是一种崭新的尝试。

论文的不足之处和今后需要努力的方面:

1.视角不够独特。以后的研究角度可以有所突破,如对其方法论的研究或选择与老庄的方法论比较研究。

2.挖掘的深度不够,自己的观点少。主要原因对古文字的解读能力欠缺和对古史的研究不够,以后将加强对古汉语文字和古代相关历史文献的深入研究。

# 参 考 文 献

**著　作**

1. 国家文物局古文献研究室:《马王堆汉墓帛书(壹)》,北京:文物出版社1980年版。
2. 马王堆汉墓帛书整理小组:《经法》,北京:文物出版社1976年版。
3. 王弼:《老子道德经注》(影印《诸子集成》本),上海:上海书店出版社1986年版。
4. 张湛:《列子注》(影印《诸子集成》本),上海:上海书店出版社1986年版。
5. 朱熹:《四书集注》,长沙:岳麓书社1987年版。
6. 司马迁:《史记》(三家会注本),北京:中华书局1959年版。
7. 戴望:《管子校正》(影印《诸子集成》本),上海:上海书店出版社1986年版。
8. 吕思勉:《经子解题》,上海:华东师范大学出版社1995年版。
9. 据扫叶山房石印:《百子全书》(全8册)(影印本),杭州:浙江人民出版社1919年版。
10. 朱熹:《朱子全书》,上海:上海古籍出版社2002年版。
11. 钱穆:《先秦诸子系年》,台北:东大出版社1990年版。
12. 陈鼓应:《黄帝四经今注今译》,北京:商务印书馆2007年版。
13. 余明光:《黄帝四经与黄老思想》,哈尔滨:黑龙江人民出版社1989年版。
14. 张尔田:《史微》,上海:上海人民出版社2006年版。
15. 秦彦士:《诸子学与先秦社会》,石家庄:河北人民出版2003年版。
16. 熊铁基:《秦汉新道家略论稿》,上海:上海人民出版社1984年版。
17. 吴光:《黄老之学通论》,杭州:浙江人民出版社1986年版。

18. 侯外庐主编:《中国思想史纲》,上海:上海书店出版社 2004 年版。
19. 高正:《诸子百家研究》,北京:中国社会科学出版社 1997 年版。
20. 冯友兰:《中国哲学史》,北京:商务印书馆 1961 年版。
21. 梁启超:《先秦政治思想史》,北京:东方出版社 1996 年版。
22. 任继愈主编:《中国哲学发展史》(先秦卷、秦汉卷),北京:人民出版社 1982、1985 年版。
23. 王博:《庄子哲学》,北京:北京大学出版社 2004 年版。
24. 李泽厚:《中国古代思想史论》,天津:天津社会科学出版社 2003 年版。
25. 叶舒宪:《中国神话哲学》,北京:中国社会科学出版社 1992 年版。
26. 徐复观:《两汉思想史》,上海:华东师范大学出版社 2001 年版。
27. 钱穆:《国史大纲》,北京:商务印书馆 1996 年版。
28. 郭沫若:《十批判书》,北京:东方出版社 2008 年版。
29. 陈鼓应:《易传与道家思想》,北京:三联书店 1996 年版。
30. [英]李约瑟著,陈立夫译:《中国古代科学思想史》,南昌:江西人民出版社 1999 年版。
31. 张增田:《黄老治道及其实践》,广州:中山大学出版社 2005 年版。
32. 荆雨:《自然与政治之间——帛书<黄帝四经>政治哲学研究》,长春:东北师范大学出版社 2007 年版。
33. 沈颂金:《二十世纪简帛学研究》,北京:学苑出版社 2003 年版。
34. 裘锡圭:《中国出土古文献十讲》,上海:复旦大学出版社 2004 年版。
35. 李零:《简帛古书与学术源流》,北京:三联书店 2004 年版。
36. 魏启鹏:《马王堆汉墓帛书<黄帝书>笺证》,北京:中华书局 2004 年版。
37. [美]本杰明·史华兹著,程钢译:《古代中国的思想世界》,南京:江苏人民出版社 2004 年版。
38. 陈鼓应主编:《道家文化研究》(第 3 辑、第 5 辑、第 17 辑、第 18 辑),北京:三联书店 1993—1999 年版。
39. 何新:《诸神的起源》,北京:时事出版社 2002 年版。
40. [美]张光直:《中国考古学论文集》,北京:三联书店 1999 年版。
41. 茅盾:《中国神话研究初探》,上海:上海古籍出版社 2005 年版。
42. 赵沛霖:《先秦神话思想史论》,北京:学苑出版社 2002 年版。
43. 詹石窗:《道教文化十五讲》,北京:北京大学出版社 2003 年版。

44. 吴辛丑:《简帛古籍异文研究》,广州:中山大学出版社2002年版。

45. 张岱年:《中国哲学大纲》,北京:中国社会科学出版社1982年版。

46. 李学勤:《古文献丛论》,上海:上海远东出版社1996年版。

47. 刘乐贤:《马王堆天文书考释》,广州:中山大学出版社2004年版。

48. 陈鼓应:《管子四篇诠释》,北京:商务印书馆2006年版。

49. 刘国忠:《中国古代帛书的发现与研究》,北京:文物出版社2002年版。

50. 郭丽:《<管子>文献学研究》,青岛:青岛海洋大学出版社2007年版。

51. 胡适:《中国中古思想史长编》,合肥:安徽教育出版社1999年版。

52. 张绪通:《黄老智慧》,北京:人民出版社2005年版。

53. 蔡靖泉:《楚文化流变史》,长沙:湖南人民出版社2001年版。

54. 邓启耀:《中国神话的思维结构》,重庆:重庆出版社2005年版。

55. 刘柯、李克和:《管子译注》,哈尔滨:黑龙江人民出版社2003年版。

56. 世纪中华学术经典文库·历史学(中国古代史卷 上册),兰州:兰州大学出版社2000年版。

57. 王尔敏:《先民的智慧——中国古代天人合一的经验》,桂林:广西师范大学出版社2008年版。

58. 白奚:《先秦哲学沉思录》,北京:中国社会科学出版社2007年版。

59. [英]葛瑞汉著,张海晏译:《论道者:中国古代哲学论辩》,北京:中国社会科学出版社2003年版。

60. 冯铁流:《先秦诸子学派源流考—对先秦诸子学术活动的新认识》,重庆:重庆出版社2005年版。

61. [韩]金晟焕:《黄老道探源》,北京:中国社会科学出版社2008年版。

62. 谷斌、张慧姝、郑开注译:《黄帝四经今译·道德经今译》,北京:中国社会科学出版社1996年版。

63. 叶山:《对汉代马王堆黄老帛书的几点看法》,载于《马王堆汉墓研究文集》,长沙:湖南出版社1994年版。

64. 许建良:《先秦道家的道德世界》,北京:中国社会科学出版社2006年版。

65. 何新:《老子新解——宇宙之道》,北京:北京工业大学出版社2007年版。

66. [韩]李顺连:《道论》,武汉:华中师范大学出版社2003年版。

67. 傅举有:《不朽之侯——马王堆考古大发现》,杭州:浙江文艺出版社 2002 年版。

68. 刘毓璜:《先秦诸子初探》,南京:江苏人民出版社 1984 年版。

69. [美]杜维明:《杜维明文集》,武汉:武汉出版社 2002 年版。

70. 胡家聪:《稷下争鸣与黄老新学》,北京:中国社会科学出版社 1998 年版。

71. 吴天明:《中国神话研究》,北京:中央编译出版社 2003 年版。

72. 张政烺:《张政烺文史论集》,北京:中华书局 2004 年版。

73. 金春峰:《汉代思想史》,北京:中国社会科学出版社 1987 年版。

74. 丁原明:《黄老学论纲》,济南:山东大学出版社 1997 年版。

75. 李零:《李零自选集》,桂林:广西师范大学出版社 1998 年版。

76. 刘泽华:《中国政治思想史》,杭州:浙江人民出版社 1996 年版。

77. 吴锐:《中国思想的起源》(第二卷),济南:山东教育出版社 2003 年版。

78. 饶宗颐、曾宪通:《长沙子弹库楚帛书研究》,北京:中华书局 1993 年版。

79. 葛志毅、张惟明:《先秦两汉的制度与文明》,哈尔滨:黑龙江教育出版社 1998 年版。

80. 陈来:《古代思想文化的世界》,北京:三联书店 2002 年版。

81. 付粉鸽:《自然与自由——老庄生命哲学研究》,北京:人民出版社 2010 年版。

82. 那薇:《汉代道家的政治思想和直觉体悟》,济南:齐鲁书社 1992 年版。

83. [日]小野泽精一等著,李庆译:《气的思想:中国自然观和人的观念的发展》,上海:上海人民出版社 1990 年版。

84. 袁珂:《山海经校注》,成都:巴蜀书社 1996 年版。

85. 张闻玉:《古代天文历法讲座》,桂林:广西师范大学出版社 1986 年版。

86. 傅举有、陈松长编著:《马王堆汉墓文物综述》,长沙:湖南出版社 1992 年版。

87. 葛兆光:《七世纪前中国的知识、思想与信仰世界》,上海:复旦大学出版社 1998 年版。

88. 童书业:《春秋左传研究》,上海:上海人民出版社 1980 年版。

89. 张舜徽：《郑学丛著》，济南：齐鲁书社1984年版。

90. 张舜徽：《广校雠略》，北京：中华书局1963年版。

91. 顾颉刚：《古史辨》第七卷上册，上海：上海古籍出版社1982年。

92. [古印度]摩奴著，马香雪转译：《摩奴法典》中译本，北京：商务印书馆1982年版。

93. 高楠顺次郎：《印度哲学宗教史》，北京：商务印书馆1935年版。

94. 徐中舒：《陈侯四器考释》，《徐中舒历史论文选辑》上册，北京：中华书局1998年版。

95. 徐梵澄译：《五十奥义书》中译本，北京：中国社会科学出版社1984年版。

96. 季羡林译：《罗摩衍那》中译本第七卷，北京：人民文学出版社1984年版。

97. 尼采著，李长俊译：《悲剧的诞生》，长沙：湖南人民出版社1986年版。

98. [德]卡西尔：《神话思维》，北京：中国社会科学出版社1992年版。

99. 维柯：《新科学》，北京：商务印书馆1989年版。

100. 周与沉：《身体·思想与修行》，北京：中国社会科学出版社2005年版。

101. 高福进：《太阳崇拜与太阳神话——一种原始文化的世界性透视》，上海：上海人民出版社2002年版。

102. 王献唐：《炎黄氏族文化考》，济南：齐鲁书社1985年版。

103. 杨向奎：《宗周社会与礼乐文明》，北京：人民出版社1997年版。

104. 钱穆：《国史大纲》上册，台北：商务印书馆1984年版。

105. 张正明：《荆楚文化志》，上海：上海人民出版社1998年版。

106. 李学勤：《新发现简帛与秦汉文化史》《再论楚文化的流传》，载《李学勤集》，哈尔滨：黑龙江教育出版社1989年版。

107. 蒙文通：《略论黄老学》，载《蒙文通文集》第一卷《古学甄微》，成都：巴蜀书社1987年版。

108. 任继愈主编：《中国哲学发展史》(秦汉卷)，北京：人民出版社1985年版。

109. 《后汉书》，北京：中华书局标点本。

110. 钱钟书：《管锥编》(一)，北京：中华书局1986年版。

111. 梁治平：《寻求自然秩序的和谐》，北京：中国政法大学出版社2002年版。

112. 李光灿、孙国华主编：《中国法律思想通史》（一），太原：山西人民出版社1996年版。

113. 张岱年：《中国古典哲学概念范畴要论》，北京：中国社会科学出版社1987年版。

114. 蔡方鹿：《中华道统思想发展史》，成都：四川人民出版社2003年版。

115. 饶宗颐：《楚帛书新证》，收于《楚地出土文献三种研究》，北京：中华书局1993年版。

116. 李零：《长沙子弹库战国楚帛书研究》，北京：中华书局1985版。

117. 吴九龙：《银雀山汉简释文》，北京：文物出版社1985年版。

118. 薄树人主编：《中国天文学史》，台北：文津出版社1995年版。

119. 傅斯年：《史料论略及其他》，沈阳：辽宁教育出版社1997版。

120. 朱熹：《答汪尚书》，《朱子全书》，上海：上海古籍出版社、合肥：安徽教育出版社2002年版。

121. 萧萐父：《道家的起源》，《吹沙纪程》，上海：上海文艺出版社1998年版。

122. 乌丙安：《中国民俗学》，沈阳：辽宁大学出版社1985年版。

123. 宋兆麟等：《中国原始社会史》，北京：文物出版社1983年版。

124. 冯友兰：《中国哲学史新编》（上），北京：人民出版社1998年版。

125. 南怀瑾：《南怀瑾选集》（第四卷），上海：复旦大学出版社2005年版。

126. 郭宝钧：《中国青铜器时代》，北京：三联书店1963年版。

127. 余嘉锡：《古书通例》，上海：上海古籍出版社1985年版。

128. 孙福喜：《鹖冠子研究》，西安：陕西人民出版社2002年版。

129. 鹖冠子撰，马振献译注：《鹖冠子》，长春：时代文艺出版社2003年版。

130. 丁山：《中国古代宗教与神话考》，上海：上海书店出版社2011年版。

131. 高福进：《太阳崇拜与太阳神话——一种原始文化的世界性透视》，上海：上海人民出版社2002年版。

132. 于省吾：《释甲骨文中的天大类字》，香港版《古文字学论集》，香港：香港中文大学出版社1983年版。

133. 钱存训：《书与竹帛：中国古代的文字记录》，上海：上海人民出版社2004年版。

134. 李致忠：《古书版本鉴定》，北京：文物出版社1997年版。

135. [清]阮元:《十三经注疏》,北京:中华书局1980年版。
136. 王献唐:《炎黄氏族文化考》,济南:齐鲁书社1985年版。
137. [清]阎若璩:《尚书古文疏证》,影印文渊阁四库全书本。
138. 张舜徽:《中国古代史籍校读法》,上海:上海古籍出版社1962年版。
139. 陈梦家:《尚书通论》,北京:中华书局1985年版。
140. 夏曾佑:《中国古代史》,台北:台湾大学1952年版。
141. 郭沫若:《先秦天道观之进展》,上海:商务印书馆1936年版。

## 论 文

1. 唐兰:《马王堆出土＜老子＞乙本卷前古佚书的研究》,《考古学报》1975年第1期。
2. 高亨、董治安:《十大经初论》,《文物》1975年第8期。
3. 曹峰:《＜三德＞与＜黄帝四经＞的对比研究＞》,《江汉论坛》2006年第11期。
4. 徐建委:《从刘向校书再论马王堆帛书＜老子＞乙本卷前古佚书非＜黄帝四经＞——兼论古籍流传研究中的两个方法论误区》,《云梦学刊》2006年第2期。
5. 陆建华:《＜黄帝四经＞—黄老道家的奠基之作》,《安徽大学学报(哲学社会科学版)》1999年第3期。
6. 孙福喜:《＜鹖冠子＞与帛书＜黄帝四经＞语法、文体比较研究＞》,《西北大学学报(哲学社会科学版)》2000年第3期。
7. 曹峰:《＜黄帝四经＞所见"名"的分类》,《湖南大学学报(社会科学版)》2007年第1期。
8. 关志国:《试论黄老学的"道""德"与"法"》,《船山学刊》2008年第2期。
9. 薛柏成:《论墨家思想对黄老学的影响》,《社会科学战线》2008年第6期。
10. 张增田:《＜黄老帛书＞之刑德关系诸说辨》,《管子学刊》2002年第3期。
11. 戎辉兵:《＜马王堆汉墓帛书老子乙本卷前古佚书＞校读札记》,《东南文化》2005年第2期。
12. 黄朴民:《战国黄老学派及其军事思想》,《管子学刊》1994年第4期。
13. 荆雨、程彪:《制度下的和谐帛书＜黄帝四经＞形名思想解析》,《吉林大学社会科学学报》2007年第2期。

14. 张增田:《"道"何以生"法"——关于＜黄老帛书＞"道生法"命题的追问》,《管子学刊》2004年第2期。

15. 丁原明:《＜鹖冠子＞及其在战国黄老之学中的地位》,《文史哲》1996年第2期。

16. 张国华:《＜黄帝四经＞的宇宙图式与社会秩序——兼论＜黄帝四经＞对董仲舒的影响》,《湖南大学社会科学学报》1992年第2期。

17. 艾畦:《＜黄帝四经＞对老子思想的吸收和继承》,《中国哲学史》1997年第1期。

18. 曹峰:《＜黄帝四经＞所见"执道者"与"名"的关系》,《湖南大学学报(社会科学版)》2008年第3期。

19. 孙景坛:《＜黄帝四经＞研究的几个重要问题》,《南京社会科学》2003年第2期。

20. 许建良:《＜黄帝四经＞因循思想探析》,《湖南科技学院学报》2007年第8期。

21. 余明光:《＜论六家要指＞所述"道论"源于"黄学"——读汉墓帛书＜黄帝四经＞》,《湘潭大学学报(社会科学版)》1987年第1期。

22. 曾春海:《＜系辞传＞与＜黄老帛书＞天道与治道之对照》,《周易研究》2006年第6期。

23. 张增田:《"正道不殆"——＜黄老帛书＞治国方略中的制度诉求》,《广西大学学报(哲学社会科学版)》2003年第1期。

24. 金春峰:《论＜黄老帛书＞的主要思想》,《求索》1986年第2期。

25. 连劭名:《马王堆帛书＜经法·道法＞与传说中的蚩尤》,《文献》2000年第4期。

26. 魏启鹏:《帛书黄帝五正考释》,《华学》1998年第3期。

27. 李振宏:《论"先秦学术体系"的汉代生成》,《河南大学学报》2008年第2期。

28. 崔永东:《出土文献的法学价值》,《政法论坛》2006年第2期。

29. 白奚:《论先秦黄老学对百家之学的整合》,中国论文下载中心2008年8月14日。

30. 许抗生:《论说黄老学派的产生和演变》,《文史哲》1979年第3期。

31. 葛志毅:《天老与黄老考释》,《史学集刊》2008年第1期。

32. 白奚:《先秦黄老之学源流述要》,《中州学刊》2003年第1期。

33. 杨向奎:《再论老子——神守·史老·道》,《史学史研究》1990年第3期。

34. 御手洗胜:《关于帝尧之传说》,载日本《中国学会报》第21集1969年。

35. 阿·基列巴里耶夫:《印度教的神及其传说》,《世界宗教资料》1982年第4期。

36. 李岩:《马王堆帛书与历史研究》,《古籍整理研究学刊》2007年第3期。

37. 魏启鹏:《黄帝四经思想探源》,原载于《中国哲学》第四辑,北京:三联书店1980年版。

38. 白奚:《学术发展史视野下的先秦黄老之学》,《人文杂志》2005年第1期。

39. 刘蔚华、苗润田:《黄老思想源流》,《文史哲》1986年第1期。

40. 黎子耀:《阴阳五行思想与(周易)》,《杭州大学学报》1979年第1期。

41. 殷涤非:《西汉汝阴侯墓出土的占盘和天文仪器》,《考古》1978年第5期。

42. 高亨、池曦朝:《试谈马王堆汉墓中的帛书老子》,《文物》1974年第11期。

43. 严敦傑:《关于西汉初期的式盘和占盘》,《考古》1978年第3期。

44. 许抗生:《黄老之学新论读后的几点思考》,《管子学刊》1993年第1期。

45. 葛荣晋:《试论黄老帛书的道和无为思想》,《中国哲学史研究》1981年第3期。

46. 钟肇鹏:《论黄老学》,《世界宗教研究》1981年第2期。

47. 孙以楷:《稷下学宫考述》,《文史》第23集,中华书局1984年版。

48. 唐兰:《黄帝四经初探》,《文物》1974年第10期。

49. 崔永东:《帛书<黄帝四经>中的阴阳刑德思想初探》,《中国哲学史》1998年第4期。

50. 张增田:《<黄老帛书>研究综述》,《安徽大学学报》2001年第4期。

51. 沈颂金:《帛书研究五十年》,《中国史研究动态》2001年第3期。

52. 李夏:《帛书<黄帝四经>研究》,山东大学2007年博士论文。

53. 张增田:《<黄老帛书>成书年代的新假说》,《管子学刊》2005年第3期。

54. 李培志:《<黄帝书>与简帛<老子>思想渊源研究》,河南大学 2010 年博士论文。

55. 杨守戎:《<庄子>视界中的黄老学》,《沈阳农业大学学报(社会科学版)》2009 年第 1 期。

56. 窦福志:《先秦文献中的阴阳五行思想研究》,山东师范大学 2010 年硕士论文。

57. 刘信芳:《帛书<称>之文体及其流变》,《文献》2008 年第 4 期。

58. 李晶旭:《<黄帝四经>的道家思想研究》,西南大学 2010 年硕士论文。

59. 侯富芳:《汉初行"黄老政治"原因再探》,《青海师范大学学报(哲学社会科学版)》2003 年第 5 期。

60. 江林昌:《出土文献所见楚国的史官学术与"老庄学派""黄老学派"》,《江汉论坛》2006 年第 9 期。

61. 张增田:《老子之道:天道的抽象形式》,《安徽教育学院学报》2002 年第 1 期。

62. 蔡靖泉:《楚文化精神的结晶——楚哲学》,《理论月刊》1994 年第 6 期。

63. 方子玉,张建文:《黄老学研究的新探索——读丁原明先生著<黄老学论纲>》,《管子学刊》1998 年第 6 期。

64. 于孔宝:《稷下学宫与黄老之学述论》,《管子学刊》2008 年第 11 期。

65. 冯建章:《中国文化背景下的宗教与信仰》,中国艺术研究院 2010 年博士论文。

66. 杨守戎:《<庄子>视界中的黄老学》,《沈阳农业》大学学报(社会科学版)》2009 年第 1 期。

67. 万晴川:《<越绝书>、<吴越春秋>与道家思想》,《浙江学刊》2005 年第 5 期。

68. 陈鼓应:《关于<黄帝四经>的几点看法——序余明光先生<黄帝四经>今注今译》,《哲学研究》1992 年第 8 期。

69. 马得林:《<庄子>神话的生命哲学解读》,《西安电子科技大学学报(社会科学版)》2010 年第 6 期。

70. 郑先兴:《"黄帝四面"神话的历史学阐释》,《河南师范大学学报(哲学社会科学版)》2008 年第 2 期。

71. 詹石窗、张欣:《<黄帝四经>的价值观及其意义》,《厦门大学学报

（哲学社会科学版）》2009年第2期。

72. 李若晖:《马王堆帛书黄帝书的性质》,《齐鲁学刊》2009年第2期。

73. 吴光:《试论黄老之学的理论特点与历史作用》,《浙江学刊》1984年第6期。

74. 赵子抄、李寅生:《＜鹖冠子＞的归属问题》,《长江大学学报（社会科学版）》2009年第4期。

75. 王萍:《从史学发展的角度看战国道家学派》,《管子学刊》2000年第3期。

76. 史婷婷:《试论＜黄帝四经＞与＜老子＞之异》,《管子学刊》2000年第2期。

77. 彭华:《阴阳五行研究（先秦篇）》,华东师范大学2014年博士论文。

78. 黄留珠:《论司马迁的"大历史"史观》,《人文杂志》,1997年第3期。

79. 余明光:《论道家的两个流派——帛书＜黄帝四经＞与＜老子＞的比较》,《求索》1988年第1期。

80. 何光岳、李子伟:《黄帝轩辕氏发祥地及其祭祀略论》,《天水行政学院学报》2009年第3期。

81. 王凤、林忠:《尼采的神话观与现代主义神话叙事》,《重庆邮电大学学报（社会科学版）》2009年第3期。

82. 郭永秉:《楚地出土战国文献中的传说时代古帝王系统研究》,复旦大学2006年博士论文。

83. 胡志毅:《神话、原型与意象:新中国十七年戏剧的召唤结构》,《中华艺术论丛》第七辑,上海:同济大学出版社2007年版。

84. 胡孝根:《柏拉图对话中的神话叙事及其价值归依》,《中南大学学报（社会科学版）》2008年第5期。

85. 傅修延:《元叙事与太阳神话》,《江西社会科学》2010年第4期。

86. 江林昌:《巫风观念探源》,《社会科学战线》1996年第1期。

87. 吴存存:《追溯·比较·重构——读叶舒宪＜中国神话哲学＞札记》,《中文自学指导》1996年第1期。

88. 袁晓军:《创世说与中西文化差异的深层粘连》,《重庆科技学院学报（社会科学版）》2008年第1期。

89. 郑先兴:《"黄帝四面"神话的历史学阐释》,《河南师范大学学报（哲学社会科学版）》2008年第2期。

90. 张丽红:《人类学对国学传统的开拓与创新——以叶舒宪先生文学研

究的"四重证据法"为例》,《吉林师范大学学报(人文社会科学版)》2010 年第 6 期。

91. 顾亚琦:《试探＜黄老帛书＞对＜老子＞"道""德"的改造及其政治思想》,河北师范大学 2010 年硕士论文。

92. 张翠娟:《＜黄老帛书＞哲学思想探析》,西藏民族学院 2010 年硕士论文。

93. 田大宪:《中国古代神秘数字的历史生成与研究路径》,《社会科学评论》2009 年第 4 期。

94. 胡建升:《儒家"心"范畴的神话历史考源》,《社会科学战线》2011 年第 9 期。

95. 张兮:《先秦道家"因"范畴初探》,《三峡大学学报(人文社会科学版)》2008 年第 3 期。

96. 金晟焕:《阴阳五行说与中国古代天命观的演变——兼论阴阳五行说对易学发展的影响》,《周易研究》1999 年第 3 期。

97. 李刚:《道家的态度:"冷眼热心"》,《哲学研究》2008 年第 8 期。

98. 寇颖丹:《浅析老子"无为而治"的政治思想》,《法制与社会》2008 年第 5 期。

99. 周国凤:《＜文子＞研究》,山东师范大学 2008 年硕士论文。

100. 张万军、赖世力:《阴阳五行学说对秦汉行刑思想的影响》,《内蒙古电大学刊》2010 年第 5 期。

101. 赖世力:《＜黄帝四经＞阴阳刑德思想述论》,西南政法大学 2006 年硕士论文。

102. 花琦:《董仲舒体系建构对黄老学的吸收借鉴》,《重庆师范大学学报(哲学社会科学版)》2006 年第 1 期。

103. 骈宇骞:《出土简帛书籍分类述略(数术略)》,《中国典籍与文化》2006 年第 2 期。

104. 白奚:《＜黄帝四经＞与百家之学》,《哲学研究》1995 年第 4 期。

附录一

# 关于马王堆帛书中"五正"解说的辨正

马王堆帛书面世后,学者们对于其《五正》篇和《要》篇中"五正"一语有不同的解释,这里想就此加以讨论。帛书《十大经》中有《五正》一篇。其原文是:"黄帝问阉冉曰:'吾欲布施五正(政),焉止焉始?'对曰:'始在于身。中正有度,后及外人,外内交绥(接),乃正于事之所成。'黄帝曰:'吾既正既静,吾国家窬(愈)不定,若何?'对曰:'后中实而外正,何[患]不定?左执规,右执柜(矩),何患天下,男女毕迵,何患于国?五正(政)既布,以司五明。左右执规,以寺(待)逆兵。'黄帝曰:'吾身未自知,若何?'对曰:'怒者血气也,争者外脂肤也。怒若不发浸廪是为痈疽。后能去四者,枯骨何能争矣。'黄帝于是辞其国大夫,上于博望之山,谈卧三年以自求也。单(战)才(哉)。阉冉乃起黄帝曰:'可矣。夫作争者凶,不争[者]亦无功。何不可矣?'黄帝于是出其锵钺,奋其戎兵,身提鼓鞄(枹),以禺(遇)之(蚩)尤,因而禽(擒)之。帝箸之明(盟),明(盟)曰:'反义逆时,其刑视之(蚩)尤。反义伓(倍)宗,其法死以穷。'"[《五正(政)》]

马王堆帛书整理小组注此篇之"五正"说:"五正,四时治民之政。《鹖冠子·度万》'天地阴阳,取稽于身,故布五正以施五明,十变九道,稽从身始,五音六律,稽从身出',与帛书此段语句有相同之处。"对马王堆帛书整理小组用"四时治民之政"来注释"五正",学者们有不同意见,如有著名专家认为:由《十大经·五正》本文推绎,所谓"中正有度"等语,或许只是讲由君主本身之正推至外人之正、万事之正,所以"五正"的本义当为己身与四方的正。长沙子弹库战国楚帛书中"五正"的含义与此相似。不过,马王堆汉墓帛书《要》篇中的"五正",意义近于《管子·四时》(作"五政")和《禁藏》,泛指各种政令。按,专家的这些说法中,以为帛书《易传·要》篇中的"五正"是泛指一般政令,虽不算准确,但从实质上说还是正确的。不过,说马王堆帛书《五正》篇和战国楚帛书中的"五正"都是推己及人、正己正四方之义,这种说法则是有问题的。

其实,马王堆帛书整理小组用"四时治民之政"来注释《五正》篇的"五

正"是正确的,而楚帛书中的"五正"实际说的也是"四时治民之政"。马王堆帛书整理小组说"五正(政)"是"四时治民之政",即当如《管子·四时》所说:"春三月,以甲乙之日发五政,一政曰论幼孤,舍有罪;二政曰赋爵列,授禄位;三政曰冻解修沟渎,复亡人;四政曰端险阻,修封千伯;五政曰无杀麑夭,毋蹇华绝芋。"如此,《四时》篇所述于春夏秋冬四时分别各发布之五政,皆属治民之事。因所发布之政令各随其季节而不同,故曰四时治民之政。

长沙子弹库战国楚帛书原件新中国成立前已流落美国,古文字学者研究所依据的复制本本身即有不同,故文字的释读和内容的解释也有一些差别。李零先生对其中有关"五正"的文字释读是:"日月既乱,岁季乃□,时雨进退,亡有常恒。恐民未知,拟以为毋动。群民以□,三恒堕,四兴鼠(爽),以乱天常。群神五正,四兴失羊(详),建恒怀民,五正乃明。百神是享,是谓德愿,群神乃德。"以为"三恒,疑指日月星'三辰';四兴,疑指四时代兴","五正,《左传》昭公二十九年记蔡墨之言'故有五行之官……木正曰句芒,火正曰祝融,金正曰蓐收,水正曰玄冥,土正曰后土'","'四兴失详',谓群神五正失考于四时之政"。① 高明先生释"三恒堕"为"三垣废","指太微、紫微、天市三垣失去作用";"四兴""疑指春、夏、秋冬四季";"群神五正,四兴失羊,正当读作政,指四时治民之政,即《管子·四时篇》所载,春夏秋冬四季,均循四时'发五政'"。② 两位学者对"五正"的具体解释有所不同,李零先生谓此五正即《左传》所述五行之官的"五正",高明先生则谓当如《管子·四时》所述,于四时之中各发布的五项政令,但两位学者的共同点皆指出了"五正"与四时的联系。李零先生指出"五正"是掌管四时之政的五行之官,高明先生说"五政"是于四时之中发布的。就马王堆帛书《五正》篇"布施五正""五正既布"的说法来看,"正"字应如整理小组所释为"政",而不是指官长而言的"正"。

为什么《五正》篇中的"五正"一定不是指的黄帝正己正四方,由本身的正推至外人的正、万事的正? 这里有对《五正》篇文义的理解问题。《十大经》的《立命》篇里曾说道:"昔者黄宗(即黄帝)质而好信,作自为象(像),方四面,傅一心。四达自中,前参后参,左参右参,践立(位)履参,是以能为天下宗。"③这里说到了黄帝四面、前后左右,再加上居中的黄帝,就是"五"了。《五正》篇又说到了"始在于身,中正有度,后及外人",这样就是先正己再正

---

① 李零:《长沙子弹库战国楚帛书研究》,北京:中华书局1985年版,第53页。
② 高明:《中国古文字学通论》,北京:文物出版社1987年版,第526页。
③ 马王堆汉墓帛书整理小组:《经法》,北京:文物出版社1976年版,第45页。

四方之人的"五正"了。也就是说,学者们之所以有正己正四方的解释,实际是为了落实"五"和"正"的具体内容。但是,就《五正》篇的行文来看,其实讲的并非什么是"五正"的问题,而是如何布施"五政"的问题。《五正》篇说"黄帝问阉冉曰:吾欲布施五正,焉止焉始",其问话主题并不是在问"五正"是什么,而是问如何去布施"五正"。故阉冉的回答实际也不是在说"五正"是什么。阉冉说的"始在于身,中正度,后及外人"诸语,是针对黄帝的问话,认为要顺利有效地布施"五正",就要从君主端正自身的德行开始做起,这明显说的是如何去布施"五正"的问题。为什么布施"五正"要从端正君主的德行做起? 我认为马王堆帛书整理小组注释中所引《鹖冠子·度万》的那段话正是回答这个问题的。"天地阴阳,取稽于身,故布五政以施五明,十变九道,稽从身始"①,这是说,天地阴阳是否正常会受到统治者德行的影响,所以要布施五政就要从端正统治者的德行开始。从《鹖冠子·度万》这段话包含的逻辑来看,端正君主自身德行是为了布施五政,理由是君主的德行会影响到天地阴阳。据此,则所谓五政一定是属于天地阴阳之事的政事。而属于天地阴阳的政事,则一定是如《管子·四时》《禁藏》或《礼记·月令》《吕氏春秋·十二月纪》《淮南子·时则训》等文献中所讲的那种顺应四时的阴阳变化以教民解决生产生活问题的四时政令。也就是说,如《管子·四时》所述顺应四时发布的"五政"才是《五正》篇所谓"五正(政)"的具体内容,而"始在于身,中正有度,后及外人"只是保障五政实施的条件,不是五政本身的内容。《五正》篇为什么不去讲"五正(政)"的具体内容? 黄帝和阉冉既然谈的是如何布施五政的问题,那么五政的内容就应该是作为他们已知的前提存在的。

关于马王堆帛书《易传·要》篇中说到的"五正"的含义,中外皆有学者谈到,或曰指如古文献所记之"金正""木正""水正""火正""土正"的五官之长的"五官正",或曰指五官所掌之政务。但时至今日,仍有学者反复强调这个"五正"是"易学术语"。这里不再赘述学者们的考述,只想就《要》篇的文义来谈一下这个问题。《要》篇中讲到"五正"的那节文字是:"故易有天道焉,而不可以日月星辰尽称也,故为之以阴阳;有地道焉,不可以水火金土木尽称也,故律之以柔刚;有人道焉,不可以父子君臣夫妇先后尽称也,故为之以上下;有四时之变焉,不可以万物尽称也,故为之以八卦。故易之为书,一类不足以亟之,变以备其情者也。故谓之易有君道焉,五官六府不足以尽称之,五正之事不足以至之,而《诗》《书》《礼》《乐》不[止]百篇,难以致之。不

---

① 马王堆汉墓帛书整理小组:《经法》,北京:文物出版社1976年版,第55页。

问于古法,不可顺以辞令,不可求以志善。能者繇一求之,所谓得一而君(群)毕者也,此之谓也。损益之道足以观得失矣。"①按,这里的"古法",具体所指当即"繇一求之""得一而群毕"。"一",也就是《要》篇之所谓"要",就易所言君治道来说,也就是损益之道。君主治道千条万绪,讲起来千言万语,虽《诗》《书》《礼》《乐》亦难以穷尽之,然其要领就在处理人与人关系时之所损所益。《周易·损卦·象传》说:"损下益上,其道上行。"②这是说损下益上,损道就会上行,实际结果是上下俱损。相反,益卦的《象传》说:"损上益下,民说无疆。自上下下,其道大光。"③这是说损上益下,最终是上下俱益。正因为这个道理是治道之要,所以《要》篇说"孔子繇易至于损益一卦,未尝不废书而叹"。也就是说,这节文字讲的并不是什么象数问题,而是说损益两卦的义理。先说阴阳是天道之要,刚柔是地道之要,上下是人道之要,八卦是四时万物变化之要,最后说到损益是君主治道之要。其中之所以要讲到"五官六府"和"五正之事",是说这些虽然也都是君主政务的具体内容,但不是为政之要。"五官六府"和"五正之事"于原文中意思本是明明白白,指的就是与君主治道相关的政府部门和政务之类,与易占中的五行生克、六冲之类毫无关系,怎么就成了易学术语?一些号称治易者捕风捉影、牵强附会之学风于此可见矣。

---

① 廖名春:《帛书要释文》,《国际易学研究》第一辑,北京:华夏出版社1995年版,第26页。
② 《十三经注疏》,上海:上海古籍出版社1997年版,第52页。
③ 《十三经注疏》,上海:上海古籍出版社1997年版,第53页。

附录二

# 《尚书·洪范》与汉人的天人之学

人对于天的最初认识,并不是现代意义上的自然之天,而认为天是有感觉有情绪有意志的,与人并无二致,且凌驾于人之上,对人类的一切行为均有监察或指挥的能力。从周末到春秋,对天的信仰渐趋理性,将宗教之天抽象为哲学之天,即为宇宙间存在的自然之大理大法。《尚书·洪范》郑康成注云:"洪范,大典也。"即宇宙大法则之义。因此,"洪范"与早期人们所认识的抽象之"天"有着相同的含义。但仅凭此就断定《尚书·洪范》有天人感应思想,有些过于牵强,还是在细斟其内容思想基础上,再做判断更为妥帖。然而,关于《尚书·洪范》的时代和思想内容及其与汉人天人之学的关系,学界尚有不同认识,且迷雾重重,故有必要作深入探讨。

## 一、关于《尚书·洪范》中的天人感应思想

天人感应思想属于古人关于天与人关系的认识,而且此种认识越古迷信的色彩越浓。商周甲骨卜辞中已有占问自然灾害和年成的内容,可见当时人们确信这些事情与"上帝"(此处上帝是神格化的天)有关。从传世文献来看,《尚书·甘誓》中有:"有扈氏威侮五行,怠弃三正,天用剿绝其命。"《汤誓》中有:"有夏多罪,天命殛之","夏王率遏众力,率割夏邑,有众率怠弗协。曰:时日曷丧,予及汝皆亡。"①据此,夏商时人们认为上天对做坏事的统治者是要加以惩罚的,并已将众人的反对作为"有夏多罪,天命殛之"的根据。这些认识还不能说就是后世天人感应思想,而应该看作是天人感应思想形成的理论基础,或者可称为天人感应思想的早期雏形。

从文献记载来看,对《尚书·洪范》的解说,或者说利用《洪范》"庶征"的思想资料是汉人天人感应学说的主要内容特征。也就是说,《洪范》"庶征"包含的思想观念是汉人天人感应学说最主要的理论来源。不过,对《洪范》中天人感应思想一些有关问题学界的认识并不一致。

---

① 皮锡瑞:《今文尚书考证》,北京:中华书局1998年版,第193、199、249~273页。

《尚书·洪范》中的九畴之第二畴云:"五事:一曰貌,二曰言,三曰视,四曰听,五曰思。貌曰恭,言曰从,视曰明,听曰聪,思曰睿。恭作肃,从作乂,明作哲,聪作谋,睿作圣。"第八畴云:"庶征,曰雨,曰旸,曰燠,曰寒,曰风。曰时五者来备,各以其叙,庶草蕃庑。一极备,凶。一极无,凶。曰休征:曰肃,时雨若;曰乂,时旸若;曰哲,时燠若;曰谋,时寒若;曰圣,时风若。曰咎征:曰狂,恒雨若;曰僭,恒旸若;曰豫,恒燠若;曰急,恒寒若;曰蒙,恒风若。曰王省惟岁,卿士惟月,师尹用日。岁月日时无易,百谷用成,乂用明,俊民用章,家用平康。岁月日时既易,百谷用不成,乂用昏不明,俊民用微,家用不宁。庶民惟星,星有好风,星有好雨。日月之行,则有冬夏。月之从星,则以风雨。"有前辈学者曾引清人曾运乾之说,认为如"曰肃,时雨若"之"若"只是比况之辞,是说统治者的貌之肃有如雨及时发生,从而否定这种说法中有天人感应思想。其实《洪范》的"庶征"还是讲天人感应的。第一,从第二畴所言肃、乂、哲、谋、圣见于第八畴之五休征和第八畴所言不恭、不从、不明、不聪、不睿与第二畴之恭、从、明、聪、睿相对之义来看,"庶征"与"五事"之间肯定是有联系的。第二,从"庶征"中说到的"庶草蕃庑"和后面说到的"岁月日时无易,百谷用成"来看,"曰肃、时雨若"之类的说法,说的是天气状况的好坏,就像君王行为的好与坏,这属于类比,就像人的心情类似于天气状况时好时坏、时阴时晴一样,虽很抽象但并不是什么牵强的比附。另《洪范》中说统治者的德行会作用于天象气候,这中间肯定是要有上天的意志在起作用。这种说法中的天与人的关系与《甘誓》《汤誓》之不同在于,已不是如两篇所直言"天命殛之""天用剿绝其命",而是在讲统治者的德行会被上天感知,并以自然现象的正常或反常来做出回应。此类似于后期董仲舒天人感应论的谴告说。《后汉书·郎𫖮传》郎𫖮云:"《易内传》曰:'人君奢侈,多饰宫室。其时旱,其灾火。'是故鲁僖遭旱,修政自救,下钟鼓之县,休缮治之官,虽则不宁,而时雨自降。由此言之,天人之应,敏于响应。"《洪范》所言五事与庶征之关系,大体上已是汉人这种说法中的感应关系,不过我个人认为《洪范》中所讲的天人感应实际还没有汉人所说的五行生克的理论。

关于《洪范》的成书年代及其中与五行相关内容的释说,学者们是有不同看法的。传统认为《尚书·洪范》《尚书·甘誓》等是西周作品,而疑古派因为战国前文献中"五行"出现的很少,就认定战国前出现"五行"的作品定为伪作。疑古派曾推定《尚书》为汉代作品,但郭店楚墓竹简证明《尚书》确非汉代人伪作的。王国维先生认为"《周书》中之<牧誓><洪范>等篇"皆当时所作也"。① 顾颉刚先生认为《洪范》中已讲到五行,"当出于战国人手笔。"② 刘起釪先生认为《洪范》当为商代已有,不过《左传》引《洪范》文时都称为《商书》,这说明"很可能原篇没有周武王访问箕子一节,就只有所谓箕子讲的九畴全文。"③ 按,据《史记·周本纪》《宋世家》和《尚书大传》说《洪范》是武王与箕子谈话的记录及《洪范》在今《尚书·周书》来看,王国维先生的说法是有根据的。据《左传》称《洪范》为《商书》及其为箕子所述来看,刘起釪先生说《洪范》当为商代已有旧典的推断应是正确的。不过,《左传》称《洪范》为《商书》而今《洪范》在《周书》,并不能说明周武王访问箕子之事及箕子说到的大禹治水的故事是后人编造的,因为《洪范》为殷人旧典与箕子将它说给周武王并于讲述九畴来源时说到有关大禹治水的传说并不构成矛盾。顾颉刚先生怀疑《洪范》为战国秦汉之作的说法是难以成立的。据李学勤先生考证,西周中期时器豳公盨的铭文中已有与传本《洪范》的相关语句,④ 这说明《洪范》确为商周旧典。而据《洪范》本文所述五行来看,其次序为水、火、木、金、土,与后世水、火、金、木、土的五行相克之次序不同。鲧治水用堙法,若按后世五行生克之学来讲,本正合于土克水之义,而《洪范》却说"鲧汩陈其五行",以为鲧治水之法乱五行之性,即违背了水润下之性。

在《洪范》中所述九畴之间的关系是并列的,并非统属于第一畴之五行,或者说第一畴之外的诸畴并非与五行都相对应,如"第三畴之八政","第六畴之三德","第七畴之稽疑",其数皆非五,而由"飨用五福,威用六极"同为第九畴之内容来看,可知其五福之五亦并非按五行之数说的,所以五事之五与五休征、五咎征之五也并不是按五行之数说的,《洪范》本文也并没有说到"五事"和"庶征"的关系与五行生克有关。因此,《洪范》中所讲的"五事"与"庶征"之间有对应关系,但这并不能证明两者之间的感应是按汉人所说的那种五行生克原理发生的。由以上分析来看,从文献形成时代的意义上说,我们不应将《洪范》所述五行,与邹衍阴阳五行学说流行之后乃至秦汉之时盛行的五行生克学说混为一谈,从而认为《洪范》是战国秦汉之作;从天人感应思想发展的过程来看,不应将商周之际的天人感应思想,与两汉时期以五行生克学说为原理的天人感应学说互为混淆。

---

① 王国维:《古史新证》,《古史辨》第一册,海口:海南出版社 2003 年版,第 215~217 页。
② 顾颉刚:《汉代学术史略》,刘梦溪主编《中国现代学术经典·顾颉刚卷》,石家庄:河北教育出版社 1996 年版,第 3 页。
③ 刘起釪:《尚书校释译论》第三册,北京:中华书局 2005 年版,第 1206~1207 页。
④ 李学勤:《中国古代文明研究》,上海:华东师范大学出版社 2005 年版,第 128 页。

## 二、汉人以五行生克为理论原理的天人感应学说

汉人所讲的天人感应与《洪范》所言天人感应的不同,首先是汉人的说法中用战国后期发展起来的阴阳五行学说的五行生克原理补充了《洪范》中五事与庶征的关系。《汉书·五行志》在解说《洪范》五事之"一曰貌"和庶征之一的"曰雨"的关系时说:"《传》曰:'简宗庙,不祷祀,废祭祀,逆天时,则水不润下。'"为什么"简宗庙,不祷祀,废祭祀,逆天时,"就会"水不润下"?因为"貌之不恭,是谓不肃,厥咎狂,厥罚恒雨",而之所以"貌之不恭"会"厥罚恒雨",是因为"唯金沴木","气相伤,谓之沴","木气病则金沴之",即金克木而生水。这是说,按五行生克原理的规定,统治者的貌属于木,貌出了问题则是"木气病","木气病"则将为金所克,金克木而生水,故统治者如果有了"简宗庙"之类属于"貌之不恭"的问题,就会导致久雨之罚。就《洪范》本文来看,并无为什么貌出了问题就会"恒雨若"之原因的说明,或者也看不出五事与庶征的关系是五行生克原理在起作用,汉人用五行生克理论对两者之所以发生关系的原理做了解释,使之形成了一种有逻辑的结构。当然,这种逻辑结构实际是虚假的,因为汉人对事物按五行生克关系所做的分类是没有真实根据的。比如说金克木而生水,这只是人的一种认识或人为的规定,并不是自然界真实存在的规律,而对貌言视听思按五行加以分类更是毫无根据,事实上貌言视听思之间并不存在相生相克的关系,这些都是显而易见的。可以说,五行生克理论在中国传统文化中有很广泛的影响,被用于解释许多事物之间的关系,貌似依据物性来探寻事物之间的联系,实际多半都是没有实际根据的,且没有多大的理论认识价值。

汉人的天人感应学说与《洪范》的天人感应思想的另一明显不同是,汉人继承了先秦儒家的仁政民本思想,认识到,依靠"天"的神秘力量已经不能维护以往的统治,对"民"的力量有了清醒的认识,但他们并不是完全抛弃了"天"的赏善罚恶的功用,而是转而利用天人感应学说去维护先秦儒家所提倡的仁道,这个内容是《洪范》中没有的。就《洪范》所述庶征与五事之关系来看,《洪范》讲天人感应其意义也在于对统治者提出德行修养的要求,这还是可以肯定的。不过,其所谓德行与汉人讲的内容有明显的不同。刘起釪先生说:"《洪范》中出现了'三德''比德''攸好德',三个"德"字,这显然用的是周代的文字,但并没有周代'德政'的意思,'三德'是说三种统治方式。"并认为《洪范》讲的是"赤裸裸的神权政治加暴力统治,丝毫没有用其他统治术如

道德之类作为辅助手段"的意思,显然它的思想早于周初的敬德思想。① 按,《洪范》所言治道或者说殷人的政治是不是丝毫没有其他统治术如道德之类作为辅助手段,还可以深入研究,而刘起釪先生指出《洪范》的中心思想不是讲德政,而且是要早于周初之敬德思想的,这是正确的。《汉书·谷永传》记有两汉京氏易专家谷永这样的说法:"臣闻天生烝民,不能相治,为立王者以统理之,方制海内,非为天子。列土封疆,非为诸侯,皆以民也。垂三统,立三正,去无道,开有德,不私一姓,明天下乃天下人之天下,非一人之天下也。王者躬行道德,承顺天地,博爱仁恕,恩及行苇,籍税取民不过常法,宫室车服不逾制度,事节财足,黎庶和睦,则卦气理效,五征时序,百姓寿考,庶草蕃滋,符瑞并降,以昭保佑。失道妄行,逆天暴物,穷奢极欲,湛湎荒淫,妇言是从,诛逐仁贤,离逖骨肉,群小用事,峻刑重赋,百姓愁怨,则卦气悖乱,咎征著邮,上天震怒,灾异屡降,日月薄食,五行失行,山崩川溃,水泉涌出,妖孽并见,荧星耀光,饥馑荐臻,百姓短折,万物夭伤。终不改寤,恶洽变备,不复谴告,更命有德。"这种说法中所说的卦气,是将易卦与历法的节气相配,卦气是否理效,实际是说节气正不正。五征,说的就是《洪范》庶征之五休征,即肃、乂、哲、谋、圣;咎征,说的是庶征之五咎征,即狂、僭、豫、急、蒙。就这种说法的意图来说,是想用天的权威对君主违背民本观念和仁政思想的行为加以制约,或者说是为汉代儒生心目中的真理,即先秦儒家在西周以来敬德保民思想基础上提出的仁道,寻找到一个对抗君主特权的支撑点。可以说汉人天人感应学说的这种维护仁道的目的我们在《洪范》中是见不到的。

### 三、汉人天人感应学说中的五行运数之学

汉人不仅将五行生克原理引入到天人感应学说,并且用五行生克原理派生的五行运数学说来讲改朝换代问题。关于五行运数之学的认识,牵涉到对一些先秦文献的认识问题。传本《尚书·甘誓》中说:"有扈氏威侮五行,怠弃三正,天用剿绝其命。"据汉人的解释,所谓有扈氏威侮五行,是说有扈氏不尊奉政权按五行运数更替的天道法则,不同意由启来接替禹的政权。此即汉人说的"五帝官天下,三王家天下,家以传子,官以传贤",本若"四时之运",② 是由天道法则决定的。到了家天下的时候,有扈氏却加以反对,这是对天道的藐视。怠弃三正,汉人亦以三统循环论加以解说,认为三正是分别指三种

---

① 刘起釪:《尚书校释译论》第三册,北京:中华书局 2005 年版,第 1207~1208 页。
② 《汉书·盖饶宽传》。

历法,即夏历建子,以十三月为正,以平旦为朔;殷历丑,以十二月为正,以鸡鸣为朔;周历建寅,以十一月为正,以夜半为朔,即三种历法每年之起始月日不同。《论语·尧曰》讲尧禅位于舜时说"天之历数在尔躬"。将颁布历法的权利视为最高社会权力的象征。所以,汉人将三正解释为三种历法,也是在讲政权更替是按黑白赤三种运道来运行的。许多学者以为《甘誓》中讲到了五行运数和三统循环,故认为其成书一定在战国后期乃至秦汉时期。这种看法的问题还是出在误信汉人对《甘誓》的解说上,即《甘誓》中的三正其实并不是指三种历法说的。郑玄解释三正一语时说三正是"天地人之正道"。①据文献所记来看,郑玄说三正是天地人之正道,这是有根据的,不过汉人将天地人之正道与三种历法等同起来则是有问题的。《尚书·尧典》有:"在璇玑玉衡,以齐七政。"《尚书大传》有:"七政者,谓春、秋、冬、夏、天文、地理、人道,所以为政也。"②《国语·楚语》中说:"天地民及四时之务为七事"。这些说法中的"七政"和"七事",所称虽不同,所指则是一致的,即七者分别皆为"天地人及四时之政"。由这种说法来看,于天地人之政外,另有所谓属于历法的四时之政,可见天地人之政说的并不是历法问题,而应属于事天地治人之政。关于《甘誓》中所说的五行之所指,据本文看不出是什么,应据《洪范》所云水火木金土为解,"威侮五行,怠弃三正",大体意思应是说有扈氏不尊重物性又荒废政事。汉人以五行运数解说"威侮五行"为什么不对? 从思想史的发展来说,至周初的《洪范》尚不见其中有五行生克观念,说夏初已有据五行生克学说为理论原理形成的关于历史发展模式的认识,这显然是不合实际的。建立一种朝代更替的认识模式,是需要这方面的经验作为根据,这个条件夏初是不具备的。从《尚书·吕刑》《左传》《国语》《礼记·月令》及楚帛书《天象》和马王堆帛书《五正》等传世文献和地下文献有关远古时之五行之官的说法来看,司马迁说黄帝"考定星历,建立五行"③应是有所根据的。也就是说,《甘誓》中提到的五行,完全可能是夏初人已具备的观念,我们不必将其与战国秦汉人的五行学说等同视之而怀疑《甘誓》为后人伪书。

从文献记载来看,按五行生克原理来讲天命转移朝代更替,应始于战国的邹衍。司马迁说邹衍:"乃深观阴阳消息而作怪迂之变,《始终》《大圣》之篇十余万言","先序今以上至黄帝,学者所共术,大并世盛衰,因载其视祥度

---

① 皮锡瑞:《今文尚书考证》,北京:中华书局1998年版,第194页。
② 皮锡瑞:《今文尚书考证》,北京:中华书局1998年版,第45页。
③ 《史记·历书》。

制","称引天地剖判以来,五德转移,治各有宜,而符应若兹。"①从司马迁所记当时王公大臣们对邹氏此学颇感新奇而趋之若鹜的情况来看,这种以五行运数来讲世道盛衰的学说应是邹衍之新创。从司马迁所记"始皇推终始五德之传,以为周得火德,秦代周德。从所不胜。方今水德之始,改年始,朝贺皆自十月朔"②等说法来看,所谓"终始五德"的基本原理即五行生克说。汉初时人们也曾据五德转移理论来讨论改制度易服色的问题,可见这种学问自战国后期以来已有很大影响。

以五行运数来讲朝代更替,可以说是一种历史观,即认为历史发展过程中的朝代更替、政制兴废是按一种固定的模式循环运行的,此种模式就是根据五行相生相克原理得出的。《后汉书·郎𫖮传》记𫖮所奏"七事"中说:"臣闻天道不远,三五复反。今少阳之岁,法当乘起,恐后年已往,将遂惊动,涉历天门,灾成戊己。今春当旱,夏必有水。臣以六日七分候之可知。天灾眚之来,缘类而应。行有玷缺,则气逆于天,精感变出,以戒人君。"其中说的"臣闻天道不远,三五复反",宋均注说:"三,三政也。五,五行也。三正五行,王者改代之际会也。"六日七分,就是上引谷永所说的卦气占法。从郎𫖮这种说法看,是将五行推运、卦气占术和天人感应都混在一起的,既讲王者改代是有一定运数规律的,也讲统治者"行有玷缺,则气逆于天,精感变出,以戒人君"。其实,这两种讲法从本质上说是有矛盾的,这种矛盾在于上天所示灾异特别是国祚的久暂,到底是由运数决定的还是由君主的德行决定的。西汉儒生眭弘曾上书昭帝言称:"先师董仲舒有言,虽有继体守文之君,不害圣人之受命。汉家尧后,有传国之运,汉帝宜谁差天下,求索贤人,禅以帝位,而退自封百里,如殷周二王之后,以承顺天命。"③这等于说无论皇帝的德行好坏或施政善恶与否,时候一到都应禅位让国,因为这是由天命和运数决定的。就天人感应论的初义来说,是强调统治者德行的善恶会影响天象气候,决定朝代的兴废,但如眭弘的这种说法,实际起作用的已不是君主的德行而是固定的运数了。

### 四、汉人天人之学的极端数术化

因五行推运之学被运用到天人感应之学中,西汉时如董仲舒与眭弘师徒

---

① 《史记·孟子荀卿列传》。
② 《史记·秦始皇本纪》。
③ 《汉书·眭弘传》。

和盖宽饶等儒生在讲天人之学时，已讲到要统治者应运数而禅让，即讲到了改朝换代问题。伴随着这种学问的广泛运用而影响不断扩大，两汉之际与此相关的谶纬学兴盛起来。谶纬是"谶言"与"纬书"的合称，是古代方士利用一些诡秘隐语、预言，假托、附会儒家经典，以河图、洛书、阴阳五行以及董仲舒的天人感应说为理论依据，将自然界的一些偶然现象神秘化，以此来向人们昭示未来的吉凶祸福以及治乱兴衰。如《易纬·是类谋》上说："孔子演曰：天子亡征九，圣人起有八符……一曰，震气不效，仓帝之世，周晚之名，会之候在兑，鼠孽食人，芫群开，虎龙各出，彗守大辰，东方之度，天下亡。二曰，离气不效，赤帝世，属轶之名，会之候在坎，女讹诬，虹霓数兴，石飞山崩，天拔刀，蛇马惟出，天下甚危。有能改之之质，石蛊，复蛇马女讹之凶，多卒贵，巅，将悔知师，缘出反善，可今章衔滑。三曰，坤气不效，黄帝世，次迟之名，曾之候在艮，名水赤，大鱼出，斗拔纪，天下亡。四曰，兑气不效，白帝之世，讨吾之名，曾之候在震，豫气错，昼昏地裂，大霆横作，天下亡。五曰，坎气不效，黑帝世，胡谁之名，会之候在离，五角禽出，山崩日既，为天下亡。六曰，巽气不效，霸世之主，名筮喜，会之候在乾，大水，名川移，霸者亡。七曰，艮气不效，假驱之世，若檐柔之比，曾之候在坤，长人出，星亡，殒石，怪辞之主亡。八曰，乾气不效，天下耀空。将无君，州每王，雌擅权，国失雄。陪孽领威，君若赘流。曾之候在巽，众变立地陷，斗机绝绳……"①这种说法看上去是用八卦之气来讲世运转移的兴亡之征，而据其所述苍帝、赤帝、黄帝、白帝、黑帝与东方、南方、中央、西方、北方及郑玄注"土者金之母""土将灭水之象"等说法来看，这种说法与五行学说的相关说法显然有一致之处。也就是说，《易纬》用八卦之象来讲改朝换代的公式，其实际基础就是源自"五德转移"的五行运数说的扩充，不过是在同一种理论原理指导下的历史观，只是表述形式略不同而已，本质上实为一种东西。

关于纬书之成书年代，自古人们即有不同的看法，大家多相信纬书起于两汉哀平之际的说法。不过《庄子·天下》中已提到"纬"书，《汉书·谷永传》记永上封事中说的"法曰：道人始，寒，涌水为灾"，亦见于传本《易纬》，故如明代历家邢云路即以为《易纬》之文先于京氏之学。②《后汉书·张衡传》中张衡说纬书起哀平之际，这种个说法应该是可信的。从文献记载来看，倘

---

① 林忠军：《易纬导读》，济南：齐鲁书社2002年版，第238～241页。
② [明]邢云路：《古今律历考》卷一《周易考》，《丛书集成初编》，上海：商务印书馆1936年版，第1123页。

若《易纬》于西汉谷永前已然存在,相关文献应有明确的反映,而如张衡等学者也不应一无所知。《庄子》所称之"纬"书,究竟为何物,已经不得而知了。谷永所称"法曰"之文,也很难说就是传本《易纬》早于汉初已然存在的证据,两者可能有共同的来源,因为像传本纬书这样一套东西恐怕也不是在很短的时间内就能形成的,应有一些相关的东西作为其成书的资料。不过,从《易纬》用八卦卦气来讲世运兴替的情况来看,这套东西的完成恐怕还是要在西汉卦气说成型之后。而且,无论如何,谶纬的兴起当在哀平之后,这还是可以肯定的。可以说谶纬之学的兴起是汉人经学数术化走到极致的产物,或者说五行推运之学运用到汉人天人之学的结果。西汉董仲舒等儒生之所以要讲阴阳灾异之学,一是受战国以来之风习影响;二是就其本意来说应是想用神权辅助儒家思想的推行。但是,由此而愈演愈烈的经学数术化,不仅偏离了先秦儒家以人与人的关系为肌理,或者说以人道是非为根据来论证政治得失兴亡之由的思路,最终演变为一种诡异危险的学问。如《易纬》这种东西竟然制造了改朝换代的时间表,实际上已是将五行运数而不是将统治者的德行视为政治成败兴亡的决定因素。从社会政治意义上看,虽然统治者需要用天命和运数来论证其政权兴起的合理性,但像一些儒生那样,动辄据异常的天象和自然灾害,要求统治者禅位的狂妄举动,以及以五行运数为根据,频繁发生的种种政治谣言,给社会政治生活带来的不安,实际是任何统治者都无法长期容忍的。所以,后来玄学兴起,对儒家传统经学有了全新的解释,于是宣传诡异学说的谶纬之书渐渐遭到禁绝,汉人数术化了的经学也趋于衰落,这并不是偶然的。

### 结　语

将以上所述归结起来,有关先秦至两汉的天人之学我们可以注意到这样一些问题:一、不应该误信汉人用五行生克、三统循环之学,对先秦文献如《甘誓》《洪范》所做的解释,而误以为这种学问于战国前早已存在,从而抹杀天人之学发展的阶段性;同时也不应因误以为这些文献中已有汉人所说的学问,而以为这些文献是战国秦汉时期才造出来的。二、汉人说的天人合一,本是就人与上帝(神格化的天)间可以发生感应关系说的,简单地认为这种关系是指人与自然的关系说的,甚至将天人感应说成是类似对物理现象的认识,这都是不合历史实际的。三、汉人天人之学的初义,本在维护先秦儒家所提倡的以仁义和仁政为核心的人道正义,但随着其数术化的愈演愈烈之势,命定论的历史观渐居上风,使得天人之学借助神权力量,推行仁道制约君主的本义渐失,这是因为从本质上说五行运数之学与天人感应论的本义是有矛盾的。四、如果我们从学术史的意义上来思考汉人数术化经学衰落的原因,虽然其因素不是单一的,但这种学问衰落的根本原因是其内在的理论劣根性或伪科学性。当其走向数术化的极致,这种学问的危险性就日益显露出来了,它失去官方哲学地位,退出经学领域而沦落江湖即已成为一种必然。

附录三

# 帛书《黄帝四经》原文

(抄本名《〈老子〉乙本卷前古佚书》)

说明:版本以1980年文物出版社《马王堆汉墓帛书·壹》为准(符号同,唯篇名改为单书名号< >)。

为检索方便,分行依原帛书次序,"^""ˇ"表示上行、下行,标于行首。

1^ 道生法。法者,引得失以绳,而明曲直者殹(也)。故执道者,生法而弗敢犯殹(也),法立而弗敢废

1ˇ【也】。□能自引以绳,然后见知天下而不惑矣。虚无刑(形),其裻冥冥,万物之所从生。生有害,曰

2^ 欲,曰不知足。生必动,动有害,曰不时,曰时而□。动有事,事有害,曰逆,曰不称,不知所为用。事

2ˇ 必有言,言有害,曰不信,曰不知畏人,曰自诬,曰虚夸,以不足为有余。故同出冥冥,或以死,

3^ 或以生;或以败,或以成。祸福同道,莫知其所从生。见知之道,唯虚无有。虚无有,秋稿(毫)成之,必有

3ˇ 刑(形)名。刑(形)名立,则黑白之分已。故执道者之观于天下殹(也),无执殹(也),无处也,无为殹(也),无私殹(也)。是

4^ 故天下有事,无不自为刑(形)名声号矣。刑(形)名已立,声号已建,则无所逃迹匿正矣。公者明,至

4ˇ 明者有功。至正者静,至静者耶(圣)。无私者知(智),至知(智)者为天下稽。称以权衡,参以天当,

5^ 天下有事,必有巧验。事如直木,多如仓粟。斗石已具,尺寸已陈,则无所逃其神。故曰:度

5ˇ 量已具,则治而制之矣。绝而复属,亡而复存,孰知其神。死而复生,以祸为福,孰知

6^ 其极。反索之无刑(形),故知祸福之所从生。应化之道,平衡而止。

轻重不称,是胃(谓)失道。天地

6ˇ 有恒常,万民有恒事,贵贱有恒立(位),畜臣有恒道,使民有恒度。天地之恒常,四

7ˆ 时、晦明、生杀、輮(柔)刚。万民之恒事,男农,女工。贵贱之恒立(位),贤不宵(肖)不相放(妨)。畜臣之恒

7ˇ 道,任能毋过其所长。使民之恒度,去私而立公。变恒过度。以奇相御。正、奇有立(位)。而

8ˆ 名□弗去。凡事无大小,物自为舍。逆顺死生,物自为名。名刑(形)已定,物自为正。故唯执【道】

8ˇ 者能上明于天之反,而中达君臣之半,富密察于万物之所终始,而弗为主。故能

9ˆ 至素至精,悎(浩)弥无刑(形),然后可以为天下正。<道法>▆　国失其次,则社稷大匡。夺

9ˇ 而无予,国不遂亡。不尽天极,衰者复昌。诛禁不当,反受其央(殃)。禁伐当罪当亡,

10ˆ 必虚(墟)其国。兼之而勿擅,是胃(谓)天功。天地无私,四时不息。天地立(位),耳(圣)人故载。过极失【当】,

10ˇ 天将降央(殃)。人强朕(胜)天,慎辟(避)勿当。天反朕(胜)人,因与俱行。先屈后信(伸),必尽天极,而

11ˆ 毋擅天功。兼人之国。修其国郭,处其郎(廊)庙,听其钟鼓,利其齎(资)财,妻其子女。○是胃(谓)□

11ˇ 逆以芒(荒),国危破亡。故唯耳(圣)人能尽天极,能用天当。天地之道,不过三功。功成而不止,身

12ˆ 危又(有)央(殃)。故耳(圣)人之伐殹(也),兼人之国,隋(堕)其郭城,棼(焚)其钟鼓。布其齎(资)财,散其子女,列(裂)其地土,以

12ˇ 封贤者,是胃(谓)天功。功成不废,后不奉(逢)央(殃)。毋阳窃,亡阴窃,毋土敝,毋故执,毋党别。

13ˆ 阳窃者天夺【其光】,【阴窃】者土地芒(荒),土敝者天加之以兵,人执者流之四方,党别【者】

13ˇ □内相功(攻)。阳窃者疾,阴窃者几(饥),土敝者亡地,人执者失民,党别者乱,此胃(谓)

14ˆ 五逆。五逆皆成,□□□□地之刚(纲),变故乱常,擅制更爽,心欲是行,身危有【殃】,【是】

14ˇ 胃(谓)过极失当。<国次>■ 一年从其俗,二年用其德,三年而民有得,四年而发号

15ˆ 令,【五年而以刑正】,【六年而】民畏敬,七年而可以正(征)。一年从其俗,则知民则。二年用【其德】,

15ˇ 民则力。三年无赋敛,则民有得。四年发号令,则民畏敬。五年以刑正,则民不幸(倖)。

16ˆ 六年□□□□□□。【七】年而可以正(征),则朕(胜)强适(敌)。俗者顺民心殹(也)。德者爱勉之【也。有】

16ˇ 得者,发禁拕(弛)关市之正(征)殹(也)。号令者,连为什伍,巽(选)练贤不宵(肖)有别殹(也)。以刑正者,罪杀不

17ˆ 赦殹(也)。□□□□□□□殹(也)。可以正(征)者,民死节殹(也)。若号令发,必廏而上九,壹道同心,【上】

17ˇ 下不赾(斥),民无它志,然后可以守单(战)矣。号令发必行,俗也。男女劝勉,爱也。动之静之,民无不

18ˆ 听,时也。受赏无德,受罪无怨,当也。贵贱有别,贤不宵(肖)衰(差)也。衣备(服)不相俞(逾),贵贱等也。

18ˇ 国无盗贼,诈伪不生,民无邪心,衣食足而刑伐(罚)必也。以有余守,不可拔也。以不足功(攻),反自伐也。

19ˆ 天有死生之时,国有死生之正(政)。因天之生也以养生,胃(谓)之文。因天之杀也以伐死,胃(谓)之武。

19ˇ【文】武并行,则天下从矣。人之本在地,地之本在宜,宜之生在时,时之用在民,民之用在力,力之用

20ˆ 在节。知地宜,须时而树,节民力以使,则财生。赋敛有度,则民富,民富则有佴(耻),有佴(耻)则号令成

20ˇ 俗而刑伐(罚)不犯,号令成俗而刑伐(罚)不犯则守固单(战)朕(胜)之道也。法度者,正之至也。而以法度治者,不可乱也。

21ˆ 而生法度者,不可乱也。精公无私而赏罚信,所以治也。苟事,节赋敛,毋夺民时,治之

21ˇ 安。无父之行,不得子之用。无母之德,不能尽民之力。父母之行备,则天地之德也。

22ˆ 三者备则事得矣。能收天下豪桀(傑)票(骠)雄,则守御(禦)之备具矣。审于行文武之道,则天下宾

22ˇ 矣。号令阖(合)于民心,则民听令。兼爱无私,则民亲上。<君正>

■ 观国者观主,观

23^ 家观父,能为国则能为主,能为家则能为父。凡观国,有六逆:其子
父,其臣主,虽强大

23˅ 不王。其○谋臣在外立(位)者,其国不安,其主不晉(悟)则社稷残。
其主失立(位)则国无本,臣不

24^ 失处则下有根,【国】忧而存。主失立(位)则国芒(荒),臣失处则令
不行,此之胃(谓)頯(牉)国。主两则失

24˅ 其明,男女挣(争)威,国有乱兵,此胃(谓)亡国。适(嫡)子父,命曰
上曊,群臣离(離)志;大臣主,命曰雍(壅)

25^ 塞;在强国削,在中国破,在小国亡。谋臣【在】外立(位)者,命曰逆
成,国将不宁;在强国危,在

25˅ 中国削,在小国破。主失立(位),臣不失处,命曰外根,将与祸閵
(邻);在强国忧,在中国危,

26^ 在小国削。主失立(位),臣失处,命曰无本,上下无根,国将大损;在
强国破,在中国亡,在小国

26˅ 威(灭)。主暴臣乱,命曰大芒(荒),外戎内戎,天将降央(殃);国无
小大,又(有)者威(灭)亡。主两,男女分威,命

27^ 曰大麋(迷),国中有师;在强国破,在中国亡,在小国威(灭)。凡观
国,有大<六>顺:主不失其立(位)则国

27˅ 【有本】,【臣】失其处则下无根,国忧而存。主惠臣忠者,其国安。主
主臣臣,上下不者,其

28^ 国强,主执度,臣循理者,其国朝(霸)昌。主得【位】臣楅(辐)属者,
王。六顺六逆□存亡【兴坏】

28˅ 之分也。主上者执六分以生杀,以赏□,以必伐。天下大(太)平,正
以明德,参之于天地,

29^ 而兼复(覆)载而无私也,故王天。王天下者之道,有天焉,有人焉,
又(有)地焉。参(三)者参用之,□□

29˅ 而有天下矣。为人主,南面而立。臣肃敬,不敢敝(蔽)其主。下比
顺,不敢敝(蔽)其上。万民

30^ 和辑而乐为其主上用,地广人众兵强,天下无适(敌)。文德廏(究)
于轻细,武刃于□□,

30˅ 王之本也。然而不知王述(术),不王天下。知王【术】者,驱骋驰猎
而不禽芒(荒),饮食喜乐而

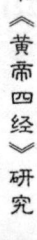

31^ 不面(湎)康,玩好嬛好而不惑心;俱与天下用兵,费少而有功,□□□□□□□□

31˅ □则国富而民□□□□□其□【不】知王述(术)者,驱骋驰猎则禽芒(荒),饮食

32^ 喜乐则面(湎)康,玩好嬛好则或(惑)心;俱与天下用兵,费多而无功,战朕(胜)而令不□□

32˅ □失□□□□□空□与天□□则国贫而民芒(荒)。□耵(聖)之人弗留,天下

33^ 弗与。如此而有(又)不能重士而师有道,则国人之国已(矣)。王天下者有玄德,有□□

33˅ 独知□□□王天下而天下莫知其所以。王天下者,轻县国而重士,故国

34^ 重而身安;贱财而贵有知(智),故功得而财生;贱身而贵有道,故身贵而令行。□□

34˅ 天下□天下则之。朝(霸)主积甲士而正(征)不备(服),诛禁当罪而不私其利,故令行天

35^ 下而莫敢不听,自此以下,兵单(战)力挣(争),危亡无日,而莫知其所从来。夫言朝(霸)王,其□

35˅ □□唯王者能兼复(覆)载天下,物曲成焉。<六分>■ 君臣易立(位)胃(谓)之逆,贤不宵(肖)

36^ 并立胃(谓)之乱,动静不时胃(谓)之逆,生杀不当胃(谓)之暴。逆则失本,乱则失职,逆则失天,【暴】

36˅ 则失人。失本则□,失职则侵,失天则几(饥),失人则疾。周搴(迁)动作,天为之稽。天道不远

37^ 入与处,出与反。君臣当立(位)胃(谓)之静,贤不宵(肖)当立(位)胃(谓)之正,动静参与天地胃(谓)之文。诛

37˅ □时当胃(谓)之武。静则安,正治,文则【明】,武则强。安得本,治则得人,明则得天,强

38^ 则威行。参于天地,阖(合)于民心。文武并立,命之曰上同。审知四度,可以定天下,可安一国。

38˅ 顺治其内,逆用于外,功成而伤。逆治其内,顺用其外,功成而亡。内外皆逆,是胃(谓)

39^ 重央(殃),身危为僇(戮),国危破亡。内外皆顺,命曰天当,功成而

不废,后不奉(逢)央(殃)。○声华

39ˇ □□者用也。顺者,动也。正者,事之根也。执道循理,必从本始,顺为经纪,禁伐

40ˆ 当罪,必中天理。怀(倍)约则窘(窘),达刑则伤。怀(倍)逆合当,为若又(有)事,虽○无成功,亦无天央(殃)。毋□

40ˇ □□□,毋御死以生,毋为虚声。声洫(溢)于实,是胃(谓)威(灭)名。极阳以杀,极阴以生,是

41ˆ 胃(谓)逆阴阳之命。极阳杀于外,极阴生于内,已逆阴阳,有(又)逆其立(位)。大则国亡,小则身受

41ˇ 其央(殃)。□□□□□□□建生。当者有□。极而反,盛而衰,天地之道也,人之李(理)也。逆顺同道

42ˆ 而异理,审知逆顺,是胃(谓)道纪。以强下弱,以何国不克。以贵下贱,何人不得。以贤下不宵(肖),

42ˇ □□不□。规之内曰员(圆),柜(矩)之内曰【方】,【县】之下曰正,水之曰平。尺寸之度曰小大短长。权

43ˆ 衡之称曰轻重不爽,斗石之量曰小(少)多有数。八度者,用之稽也。日月星辰之期,四时之

43ˇ 度,【动静】之立(位),外内之处,天之稽也。高【下】不敝(蔽)其刑(形),美亚(恶)不匿其请(情),地之稽也。君臣不失

44ˆ 其立(位),士不失其处,任能毋过其所长,去私而立公,人之稽也。美亚(恶)有名,逆顺有刑(形),请(情)伪有实,

44ˇ 王公执□以为天下正。因天时,伐天毁,胃(谓)之武。武刃而以文随其后,则有成功矣。用二文一武者

45ˆ 王。其主道离人理,处狂惑之立(位)处不吾(悟),身必有瘳(戮)。柔弱者无罪而几,不及而翟,是胃(谓)柔弱。刚

45ˇ 正而□者□□而不廐。名功相抱(孚),是故长久。名功不相抱(孚),名进实退,是胃(谓)失道,其卒必□

46ˆ 身咎。黄金珠玉臧(藏)积,怨之本也。女乐玩好燔材,乱之基也。守怨之本,养乱之基,虽有耵(圣)人,不

46ˇ 能为谋。〈四度〉■　人主者,天地之□也,号令之所出也,□□之命也。不天天则失其神,不重地

47ˆ 则失其根。不顺【四时之度】而民疾。不处外内之立(位),不应动静之化,则事窘(窘)于内而举窘(窘)于【外】。

47ˇ【八】正皆失,□□□□。【天天则得其神】,【重地】则得其根。顺四时之度】□□□而民不□疾。【处】外

48ˆ【内之位】,【应动静之化】,【则事】得于内,而得举得于外。八正不失,则与天地总矣。天执一,明【三】,

48ˇ【定】二,建八正,行七法,然后□□□□□□□之中无不□□矣。岐(蚑)行喙息,扇蜚(飞)耎动,无

49ˆ□□□□□□□□□不失其常者,天之一也。天执一以明三。日信出信入,南北有极,【度之稽

49ˇ也】。【月信生信】死,进退有常,数之稽也。列星有数,而不失其行,信之稽也。天明三以定二,则壹晦

50ˆ壹明,□□□□□□□【天】定二以建八正,则四时有度,动静有立(位),而外内有处。天建【八正

50ˇ以行七法】。明以正者,天之道也。适者,天度也。信者,天之期也。极而【反】者,天之生(性)也。必者,天之

51ˆ命也。□□□□□□□□者,天之所以为物命也。此之胃(谓)七法。七法各当其名,胃(谓)之物。物各□□

51ˇ□□胃(谓)之理。理之所在,胃(谓)之□。物有不合于道者,胃(谓)之失理。失理之所在,胃(谓)之逆。逆顺各自命也,

52ˆ则存亡兴坏可知【也。强生威,威】生惠(慧),惠(慧)生正,【正】生静。静则平,平则宁,宁则素,素则精,精则神。至神之极,【见】

52ˇ知不惑。帝王者,执此道也。是以守天地之极,与天俱见,尽□于四极之中,执六枋(柄)以令天

53ˆ下,审三名以为万事□,察逆顺以观于朝(霸)王危亡之理,知虚实动静之所为,达于名实【相】

53ˇ应,尽知请(情)伪而不惑,然后帝王之道成。六枋(柄):一曰观,二曰论,三曰僮(动),四曰转,五曰变,六

54ˆ曰化。观则知死生之国,论则知存亡兴坏之所在,动则能破强兴弱,榑(转)则不失讳(韪)非之□,

54ˇ变则伐死养生,化则能明德徐(除)害。六枋(柄)备则王矣。三名:一曰正名一曰立(位)而偃,二曰

55ˆ倚名法而乱,三曰强主威(灭)而无名。三名察则事有应矣。动静不时,种树失地不宜,【则天】

55ˇ地之道逆矣。臣不亲其主,下不亲其上,百族不亲其事,则内理逆矣。

逆之所在，

56^ 胃（谓）之死国，伐之。反此之胃（谓）顺之所在，胃（谓）之生国，生国养之。逆顺有理，则请（情）伪密矣。实者视（示）【人】

56ˇ 虚，不足者视（示）人有余。以其有事起之则天下听。以其无事安之则天下静。名实

57^ 不相应则定，名实不相应则静（争）。勿（物）自正也，名自命也，事自定也。三名察则尽知请（情）伪而【不】

57ˇ 惑矣。有国将昌，当罪先亡。〈论〉■ 凡犯禁绝理，天诛必至。一国而服（备）六危者威（灭）。一

58^ 国而服（备）三不辜者死，废令者亡。一国之君而服（备）三壅者，亡地更君。一国而服（备）三凶者，祸反【自】

58ˇ 及也。上溢（溢）者死，下溢（溢）者刑。德薄（簿）而功厚者隋（隳），名禁而不王者死。抹（昧）利，襦传，达刑，为

59^ 乱首，为怨媒，此五者，祸皆反自及也。守国而侍（恃）其地险者削，用国而侍（恃）其强者弱。兴兵失

59ˇ 理，所伐不当，天降二央（殃）。逆节不成，是胃（谓）得天。逆节果成，天将不盈其命而重其刑。赢

60^ 极必静，动举必正。赢极而不静，是胃（谓）失天。动举而不正，【是】胃（谓）后命。大杀服民，僇（戮）降人，刑无

60ˇ 罪，过（祸）皆反自及也。所伐当罪，其祸五之。所伐不当，其祸什之。国受兵而不知固守，

61^ 下邪恒以地界为私者□。救人而弗能存，反为祸门，是胃（谓）危根。声华实寡，危国亡土。夏

61ˇ 起大土功，命曰绝理。犯禁绝理，天诛必至。六危：一曰适（嫡）子父。二曰大臣主。三曰谋臣

62^ 【离】其志。四曰听诸侯之所废置。五曰左右比周以雍（壅）塞。六曰父兄党以償。危不朕（胜），祸及于身。【三】

62ˇ 不辜：一曰妄杀杀贤。二曰杀服民。三曰刑无罪。此三不辜。三雍（壅）：内立（位）朕（胜）胃（谓）之塞，外立（位）朕（胜）胃（谓）

63^ 之償，外内皆朕（胜）则君孤直（特）。以此有国，守不固，单（战）不克。此胃（谓）一雍（壅）。从中令外【谓之】惑，从外令中

63ˇ 胃（谓）之□，外内遂静（争），则危都国。此胃（谓）二雍（壅）。一人主擅主，命曰蔽光。从中外周，此胃（谓）

64^ 重雍(壅)。外内为一,国乃更。此胃(谓)三(壅)。三凶:一曰好凶器。二曰行逆德。三曰纵心欲。此胃(谓)【三凶】。

64ˇ 【昧】天【下之】利,受天下之患。抹(昧)一国之利者,受一国之祸。约而倍之,胃(谓)之襦传。伐当罪,见

65^ 利而反,胃(谓)之达刑。上杀父兄,下走子弟,胃(谓)之乱首。外约不信,胃(谓)之怨媒。有国将亡,当□□

65ˇ 昌。<亡论>■ 始于文而卒于武,天地之道也。四时有度,天地之李(理)也。日月星晨(辰)

66^ 有数,天地之纪也。三时成功,一时刑杀,天地之道也。四时时而定,不爽不代(忒),常有法式,□□

66ˇ □。一立一废,一生一杀,四时代正,冬(终)而复始。【人】事之理也。逆顺是守。功洫(溢)于天,故有

67^ 死刑。功不及天,退而无名。功合于天,名乃大成。人事之理也。顺则生,理则成,逆则死,失□□

67ˇ 名。怀(倍)天之道,国乃无主。无主之国,逆顺相功(攻)。伐本隋(隳)功,乱生国亡。为若得天,亡地更君。

68^ 不循天常,不节民力,周迁而无功。养死伐生,命曰逆成。不有人僇(戮),必有天刑。逆节始生,慎毋

68ˇ 【先】正,皮(彼)且自氐(抵)其刑。故执道者之观于天下也,必审观事之所始起,审其刑(形)名。刑(形)名已定,

69^ 逆顺有立(位),死生有分,存亡兴坏有处。然后参之于天地之恒道,乃定祸福死生存亡兴坏之

69ˇ 所在。是故万举不失理,论天下而无遗莢。故能立天子,置三公,而天下化之,之胃(谓)有

70^ 道。<论约>■ 道者,神明之原也。神明者,处于度之内而见于度之外者也。处于度之【内】

70ˇ 者,不言而信。见于度之外者,言而不可易也。处于度之内者,静而不可移也。见于

71^ 度之外者,动而○不可化也。动而静而不移,动而不化,故曰神。神明者,见知之稽也。有物始□,

71ˇ 建于地而洫(溢)于天,莫见其刑(形),大盈冬(终)天地之间而莫知其名。莫能见知,故有逆成,

72^ 物乃下生,故有逆刑。祸及其身,养其所以死,伐其所以生。伐其本

而离其亲,伐其与而□

72ˇ □□,后必乱而卒于无名。如燔如淬(淬),事之反也。如骝(由)如骄(矫),生之反也。凡万物群

73ˆ 财(材),绁(佻)长而非恒者,其死必应之。三者皆动于度之外而欲成功者也,功必不成,祸必反□

73ˇ □□。以刚为柔者栝(活),以柔为刚者伐。重柔者吉,重刚者威(灭)。若(诺)者,言之符也。已者,

74ˆ 言之绝也。已若(诺)不信,则知(智)大惑矣。已若(诺)必信,则处于度之内也。天下有事,必审其名。名□□

74ˇ 循名厩(究)理之所之,是必为福,非必为材(灾)。是非有分,以法断之;虚静谨听,以法为符。

75ˆ 审察名理名冬(终)始,是胃(谓)厩(究)理。唯公无私,见知不惑,乃知奋起。故执道者之观于天下,

75ˇ □见正道循理,能与(举)曲直,能与(举)冬(终)始。故能循名厩(究)理。刑名出声,声调实合,祸材(灾)废

76ˆ 立。如景(影)之隋(随)刑(形),如向(响)之隋(随)声,如衡之不臧(藏)重与轻。故执道者能虚静公正,乃见□

76ˇ □,乃得名理之诚。乱积于内而称失于外者伐。亡刑(形)成于内而举失于外者威(灭)。逆则

77ˆ 上洫(溢)而不知止者亡。国举袭虚,其事若不成,是胃(谓)得天;其事若果成,身心无名。重逆

77ˇ □□,守道是行,国危有央(殃)。两逆相功(攻),交相为央(殃),国皆危亡。〈名理〉《经法》凡五千

78ˆ ■■昔者黄宗质始好信,作自为象(像),方四面,傅一心。四达自中,前参后参,左参右参,贱立(位)履参,是

78ˇ 以能为天下宗。吾受命于天,定立(位)于地,成名于人。唯余一人,□乃肥(配)天,乃立王、三公,

79ˆ 立国,置君、三卿。数日、磿(历)月、计岁,以当日月之行。允地广裕,吾类天大明。吾畏天爱地亲〖民〗,□

79ˇ 无命,执虚信。吾畏天爱〖地〗亲民,立有命,执虚信。吾爱民而民不亡,吾爱地而地不兄(旷)。

80ˆ 吾受民□□□□□□□死。吾位不□。吾句(苟)能亲亲而兴贤,吾不遗亦至矣。〈立〖命〗〉

80^ 【■黄帝】令力黑浸行伏匿,周留(流)四国,以观无恒善之法,则力黑视(示)象(像),见黑则黑,见白则

81^ 白。地□□□□□□□【则】亚(恶)。人则视(示)尭(镜),人静则静,人作则作。力黑已布制建极,□□□

81ˇ □□曰:天地已成,而民生,逆顺无纪,德瘧(虐)无刑,静作无时,先后无○名。今吾欲得逆

82^ 顺之【纪】,□□□□□□以为天下正,静作之时,因而勒之,为之若何?黄帝曰:群群□□

82ˇ □□□□为一囷,无晦无明,未有阴阳。阴阳未定,吾未有以名。今始判为两,分为阴阳。离

83^ 为○四【时】,□□□□□□□□因以为常,其明者以为法而微道是行。行法循□

83ˇ □□牝牡,牝牡相求,会刚与柔。柔刚相成,牝牡若刑(形)。下会于地,上会于天。得天之微,时若

84^ □□□□□□□寺(待)地气之发也,乃梦(萌)者梦(萌)而兹(孳)者兹(孳),天因而成之。弗因则不成,

84ˇ 【弗】养则不生。夫民之生也,规规生食与继。不会不继,无与守地;不食不人,无与守天。是

85^ □□嬴阴布德,□□□□民功者,所以食之也。宿阳脩刑,童(重)阴○长夜气闭地绳(孕)者,【所】

85ˇ 以继之也。不靡不黑,而正之以刑与德。春夏为德,秋冬为刑。先德后刑以养生。姓

86^ 生已定,而适(敌)者生争,不谌不定。凡谌之极,在刑与德。刑德皇皇,日月相望,以明其当,而盈□无

86ˇ 匡。夫是故使民毋人执,举事毋阳察,力地毋阴敝。阴敝者土芒(荒),阳察者夺

87^ 光,人执者摈兵。是故为人主者,时挓三乐,毋乱民功,毋逆天时。然则五谷溜孰(熟),民【乃】

87ˇ 蕃兹(滋)。君臣上下,交得其志。天因而成之。夫并时以养民功,先德后刑,顺于天。其

88^ 时嬴而事绌,阴节复次,地尤复收。正名脩刑,执(蛰)虫不出,雪霜复清,孟谷乃萧(肃),此材(灾)□

88ˇ 生,如此者举事将不成。其时绌而事嬴,阳节复次,地尤不收。正名

施(弛)刑,执(蛰)虫

89^ 发声,草苴复荣。已阳而有(又)阳,重时而无光。如此者举事将不行。天道已既,地物乃

89˅ 备。散流相成,耵(圣)人之事。耵(圣)人不巧,时反是守。优未爱民,与天同道。耵(圣)人正以侍(待)

90^ 天,静以须人。不达天刑,不襦不传。当天时,与之皆断。当断不断,反受其乱。<观>

90˅ ■　黄帝问阉冉曰:吾欲布施五正,焉止焉始? 对曰:始在于身。中有正度,后及外人。外内交

91^ 绫(接),乃正于事之所成。黄帝曰:吾既正既静,吾国家俞(愈)不定,若何? 对曰:后中实而外正,何【患】

91˅ 不定。左执规,右执柜(矩),何患天下? 男女毕迵,何患于国? 五正既布,以司五明。左右执规,

92^ 以寺(待)逆兵。黄帝曰:吾身未自知,若何? 对曰:后身未自知,乃深伏于渊,以求内刑(型)。内刑(型)已得,后□自

92˅ 知屈后身。黄帝曰:吾欲屈吾身,屈吾身若何? 对曰:道同者其事同,道异者其事异。今

93^ 天下大争,时至矣,后能慎勿争乎? 黄帝曰:勿事若何? 对曰,怒者血气也,争者外脂肤也。怒

93˅ 若不发浸廪是为痈疽。后能去四者,枯骨何能争矣。黄帝于是辞其国大夫,

94^ 上于博望之山,谈卧三年以自求也,单(战)才(哉)。阉冉乃上起黄帝曰:可矣。夫作争者凶,不争

94˅【者】亦无成功。何不可矣? 黄帝于是出其锵钺,奋其戎兵,身提鼓鞄(枹),以禺(遇)之(蚩)尤。

95^ 因而禽之。帝箸之明(盟),明(盟)曰:反义逆时,其刑视之(蚩)尤。反义怀(倍)宗,其法死亡以穷。<五正(政)> ■　黄帝【问

95˅ 四】辅曰:唯余一人,兼有天下。今余欲畜而正之,均而平之,为之若何? 果童对曰:不

96^ 险则不可平,不谌则不可正。观天于上,视地于下,而稽之男女。夫天有榦,地有恒常。合□

96˅ □常,是以有晦有明,有阴有阳。夫地有山有泽,有黑有白,有美有亚(恶)。地俗德

97^ 以静,而天正名以作。静作相养,德瘧(虐)相成。两若有名,相与则成。阴阳备,物化变乃生。有□

97ˇ □□重,任百则轻。人有其中,物又(有)其刑(形),因之若成。黄帝曰:夫民卬(仰)天而生,侍(待)地

98^ 而食。以天为父,以地为母。今余欲畜而正之,均而平之,谁敌(适)繇(由)始?对曰:险若得平,谌□□

98ˇ □,【贵】贱必谌贫富又(有)等。前世法之,后世既员,繇(由)果童始。果童于是衣褐而

99^ 穿,负并(缾)而巒。营行气(乞)食,周流四国,以视(示)贫贱之极。<果童>■ 力黑问□□□□□□

99ˇ □□□骄□阴谋,阴谋□□□□□□□□□□高阳,□之若何?太山之稽曰:子

100^ 勿患也。夫天行正信,日月不处,启然不台(怠),以临天下。民生有极,以欲涅(淫)恤(溢),涅(淫)恤(溢)□失。丰而【为】□,

100ˇ □而为既,予之为害,致而为费,缓而为□。忧桐(恫)而窘(窘)之,收而为之咎。累而高

101^ 之,部(踣)而救弗也。将令之死而不得悔,子勿患也。力黑曰:单(战)数盈六十而高阳未夫。涅(淫)恤(溢)蚤□□

101ˇ 曰天佑,天佑而弗戒,天官地一也,为之若何?【太】山之稽曰:子勿言佑,交为之备,【吾】将因

102^ 其事,盈其寺,軵其力,而投之代,子勿言也。上人正一,下人静之,正以侍(待)天,静以须人。天地立名,□□

102ˇ 自生,以隋(随)天刑。天刑不撲,逆顺有类。勿惊□戒,其逆事乃始。吾将遂是其逆而僇(戮)

103^ 其身,更置六直而合以信。事成勿发,胥备自生。我将观其往事之卒而朵焉。寺(待)其来【事】

103ˇ 之遂刑(形)而私<和>焉。壹朵壹禾(和),此天地之奇也。以其民作而自戏也,吾或(又)使之自麼

104^ 也。单(战)盈才(哉),大(太)山之稽曰:可矣。于是出其锵钺,奋其戎兵。黄帝身禺(遇)之蚩尤,因而肸(擒)之。(剥)其□

104ˇ 革以为干候,使人射之,多中者赏。劗(翦)其发而建之天,名曰之(蚩)尤之罿(旌),充其胃

105^ 以为鞠(鞠)。使人执之,多中者赏。腐其骨肉,投之苦醢(醯),使

天下難(噪)之。上帝以禁。帝曰:毋乏吾

105ˇ禁,毋留(流)吾酭(醢),毋乱吾民,毋绝吾道。止(乏)禁,留(流)酭(醢),乱民,绝道,反义逆时,非而行之,过

106ˆ极失当,擅制更爽,心欲是行。其上帝未先而擅兴兵,视之(蚩)尤共工。屈其脊,使甘其箭。

106ˇ不死不生,慭为地桯。帝曰:谨守吾正名,毋失吾恒刑,以视(示)后人。<正乱>■ 高

107ˆ阳问力黑曰:天地【已】成,黔首乃生。莫循天德,谋相复顷(倾)。吾甚患之,为之若何? 力黑对曰:

107ˇ勿忧勿患,天制固然。天地已定,规(蚑)侥(蛲)毕挣(争)。作争者凶,不争亦毋(无)以成功。顺天者

108ˆ昌,逆天者亡。毋逆天道,则不失所守。天地已成,黔首乃生。胜(姓)生已定,敌者○生争。不谌不定。

108ˇ凡谌之极,在刑与德。刑德皇皇,日月相望,以明其当。望失其当,环视其央(殃)。天德

109ˆ皇皇,非刑不行,缪(穆)缪(穆)天刑,非德必顷(倾)。刑德相养,逆顺若成。刑晦而德明,刑阴而德阳,刑微而德

109ˇ章。其明者以为法,而微道是行。明明至微,时反以为几(机)。天道环(还)于人,反为之

110ˆ客。争(静)作得时,天地与之。争不衰,时静不静,国家不定。可作不作,天稽环周,人反为之【客】。

110ˇ静作得时,天地与之。静作失时,天地夺之。夫天地之道,寒涅(热)燥湿,不能并立;

111ˆ刚柔阴阳,固不两行。两相养,时相成。居则有法,动作循名,其事若易成。若夫人事则无

111ˇ常。过极失当,变故易常,德则无有,昔(措)刑不当,居则无法,动作爽名,是以僇受

112ˆ其刑。<姓争>■ 皇后屯磿(历)吉凶之常,以辩(辨)雌雄之节,乃分祸福之乡(向)。宪敖(傲)骄居(倨),是胃(谓)雄节;□

112ˇ□共(恭)验(俭),是胃(谓)雌节。夫雄节者,涅之徒也。雌节者,兼之徒也。夫雄节以得,乃不

113ˆ为福,雌节以亡,必得将有赏。夫雄节而数得,是胃(谓)积英(殃),凶忧重至,几于死亡。雌节而数亡,是

113^ 胃(谓)积德,慎戒毋法,大禄将极。凡彼祸难也,先者恒凶,后者恒吉。先而不凶者,是恒

114^ 备雌节存也。后【而不吉者,是】恒备雄节存也。先亦不凶,后亦不凶,是恒备雌节存也。先亦不

114ˇ 吉,后亦不吉,是恒备雄节存也。凡人好用雄节,是胃(谓)方(妨)生。大人则毁,小人则亡。以守不宁,

115^ 以作事【不成,以求不得,以战不】克,厥身不寿,子孙不殖。是胃(谓)凶节,是胃(谓)散德。凡人好用【雌节】,

115ˇ 是胃(谓)承禄。富者则昌,贫者则谷。以守则宁,以作事则成。以求则得,以单(战)则克。厥身

116^ 【则寿,子孙则殖,是谓吉】节,是(胃)谓绔德。故德积者昌,【殃】积者亡。观其所积,乃知【祸福】

116ˇ 之乡(向)。<雌雄节> ■ 兵不刑天,兵不可动。不法地,兵不可昔(措)。刑法不人,兵不可成。

117^ 参○□□□□□□□□之,天地刑(形)之,耶(圣)人因而成之。耶(圣)人之功,时为之庸。因时秉□,

117ˇ 是必有成功。耶(圣)人不达刑,不襦传。因天时,与之皆断。当断不断,反受其乱。天固

118^ 有夺有予,有祥□□□□弗受,反隋(随)以央(殃)。三遂绝从,兵无成功。三遂绝从,兵有成【功】,□

118ˇ 不乡(飨)其功,环(还)受其央(殃)。国家有幸,当者受央(殃)。国家无幸,有延其命。茀茀阳阳。因民

119^ 之力,逆天之极,有(又)重有功,其国家以危,社稷以匡,事无成功,庆且不乡(飨)其功。此天之道也。

119ˇ <兵容> ■ 黄帝问力黑,唯余一人兼有天下,滑(猾)民将生,年(佞)辨用知(智),不可法组。吾恐或

120^ 用之以乱天下。请问天下有成法可以正民者?力黑曰:然。昔天地既成,正若有名,合若有刑(形),□

120ˇ 以守一名。上拴之天,下施之四海。吾闻天下成法,故曰不多,一言而止,循名复一,民无乱

121^ 纪。黄帝曰:请问天下猷(犹)有一虖(乎)?力黑曰:然。昔者皇天使冯(凤)下道一言而止。五帝用之,以枛(扒)天地,【以】

121ˇ 楑(揆)四海,以坏(怀)下民,以正一世之士。夫是故毚(谗)民皆

退,贤人减(咸)起,五邪乃逃,年(侒)辩乃止。

122^ 循名复一,民无乱纪。黄帝曰:一者一而已乎? 其亦有长乎? 力黑曰:一者,道其本也,胡为而无长? □□

122˅ 所失,莫能守一。一之解,察于天地,一之理,施于四海。何以知䌛之至,远近之稽? 夫唯一不

123^ 失,一以驺(趋)化,少以知多。夫达望四海,困极上下,四乡(向)相枹(抱),各以其道。夫百言有本,千言有要,万【言】

123˅ 有蒽(总)。万物之多,皆阅一空。夫非正人也,孰能治此? 罢(彼)必正人也,乃能操正以正奇,

124^ 握一以知多,除民之所害,而寺(持)民之所宜。綒(总)凡守一,与天地同极,乃可以知天地之祸福。<成

124˅ 法>■ 行非恒者,天禁之。爽事,地禁之。失令者,君禁之。三者既修,国家几矣。地之禁,

125^ 不【堕】高,不曾(增)下,毋服川,毋逆土,毋逆土功,毋壅民明。进不氏,立不让,俓(径)遂凌节,是胃(谓)大凶。

125˅ 人道刚柔,刚不足以,柔不足寺(恃)。刚强而虎质者丘,康沈而流面(湎)者亡。宪古章

126^ 物不实者死,专利及削浴(谷)以大居者虚。天道寿寿,番(播)于下土,施于九州。是故王公慎令,民

126˅ 知所繇(由)。天有恒日,民自则之,爽则损命,环(还)自服之,天之道也。<三禁>■ 诸(储)库

127^ 臧(藏)兵之国,皆有兵道。世兵道三:有为利者,有为义者,有行忿者。所胃(谓)为利者,见

127˅ □□□饥,国家不叚(暇),上下不当,举兵而栽(诛)之,唯(虽)无大利,亦无大害焉。所胃(谓)为

128^ 为义者,伐乱禁暴,起贤废不宵(肖),所胃(谓)义也。【义】者,众之所死也。是故以一国戍(攻)天下,万乘【之】主

128˅ □□希不自此始,鲜能冬(终)之,非心之恒也,穷而反(返)矣。所胃(谓)行忿者,心唯(虽)忿,不能徒

129^ 怒,怒必有为也。成功而无以求也,即兼始逆矣。非道也。道之行也,繇(由)不得已。繇(由)不得已,则无穷。故□者,起者【也】;

129˅ 禁者,使者也。是以方行不留。<本伐>■ 耴(聖)【人】举事也,阖(合)于天地,顺于民,羊(祥)于鬼神,使

130^ 民同利,万夫赖之,所胃(谓)义也。身载于前,主上用之,长利国家社稷,世利万夫百生(姓)。天下名轩执□.

130ˇ 士于是虚。壹言而利之者,士也。壹言而利国者,国士也。是故君子卑身以从道,知(智)以

131^ 辩之,强以行之,责道以并世,柔身以寺(待)之时。王公若知之,国家之幸也。国大人众,强国也。□身载于后,

131ˇ □□□□□□□□□□而不□□□□□幸也。故王

132^ 者不以幸治国,治国固有前道,上知天时,下知地利,中知人事。善阴阳□□□□□

132ˇ □□□□□□□□【名】正者治,名奇者乱。正名不奇,奇名不立。正道不台(殆),

133^ 可后可始。乃可小夫,乃可国家。小夫得之以成,国家得之以宁。小国得之以守其野,大国【得之以】

133ˇ 并兼天下。道有原而无端,用者实,弗用者藿。合之而涅于美,循之而有常。古之

134^ 坚者,道是之行。知此道,地且天,鬼且人。以居军□,以居国其国昌。古之贤者,道是之行。<【前道】>

134ˇ ■天有恒榦,地有恒常。与民共事,与神同□。骄洫(溢)好争,阴谋不羊(祥),刑于雄节,危于

135^ 死亡。夺之而无予,其国乃不遂亡。近则将之,远则行之。逆节梦(萌)生,其谁骨当之。天亚(恶)高,地

135ˇ 亚(恶)广,人亚(恶)苟(苛)。高而不已,天阙土(之)。广而不已,地将绝之。苟而不已,人将杀之。有

136^ 人将来,唯目之瞻。言之壹,行之壹,得而勿失。【言】之采,行之配(熙),得而勿以。是故言者心之符【也】,

136ˇ 色者心之华也,气者心之浮也。有一言,无一行,胃(谓)之诬。故言寺首,行志(识)卒。直木

137^ 伐,直人杀。无刑(形)无名,先天地生,至今未成。<行守>■ 黄帝问力黑曰:大莹(庭)氏之有天下也,不辨

137ˇ 阴阳,不数日月,不志(识)四时,而天开以时,地成以财。其为之若何? 力黑曰:大莹(庭)之有天

138^ 下也,安徐正静,柔节先定,晁湿共(恭)金(俭),卑约生柔。常后而

不失體(体)。正信以仁,兹(慈)惠以爱人,端正

138˅ 勇,弗敢以先人。中请(情)不刺执一毋求。刑于女节,所生乃柔。□□□正德,好德不争。立于

139^ 不敢,行于不能。单(战)视(示)不敢,明执不能。守弱节而坚之,胥雄节之穷而因之。若此者其民劳不□,

139˅ 几(饥)不饴(怠),死不宛(怨)。不广(旷)其众,不为兵郣,不为乱首,不为宛(怨)谋(媒)。不阴谋,不擅断疑,不谋削人

140^ 之野,不谋劫人之宇。慎案其众,以隋(随)天地之从(踪)。不擅作事,以寺(待)逆节所穷。见地夺力,天逆其时,因而饰(饬)之,

140˅ 事环(还)克之。若此者,单(战)朕(胜)不报,取地不反。单(战)朕(胜)于外,福生于内。用力甚少,名殷(声)章明。顺之

141^ 至也。<顺道>■ 欲知得失请(情),必审名察刑(形)。刑(形)恒自定,是我俞(愈)静。○事恒自佨(施),是我无为。静翳不动,

141˅ 来自至,去自往。能一乎?能止乎?能毋有已,能自择而尊理乎?紆也,毛也,其如莫存。万物群

142^ 至,我无不能应。我不臧(藏)故,不挟陈。乡(向)者已去,至者乃新,新故不翏,我有所周。《十大经》凡四千六口口

142˅ 六■■道无始而有应。其未来也,无之;其已来,如之。有物将来,其刑(形)先之。建以其刑(形),名以其名。其言胃(谓)何?·环

143^ □伤威。佨(弛)欲伤法。无隋伤道。数举参(三)者,有身弗能葆(保),何国能守?【·】奇从奇,正从正,奇与正,恒不

144^ 不同廷。·凡变之道,非益而损,非进而退。首变者凶。·有义(仪)而义(仪)则不过,侍(恃)表而望则不惑,案法而治

144˅ 则不乱。·耶(圣)人不为始,不剸(专)已,不豫谋,不为得,不辞福,因天之则。·失其天者死,欺其主者死。翟

145^ 其上者危。·心之所欲则志归之。志之志之所欲则力归之。故巢居者察风,穴居者知雨,忧存故也。

145˅ 忧之则□,安之则久。弗能令者弗得有。·帝者臣,名臣,其实师也。王者臣,名臣,其实友也。

146^ 朝(霸)者臣,名臣也,其实【宾也。危者】臣,名臣也,其实庸也。亡者臣,名臣也,其实虏也。·自光(广)者人绝之;□□

146˅ 人者其生危,其死辱翳(也)。居不犯凶,困不择时。·不受禄者,天子弗臣也。禄泊(薄)者,弗与犯难。

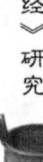

147^ 故以人之自为,□□□□□□□□。【·】不士(仕)于盛盈之国,不嫁子于盛盈之家,不友□□□易之【人】。【·】□

147ˇ □不执偃兵,不执用兵。兵者不得已而行。· 知天之所始,察地之理,耶(圣)人糵论天地之纪,广乎

148^ 蜀(独)见,□□蜀(独)□□□□□□蜀(独)在。·天子之地方千里,诸侯百里,所以朕合之也。故立天子【者】,【不】

148ˇ 使诸侯疑焉。立正敌(嫡)者,○不使庶孽疑焉。立正妻者,不使婢(嬖)妾疑焉。疑则相伤,杂则

149^ 相方。·时若可行,亟应勿言。【时】若未可,涂其门,毋见其端。·天制寒暑,地制高下,人制取予。取予当,立为

149ˇ □王。取予不当,流之死亡。天有环(还)刑,反受其央(殃)。· 世恒不可,择(释)法而用我。用我不可,是以生祸。·

150^ 有国存,天下弗能亡也。有国将亡,天下弗能存也。·时极未至,而隐于德。既得其极,远其德。○浅□

150ˇ 以力,既成其功,环(还)复其从,人莫能代。·诸侯不报仇,不修佴(耻),唯□所在。·隐忌妒妹贼妾

151^ 如此者,下其等而远其身。不下其德等,不远其身,祸乃将起。·内事不和,不得言外。细事不察,不得言【大】·

151ˇ 利不兼,赏不倍。戴角者无上齿。提正名以伐,得所欲而止。·实谷不华,至言不饰,至

152^ 乐不笑。华之属,必有蔈(核),蔈(核)中必有意。·天地之道,有左有右,有牝有牡。诰诰作事,毋从我冬(终)始。雷□

152ˇ 为车隆隆以为马。行而行,处而处,因地以为齎(资),因民以为师。弗因无㩢也。·宫室过

153^ 度,上帝所亚(恶),为者弗居,唯(虽)居必路。·减衣衾,泊(薄)棺椁,禁也,疾役可发泽,禁也。草苁可浅林,禁也。聚

153ˇ □隋(堕)高增下,禁也。大水至而可也。· 毋先天成,毋非时而荣。先天成则毁,非时而荣则不

154^ 果。·日为明,月为晦。昏而休,明而起。毋失天极,廏(究)数而止。·强则令,弱则听,敌则循绳而争。·行曾(憎)而索

154ˇ 爱,父弗得子。行母(侮)而索敬,君弗得臣。·有宗将兴,如伐于□。有宗将坏,如伐于山。贞

155^ 良而亡,先人余央(殃)。商(猖)阙(獗)而栝(活),先人之连(烈)。

·埤（卑）而正者增，高而倚者傰（崩）。·山有木，其实屯屯。虎狼为孟（猛）可

155˅ 牺，昆弟相居，不能相顺。同则不肯，离则不能。伤国之神。□□□来，胡不来相教顺弟兄

156ˆ 兹，昆弟之亲尚可易戋（哉）。·天下有参（三）死：忿不量力死，耆（嗜）欲无穷死，寡不辟（避）众死。·毋藉贼兵，毋

156˅ □盗量（粮）。籍（藉）贼兵，□盗量（粮），短者长，弱者强，赢绌变化，后将反（施）。·弗同而同，举而

157ˆ 为同。弗异而异，举而为异。弗为而自成，因而建事。·阳亲而阴亚（恶），胃（谓）外其肤而内其勮。不

157˅ 有内乱，必有外客。肤既为肤，勮既为勮。内乱不至，外客乃却。·得焉者不受

158ˆ 其赐，亡者不怨大□。【·】天有明而不忧民之晦也。【百】姓辟（闢）其户牖而各取昭焉。天无事焉。地有

158˅【财】而不忧民之贫也。百姓斩木刭（刈）新（薪）而各取富焉。地亦无事焉。·诸侯有乱，正乱

159ˆ 者失其理，乱国反行焉。其时未能也，至其子孙必行焉。故曰：制人而失其理，反制焉。·生人有居，【死】

159˅ 人有墓。令不得与死者从事。·惑而极（亟）反（返），□道不远。·臣有两位者，其国必危。国若不

160ˆ 危，君臾存也，失君必危。失君不危者，臣故龂（差）也。子有两位者，家必乱。家若不乱，亲臾存也。【失亲

160˅ 必】危。失亲不乱，子故龂（差）也。·不用辅佐之助，不听耶（聖）慧之虑，而侍（恃）其城郭之固，古（怙）其勇力

161ˆ 之御。是胃（谓）身薄。身薄则贷（殆）。以守不固，以单（战）不克。·两虎相争，奴（驽）犬制其余。·善为国者，大（太）上无刑，其【次】□□，

161˅【其】下斗果讼果，大（太）下不斗不讼有（又）不果。□大（太）上争于□，其次争于明，其下栽（救）患祸。·寒

162ˆ 时而独暑，暑时而独寒，其生危，以其逆也。·敬朕（胜）怠，敢朕（胜）疑。亡国之祸□□□□□□□□□□

162˅ □□□□□□□□□□□□□□□□□□□不信其□

163ˆ 而不信其可也，不可矣，而不信其□□□□□□□□□□□□

□□□□□□□□□□□□

163ˇ □□□□□□□□□□□□□□□□□□□□貢(观)前□以知反,故□□

164^ 貢(观)今之曲直,审其名以称断之。积者积而居,胥时而用貢(观),主树以知与治合积化以知时,□□□

164ˇ 正貴□存亡。·凡论必以阴阳□大义。天阳地阴。春阳秋阴。夏阳冬阴。昼阳夜阴。大国

165^ 阳,小国阴。重国阳,轻国阴。有事阳而无事阴。信(伸)者阴者屈者阴。主阳臣阴。上阳下阴。男阳【女阴】。【父】

165ˇ 阳【子】阴。兄阳弟阴。长阳少【阴】。贵(【阳】)贱阴。达阳穷阴。取(娶)妇姓(生)子阳,有丧阴。制人者阳,制

166^ 人者制于人者阴。客阳主人阴。师阳役阴。言阳黑(默)阴。予阳受阴。诸阳者法天,天贵正,过正曰诡□□

166ˇ □□祭乃反。诸阴者法地,地【之】德安徐正静,柔节先定,善予不争。此地之度而雌之

167^ 节也。《称》千六百

168^ ■■恒无之初,迵同大虚。虚同为一,恒一而止。湿湿梦梦,未有明晦。神微周盈,精静不熙(熙)。古(故)未有以,万物莫以。古(故)无

168ˇ 有刑(形),大迵无名。天弗能复(覆),地弗能载。小以成小,大以成大。盈四海之内,又包其外。在阴不腐,在

169^ 阳不焦。一度不变,能适规(蚑)侥(蛲)。鸟得而蜚(飞),鱼得而流(游),兽得而走。万物得之以生,百事得之以成。人皆以

169ˇ 之,莫知其名。人皆用之,莫见其刑(形)。一者其号也,虚其舍也,无为其素也,和其用也。是故

170^ 上道高而不可察也,深而不可则(测)也。显明弗能为名,广大弗能为刑(形),独立不偶,万物莫之能令。天地阴

170ˇ 阳,【四】时日月,星辰云气,规(蚑)行侥(蛲)重【动】,戴根之徒,皆取生,道弗为益少;皆反焉,道弗为益

171^ 多。坚强而不撌,柔弱而不可化。精微之所不能至,稽极之所不能过。故唯耵(圣)人能察无刑(形),能听无【声】。

171ˇ 知虚之实,后能大虚。乃通天地之精,通同而无间,周袭而不盈。服此道者,是胃(谓)能精。明

172^ 者固能察极,知人之所不能知,人服人之所不能得。是胃(谓)察稽

知○极。耵(聖)王用此,天下服。无好无亚(恶),上用

172ˇ □□而民不縻(迷)惑。上虚下静而道得其正。信能无欲,可为民命。上信无事,则万物周扁(遍)。分

173^ 之以其分,而万民不争。授之以其名,而万物自定。不为治劝,不为乱解(懈)。广大,弗务及也。深微,弗索得也。

173ˇ 夫为一而不化。得道之本,握少以知多;得事之要,操正以政(正)畸(奇)。前知大古,后□精明,抱道执

174^ 度,天下可一也。观之大古,周其所以。索之未无,得之所以。《道原》四百六十四。

# 后 记

有人说,没有商业性的学术研究绝非没有意义,但此一研究注定是清贫者和被遗忘者的选择。古文献的研究当然也不乏寂寞和艰辛,但这是我自己选定的,更何况研究的对象又是我所热爱的。兴趣所在,自然能"衣带渐宽终不悔"。现在是如此,将来亦是如此。我是这样,我想我的老师更是这样。而我的欣然从之也颇令吾师欣慰,也正是他的殷殷期许、默默扶持方有了这本书,使我得以在学术的道路上蹒跚前行。

博士学位论文答辩结束后,很是踌躇满志,曾定下宏伟目标:在最短时间内进行全面完善尽快出版。梦想很丰满,现实很骨感。回到工作岗位以后,一直担负着繁重的教学任务。我向来不喜敷衍,每门课程都全力以赴,加之老人孩子需要照顾。因此,一耽搁就是四年。四年来,对博士论文内容进行了一些零零散散的增改。但是,所谓校书如扫尘,旋扫旋生,又所谓学无止境。尤其文献学,不断会有新材料发掘出土,会有新观点出炉。但迫于时间与身体健康状况,只能留下遗憾以后去弥补了。

回想本书的成书过程,内心充满了感激之情。首先是福建师范大学梁韦弦教授,他是我的硕士导师,又是我的博士导师。他自始至终地对我关怀备至,并且不辞辛苦拖着病体为本书欣然作序。我本科专业是思想政治教育,跨学科跟随梁老师攻读中国思想史研究生,读书期间,老师不断督促我多读书,教导我养成沉下心来以极大耐心反复研究某个问题的习惯。从这时起,我才逐渐地爱上了读书;也是从这时起,找到了自己一辈子安身立命的学术基地——道家研究。毕业后一边从事教学工作,一边发表一些对道家思想浅显认识的小文,来使沉寂的生命闪出几分活跃和亮丽。但终是精力有限,因为没能及时充电,导致教学和科研力不从心,于是 2008 年重新回到老师身边,再得恩师耳提面命指点迷津。记得博士毕业论文答辩结束后的答谢宴上,师母说:"你老师一直担心你不能最终毕业。现在看来虽然用时比预期多了一年,但看到你这篇沉甸甸的论文,还是感到非常欣慰。"此时,我才后知后

觉地体会到了恩师的良苦用心。因为原本第三年的时候,我的博士论文就已经完成,交到老师手上,我还有点自鸣得意,老师看过后,语重心长地与我商量:你有工作,晚毕业一年不会有太大影响,你自己决定。深思熟虑过后,我决定延迟一年。在这一年里,我时刻不忘记恩师的提醒,沉下心来反复琢磨,一年的时间,丰富了很多的材料,一些看法也渐趋成熟。比如对"五正""十大经""天道"等帛书《黄帝四经》中文本研究和思想认识都有了突飞猛进的进步。

近20年的师徒之情,早已变成了亲情,感怀至深。出于对吾师梁韦弦学问人品的景仰,我的手边始终放着他所有的著作,还有他不断发表的文章我也总能及时设法读到,每每为他的勤奋和睿智折服。师傅也一直对我的学术关心备至,不厌其烦地指导我的学习,督促我如何做学问。没有他的教诲和激励就不会有我的学术事业,没有他满腔热忱的引领和激励也不会有这本书,没有他的牵线搭桥,这本书也不会面世。

其次,感谢黑龙江人民出版社"金景芳师传学者文库"的全体编辑同志。之所以选择此"文库"出版此书,是珍惜这种学脉的承传,是对业师最好的报答,也是对金老最好的缅怀。负责"文库"编辑的孙国志同志是葛志毅师伯的学生,金景芳先生的再传弟子,在这里冒昧尊称一声师兄。师兄待人真诚,在各方面给予我极大的帮助和指导,不厌其烦地与我沟通各种事宜。师兄对"文库"的付出,作为金学一门的弟子,大家有目共睹,也深深折服于他的付出与奉献,在此深表谢意!

提起感谢,忽然之间很多的人和画面浮现在脑海中。吉林师范大学良好的工作环境和科研氛围,还有我工作的部门吉林师范大学政法学院的领导和全体同仁,他们曾给予我一些问题的灵感,并在工作中给予笔者极大的关心和支持。感谢我的兄弟姐妹和爱人,对父母和孩子的照顾。感谢同门和非同门的师兄弟姐妹们,在学业方面给予了我很多帮助。

著作完成过程中参考了大量文献,一些古文资料的现代汉语译文直接引用了许多已出版的书刊资料。在此,非常感谢那些熟识的和不熟识的作者。

最后,想说的是囿于笔者的学识有限,本书的不足之处、谬误之处一定不少。在此热情地盼望广大同仁提出真诚的批评和建议。

奚亚丽

于吉林师范大学政法学院

二〇一七年三月

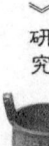